KB073504

갈등을 넘어
화합으로

갈등을 넘어
화합으로

문성우 지음

21세기북스

머리말

　내 책장에는 선친께서 쓰신 『전라좌수영연구全羅左水營硏究』가 꽂혀 있다. 1992년, 48년간의 교직을 정년퇴임 하시면서 전라좌수영과 이순신 장군의 업적을 연구하신 결과물이다. 이 책을 볼 때마다 선친에 대한 그리움과 존경이 묻어난다. 자서전이 아니라 평생 혼신의 힘을 다해 연구하고 이를 수 편의 논문으로 발표하신 내용이기 때문에 그 체취를 항상 느끼게 된다. 선친께서는 이러한 연구와 함께 여수와 여천 지역 주민들을 상대로 강연을 다니시면서 "이순신 장군은 충청도 출신이지만 그때 이 장군을 모시고 싸운 수군들은 모두 당신들의 선조들"이라면서 주민들에게 명예와 긍지를 심어주시기도 하셨다.

　그러한 추억과 함께 이 『전라좌수영연구』 책자를 볼 때마다 나도 후손들에게 무언가 의미 있는 글을 남기고 싶다는 생각을 하고 있었다. 그러던 차 문재인 전 대통령 취임 후 얼마 지나지 않아 "미군은 점령군이고 소련은 해방군"이라는 주장이 아무런 거리낌 없이 회자하는 것을 보고 "이것은 아니다. 무언가 크게 잘못되었다"라는 생각을 하게 되었다. 이는 우리 기성세대가 5천 년 역사상 가장 빨리 가장 잘 사는 나라를 만들었으면서도 그 이유가 무엇인지 알지 못하고, 그렇게 잘살게 된 이면에는 또 다른 어두운 면이 있다는 사실을 모르고 있기 때문이다.

그동안 우리는 왜 그렇게 빨리 산업화와 민주화를 이루어 세계 선진국에 진입하게 되었는지, 그러한 밝은 면 뒤에는 어두운 면이 어떻게 남아 있는지, 우리의 미래는 과연 핑크색인지 아닌지를 정리해 보면 우리가 가지고 있는 명암을 분명하게 알 수 있다고 생각했다. 호모 사피엔스가 네안데르탈인과 북경원인 등을 물리치고 만물의 영장이 되었지만, 그가 하는 행동은 모두 과거의 반복이고, 반성에 기초해서 발전해 왔다. 그래서 역사를 공부하면 바로 그 해답이 있다는 확신이 있던 차에 마침 코로나로 대부분의 사회생활이 줄어들게 됨을 이용해 지난 4년간 인류 역사 특히 근세사를 중심으로 공부하면서 대한민국의 태생과 그 발전 과정을 되짚는 기회를 가질 수 있었다. 이 책은 그 공부의 결과물이다. 평생 법학을 공부했고 법학 자체가 역사의 산물이므로 법학지식이 역사 공부에 매우 유용했음은 물론이다. 그러나 학자로서의 길을 걸은 바도 없고 오로지 실무에 종사한 탓에 많은 학자가 연구한 결과물 중 내 생각과 같은 글을 베끼는 수준에 불과했다. 다만 내 나름의 판단에 따라 이러한 학자들의 결과물을 배치하거나 그들의 견해 중 공감하는 것은 그대로 원용했다.

모든 일에는 원인이 있으면 결과가 있고 그 결과는 반드시 새옹지마塞翁之馬 내지는 섞인 축복mixed blessing으로 또 다른 원인을 제공하고 있다. 잘 나가던 조선왕조가 19세기에 들어와 극도로 부패하고 백성을 가렴주구한 반작용反作用으로 그 후손들이 그러한 질곡을 벗어나고자 몸부림치며 오늘의 대한민국을 만들어 냈다. 외세에 의한 침탈과 지배가 있었지만, 그 과정에서 근대화를 받아들여 우리의 것으로 만들 수 있었고 그것이 기초가 되어 빠른 시간 내에 세계 속의 대한민국으로 발돋움할 수 있었다. 국가로부터 버림받은 천애고아天涯孤兒와 같은 처지에 있던 백성들이 나라 잃고 자기들끼리 싸워야만 하던 처참한 현실을 살아오면서 자연스럽게 각자도생各自圖生하게 되었고 지극히 이기적利己的이 될 수밖에 없었다.

그러나 이러한 이기적이고 각자도생하는 생각과 태도가 해방 후 자유민주 체제와 사유재산제를 바탕으로 한 자본주의 체제하에서 그 능력을 최대한 발휘할 수 있는 자원이 되었다. 나아가 때맞추어 나타난 영명하고 선견지명이 있는 지도자들이 잃었던 나라를 되찾고 이러한 욕망을 국가적으로 한데 모아 세계 10위의 국민으로 우뚝 서게 했다. 하지만 좋은 일에는 반드시 나쁜 일도 있는 법이다. 이기적이고 각자 살길을 찾는 생활방식으로 인해 공익과 국익보다는 사익에 보다 귀를 기울이고 약자보다는 강자 우선의 사회가 되어버렸다. 만인의 만인에 대한 투쟁의 사회에서는 공동체나 국가에 대한 신뢰가 생길 수 없다.

이제까지 우리를 키워준, 이기적이고 각자도생하는 사고의 틀에서 벗어나야 한다. 다행히 우리 사회는 다당제를 받아들여 부패를 최소화할 수 있고, 사유재산제를 확실히 보장함으로써 항구적인 발전이 가능한 시스템을 갖추고 있다. 이러한 국가적인 기반 위에 우리의 자유를 최대한 확보하기 위해서는 가장 비자유적인 헌법상 기구들인 군, 경찰, 검찰, 법원, 정당, 교회 등이 각자의 역할을 제대로 할 수 있도록 지혜를 모아야 한다.

그러면서 공익을 우선시하는 분위기를 만들어 가야 한다. 그래야 젊은이들이 나라를 지키기 위해 기꺼이 피를 흘리고 국민이 자발적으로 세금을 내는 국가가 될 수 있다. 2002년 월드컵 때 대한민국을 연호하며 눈물을 흘리지 않았던 국민이 없었다. 그처럼 한마음이 될 수 있는 것은 공익을 앞세우는 사람들 때문에 가능한 것이다.

이제는 후손들에게 아픈 과거를 솔직히 이야기해 줄 때가 되었다. 잘 살다가 못살게 되면 창피해서 곧이곧대로 이야기할 수 없을지 모르지만 찢어지게 가난하게 살다 잘살게 되면 그 가난했던 시절은 부끄럽거나 창피스러운 일이 아니다. 오히려 자랑스럽고 후손들이 경계해야 할 교훈을 주는 것이다. 외국의 지배를 받은 사실도, 과거 조선에서 부패와 가렴주구로 무수한 사람들이 고통받았던 사실도, 다시는 그러한 일이 반복되지 않도록 사실대로 이야기하는 것이 이를 숨기고 왜곡하는 것보다 훨씬 값어치 있고 귀중한 재산이다. 이렇게 귀중한 자산을 금고에 넣어두고 보관만 해서는 아무런 쓸모가 없다. 자랑스러운 성공

사례와 함께 실패했던 쓰라린 과거 사례를 알려주어 앞으로 경계를 삼아야 할 것이다. 이러한 의미에서 우리의 아픈 과거를 들추어냈음을 깊이 이해해 주기 바란다. 이 책 내용 중 잘못된 부분이나 견해가 다른 부분에 대해서는 기탄없는 비판과 함께 양해를 부탁드린다.

이 책을 만드는 데 많은 도움을 받았다. 많은 분과 대화를 나누면서 내 생각이 틀렸는지 점검하는 시간이 필요했다. 특히 최중경 전 지식경제부 장관, 이부식 전 과학기술부 차관, 강태진 전 서울대학교 공과대학장, 강천석 조선일보 논설 고문, 송희영 전 조선일보 주필 등과 수시로 토론하면서 내 생각을 가다듬을 수 있었다. 그리고 방대한 원고를 깨알같이 들여다보고 검토해 준 김현웅 전 법무부 장관, 최석인 전 주아제르바이잔 대사 등 많은 분께 감사의 말씀을 드린다. 특히 졸고를 선뜻 출판해 주시기로 한 북이십일의 김영곤 대표에게 큰 빚을 졌다. 마지막으로 원고를 쓰는 동안 옆에서 지켜보아 주신, 이제 91세를 넘기신 어머니와 사려 깊은 아내, 그리고 세 딸에게 언제나처럼 사랑한다고 말하고 싶다.

2024년 2월
문 성 우

서론

1. 공산주의와의 갈등

2. 개발독재를 둘러싼 갈등

3. 정치권력의 교체

4. 포퓰리즘의 등장

5. 대중국 갈등과 북한

6. 새로운 미래를 위해

서론

대한민국은 영속 가능한가

2023년은 중화인민공화국이 수립된 지 74년이 되는 해다. 시진핑 주석은 건국 100년이 되는 2049년까지 중국몽을 이루겠다고 선언했다. 소련의 멸망으로 공산주의 체제의 취약성이 드러난 가운데 100년 이상 중국의 공산주의가 지속될 것인가에 대한 자국민의 우려를 불식하고자 중국몽을 내세운 듯하다. 세계 제일의 강국이 되겠다는 것은 대외적인 외교정책으로 보이지만 실은 내부를 향한 중국 공산당의 고육지책으로 보인다. 아울러 공산주의의 초심으로 돌아가겠다는 공동부유를 내세워 사유재산은 인정하지 않는 방향으로 움직이고 있다.

우리나라는 올해가 건국 75년이 되는 해다. 대한민국이 100년 이상, 앞으로 25년 이상 끄떡없이 존속할 수 있을 것을 의심하는 대한민국 국민은 없는 듯하다. 아니 그런 생각이나 걱정 없이 하루하루를 자유롭고 풍요롭게 살아가고 있다. 그러나 대한민국이 건국되었을 때 김구 선생조차도 오래가지 못할 것이라고 해서 대한민국 건국 과정에 참여하지 않았다. 그 정도로 대한민국의 처지는 위태로웠다. 대한민국이 오늘처럼 자유롭고 풍요로운 국가가 되리라고 믿은 사람은 거의 없었다.

한편 북한 정권 수립도 올해가 75주년이다. 과연 북한은 100년을 넘길 것인가에 대한 궁금증이 생긴다. 민족의 숙원인 남북통일과 직결되기 때문이다. 남이나 북이나 같은 왕조와 같은 식민지 시대를 보냈다. 북한의 경우 8·15 광복 때 남한보다 교육 수준이 높았고 경제 여건도 훨씬 좋았다. 그런데 75년이 지난 지금의 남과 북의 생활상은 도저히 비교할 수가 없다. 그래서 대한민국의 100년은 당연한 것처럼 여기지만 북한의 100년은 과연 가능할 것인가에 대해서는 고개가 갸우뚱해진다. 수천 년을 같은 환경에서 살아왔으면서도 이렇게 달라진 이유를 알면 앞으로 대한민국이 지속 발전하기 위해서 무엇을 어떻게 해야 할 것인가의 답이 나올 것이다.

남과 북은 모두 조선왕조의 몰락을 겪었다. 조선왕조는 19세기에 들어오면서 붕당정치가 영조와 정조의 탕평책으로 없어지고 외척에 의한 세도 정치로 바뀌었다. 세도 정치는 특정 가문에 의한 독재 정치다. 독재 정치는 한정된 재화와 권력에 대한 줄 세우기를 하게 되어 여기에는 부정부패가 반드시 싹트게 되어 있다. 공직자들의 부패나 부정은 자원이 한정되었을 때 백성들에 대한 수탈과 가렴주구로 이어진다. 조선왕조 말기에는 백성들에 대한 가렴주구가 극에 달해 가난만이 살 길이라는 말이 생길 지경이었다. 가난해 유리걸식하거나 자식을 팔아 먹었다. 이러한 수탈과 가렴주구에 저항하는 경우 조선왕조는 임오군 란이나 동학혁명에서 보듯이 외국 군대를 불러들여 자기 백성을 학살 했다.

이런 지경에 이르면 도적과 사기꾼이 횡행하게 되고 누구나 거 짓말을 밥 먹듯이 하게 된다. 도산 안창호 선생이 거짓말하지 않는 것 이 나라를 찾는 일이라고 가르친 것은 놀라운 일이 아니다. 호구지책 이 전혀 없는 백성들이 자기만이라도 살아야겠다는 생각에서 각자 살 길을 찾고 이기적으로 되는 것은 너무나 당연한 결과였다. 조선왕조가 도덕 국가를 표방하면서 양반들이 근검절약하고 예의범절을 중시하 며 사회지도층으로서의 모범을 보이면서 향약 등을 통해 이익 사회가 아닌 공동 사회를 구축했던 것은 먼 옛날의 일이 되어 버렸다. 이제는 "이 나라가 언제 망하느냐"가 백성들의 입에서 자연스럽게 흘러나오 게 되었다.

구한말 부패상황

조선 왕조 후기 우리나라를 방문, 체류하거나 거주의 목적으로 다 녀간 서양인들이 다수이고, 『하멜 표류기』 등 1910년까지 그들의 조선에 대한 저술이 30여 권에 이른다. 이들은 공통적으로 우리 사회가 자식에 대한 교육열이 뛰어나고, 학문을 숭상하며 문자 해득률이 높아 학문이나 문자를 모르는 사람들을 경멸한다는 등 요즘과 거의 일치하는 모습을 기술하고 있어 객관성과 정확성을 보인다. 그러나 한편으로는 극도의 부정부패로 인하여 민심이 완전히 이반했을 뿐만 아니라 오직 각자도생할 뿐 공동체 유지라는 공익에는 무관심한 폐습을 남겼다고 지적하고 있다.

『대한제국의 비극Tragedy of Korea』(1908)의 저자 매켄지는 기자의 입장에서 사건을 최대한 중립적인 시각에서 저술하기 위하여 직접 현장에서 사건에 관련된 사람들을 찾아다니며 인터뷰하거나 직접 보고 관찰한 것만을 저술하여 역사적 사료로서 가치가 높다고 평가받고 있다. 『조선과 그 이웃 나라들Korea and Her Neighbors』(1897)의 저자 비숍은 그 서문에서 "정확성은 나의 제1의 목표였으며, 조선에 있는 나의 많은 외국인 친구들은 내가 그 목표를 달성하기 위하여 얼마나 열심히 노력했는지 잘 알고 있다."고 적고 있다. 이 외국인들은 일부 예외는 있으나, 대부분 조선 사회의 문제점으로 부정부패를 지적하고 멸망을 예언하고 있다.

매켄지는 일본의 비인도주의를 규탄하면서도 망국의 책임은 지배계급의 부패와 무능이지 결코 일본만을 탓할 일이 아니라면서 당시의 상황에서 대한제국의 멸망은 어쩌면 필연적인지 모른다고 쓰고 있다. 매켄지는 대한제국의 몰락 원인으로 구 왕조의 부패와 제도의 취약성을 주장했다.

"감옥이란 어처구니없을 정도이며, 고문을 거리낌 없이 자행하고 십여 명씩 교수형에 처함으로써 감옥에는 정기적인 청소가 실시되며, 재판정이란 돈 거래하는 저자와 같다. 정부가 하는 가장 못된 일은 세금을 거두어들이는 일과 백성을 희생하면서 몇 명의 사람에게만 특권을 허락해 주는 일이다." (F.A. 매켄지, 『대한제국의 비극/한국의 독립운동』, 신복룡 역주, 집문당, 1999)

대한제국에 거주하면서 고종 황제의 밀사로도 활동한 적이 있는 언론인 헐버트는 『대한제국 멸망사The Passing of Korea』(1906)에서 역시 구한말 지배계급의 부패상을 지적하면서 매관매직의 풍토 및 농민들에 대한 수탈상을 다음과 같이 자세히 묘사하고 있다.

관직은 일반 상품과 마찬가지로 사고팔았다. 모든 관직은 그 가격이 결정되어 있어서 도의 관찰사는 미화 5만 달러 정도이며, 방백 수령들은 500달러 정도였다.

지방의 방백 수령들이 중앙에서 지시한 특별한 세금과 함께 일정한 양의 조세만 상납한다면 중앙 정부에서는 그들의 수탈 행위에 대해 개의하지 않는다.

각 관찰사나 방백 수령들은 자기의 짧은 재임기간 동안에 자기가 상납한 밑천을 뽑고 또 자기의 안락한 생활을 계속하기 위해서라도 백성에게 과중하게 과세하지 않을 수 없었기 때문에 매관매직에서 거래되는 돈이란 결국 백성들이 직접 부담한 것이나 다름이 없다.

이 나라에서 돈과 권력은 사실상 동의어로 되어 있어서 재판이란 이에 제공되는 금액에 따라서 결정되며, 재판관을 위협할 만한 영향력을 가진 사람이 뒤에서 밀어주거나 상당한 돈을 가진 사람에게는 틀림없이 판결이 유리하게 내려진다는 인식이 일반화되어 있다.

사실상 농민들은 종종 세액보다 많은 세금을 내지 않을 수 없는데 이러한 것은 비합법적이기는 하지만 부정행위를 하지 않고서는 관리들이 생활에 넉넉한 돈을 가질 기회가 없는 사회 제도 아래에서는 불가피하게 일어나는 현상이다.

— H.B. 헐버트, 『대한제국 멸망사』, 신복룡 역주, 집문당, 1999

대한제국을 포함한 동아시아 지방을 여행하면서 그 소감을 저술한 여행가이자 작가인 이사벨라 버드 비숍도 위 『조선과 그 이웃 나라들』에서 매관매직을 포함한 대한제국의 뿌리 깊은 부패 정도에 대해서 다음과 같이 기술하고 있다.

조선의 악담 중에는 양반이라는 특권계층에 대한 것이 많이 있다. 많은 수의 비특권계층 사람들이 무거운 조세를 부담하여 양반들에게 억압당하고 있으며, 양반은 그들의 노력을 대가 없이 이용함은 물론 도조라는 명목으로 무자비하게 수탈해 가는 것은 의심할 나위도 없다.

　동학은 왕에게 충심으로 경의를 표하는 말로써 선언을 시작했고, 매우 부드러운 용어로 자신의 비통함을 피력했다. 동학은 조선에서 관료들이 자신들의 목적을 위해 왕의 귀와 눈을 멀게 하고, 백성들에게 미치는 잘못된 모든 소식과 보고를 왕에게 전달하지 않았다고 주장했는데, 이것은 의심할 나위도 없는 사실이었다. 방백 수령들은 나라의 복지에 대해서는 전혀 무관심한 채 오직 자신의 재산을 모으는 데만 주력했으나 그들의 탐욕을 제어할 길이 없었다. 관리가 될 수 있는 유일한 길인 과거제도는 뇌물, 흥정, 매관매직 이상의 아무것도 아니었으며 공직 임명을 위한 기능을 더 이상 찾아볼 수가 없었다.

　조선말 관리에게는 청렴 결백한 전통은 전혀 찾아볼 수 없을 정도로 부정부패가 극도로 혼탁한 수준이었다. 일본이 조선의 개혁 작업에 착수했을 때 조선에는 크게 두 신분계급인 착취계급(양반 계급)과 피착취계급(상인계급)이 있었는데, 착취계급에는 관직에 임명된 막강한 병권을 가진 무반도 포함되었다. 착취계급으로서 양반, 관료층은 지위고하를 막론하고 백성들의 재물을 착취하고 국고의 공금을 횡령하는 등 온갖 부정부패를 저질렀고, 모든 관직은 매관매직되었다. 심지어 양반 계급의 지위를 사고파는 현상도 나타났다.

　조선의 관리는 백성의 피를 빨아먹는 흡혈귀이다.(중략) 쾌락과 사교를 위해 대부분의 관리는 서울에 살고 있으면서 그 부하를 책임자로 그곳에 남겨놓았다. 재임 기간은 아주 짧기 때문에 그들은 진보를 위한 백성들의 능력을 배양하기보다는 그들을 갈취하는 데에 더욱 관심이 있었다.

생활비를 받지 못하는 1만 7,600여 명의 군대는 농부에게서 그들의 몫을 착취하고 있다. 농부들은 조선에서 최종적인 먹이일 뿐 권리나 특혜를 갖지 못하고 있다. 착취하는 방법의 예로 남부 지방의 한 마을을 보면, 관찰사는 모든 가구에 100냥을 징발하여 전신주를 세운다. 그러면 수령은 그것을 200냥으로 늘리고 다시 아전은 250냥으로 늘려 백성들은 실제로 250냥을 납부한다. 그래서 아전은 50냥을 갖고 지방관은 100냥을, 관찰사는 100냥을 착복한다. 이런 식으로 부과액은 부풀려진다.

수없이 많은 직권 남용이 자행될 뿐만 아니라 모든 중앙정부 체계는 직권 남용의 핵심부로서 밑도 끝도 없는 부패의 바다여서, 모든 산업에서 그 활력을 빼앗아 가는 착취 기관일 뿐이다. 관직과 재판의 판결은 마치 상품처럼 사고팔 수 있으며 정부는 빠른 속도로 쇠퇴해 있기 때문에 오직 뇌물만이 살아남을 수 있는 원리가 되고 있다.

조선 관료의 부정행위는 마치 히드라의 머리와 같아서 아무리 잘라내도 끝이 없다.

여러 가지의 개혁에도 불구하고 조선에는 착취하는 사람들과 착취당하는 사람들, 이렇게 두 계층만이 존재한다. 전자는 허가받은 흡혈귀라 할 수 있는 양반 계층으로 구성된 관리이고, 후자는 전체 인구의 5분의 4를 차지하고 있는 하층민들로서, 하층민들의 존재

이유는 흡혈귀들에게 피를 공급하는 것이다. 가망 없는 그러한 요소들을 제거하고, 교육을 통해 생산 계층을 보호하고 부패한 관리들을 처벌함으로써 실제로 마무리된 일에 대해서만 대가를 지불하는 식으로 정부의 모든 공직 기준을 확립하여 새로운 국가가 건립되어야 한다.

— I.B. 비숍, 『조선과 그 이웃나라들』 신복룡 역주, 집문당, 2000

또한 작가는 당시 부정부패로 인하여 상공업이 전혀 발달하지 못하고 농부들이 수확한 물품은 모두 다 수탈의 대상이 되므로 농민들에게 의욕이 존재하지 않아 수탈당하지 않는 최선의 안전장치는 오히려 빈곤이라고 인식되었음을 다음과 같이 기술하고 있다.

나는 땅을 경작하는 이들이 최종적인 수탈의 대상이라고 하는 것을 거의 지겹게 보아 왔다. 농사꾼들은 다른 어떤 계층보다 열심히 일하고 토지의 생산성과 다소 원시적이지만 토양과 기후에 매우 잘 적응된 그들만의 기술을 쉽게 배가시킬 수 있다. 그러나 자신들의 수확에 대한 소유권이 확실하지 않기 때문에 그들은 단지 가족을 부양할 수 있을 정도로 생산하는 데 만족하고 더 좋은 집을 짓거나 훌륭한 옷을 입는 것을 두려워한다. 지방관과 양반들의 대출 강요와 수탈로 인해 경작지가 해마다 감소하는 농부들이 부지기수로 있는데 그들은 현재 겨우 하루 세 끼 식사가 가능한 정도이다. 수탈을 당하는 것이 확실한 운명이 된 계층이 최악의 무관심과 타성과 무기력의 늪으로 가라앉아야만 했다는 점은 슬픈 일이다.

조선 사람들은 대개 생활필수품 이외의 돈이나 재산을 가지고 있지 않았다. 그들은 게으르게 보였으며 그때까지만 해도 나는 그렇게 생각했었다. 그러나 그들은 노동의 결과로 얻은 것을 안전하게 확보할 수 없는 체제에 살고 있으므로 게을러 보일 뿐이다. 한 사람이 돈을 벌었다고 소문이 나거나 심지어 호화스러운 저녁 식사를 대접했다고 하면 바로 근처 관리나 그 부하들의 탐욕스러운 주목을 받게 되거나 아니면 인접한 양반으로부터 대부금을 갚으라는 요구에 직면하게 된다.

조선에 있는 모든 남자는 가난이 최고의 보신책이며 가족과 자신을 위한 음식과 옷을 필요 이상으로 소유한다는 것은 탐욕적이고 타락한 관리들에게 노출된다는 것을 잘 알고 있었다.

농부들은 수확한 후에 현금이 생기면 땅에 구멍을 파고 돈을 집어넣어 그 위에 물을 붓고 얼린 다음 그 위에 흙을 뿌린다. 그렇게 해야 관리들과 도적들에게서 벗어나 안전하게 돈을 지킬 수 있다.

이와 같은 내용은 우리나라의 고문헌에서도 그대로 발견되고 있는데, 고종 황제를 모시던 시종원 부경(현 대통령 비서실 차관) 정환덕의 회고록 『남가몽』에는 "무술년(1898년)과 기해년(1899년) 사이에 국가 재정이 몹시 어려워 매관매직으로 날을 지새웠다. 그때 전국의 수령(군수), 방백(도지사) 중 3분의 2가 벼슬을 돈으로 산 관리였다."라는 구절이 있다.

당시 일제는 이와 같은 대한제국의 부정부패 상황을 끊임없이 선전하며 "극소수 흡혈귀 계급을 제거하고 피압박 민중을 해방시켜야한다."라는 논리로서 이를 포장했고, 이러한 내용이 미국의 저명한 출판사에서 발간되기도 했다. 위 『대한제국 멸망사』, 『조선과 그 이웃 나라들』에서도 다음과 같은 내용을 볼 수 있다.

> 한국인들은 타락하고 경멸을 받을 민족이며 훌륭한 일을 할 수 있는 능력이 없을 뿐만 아니라 지적 수준이 낮으므로, 독립 국가로 존속하는 것보다 일본의 통치를 받는 것이 좋다고 말하는 것을 미국인들은 여러 번 들었다.
>
> ─『대한제국 멸망사』

> 나는 일본이 자신의 노력에 충분히 정직했다고 생각한다. 일본은 조선을 병합하려는 의도가 아니라 조선의 보호자, 조선 주권의 보증인 역할을 하려는 의도였다. 조선 내부로부터 개혁할 수 없을 때 외부로부터라도 개혁되어야 한다.
>
> ─『조선과 그 이웃 나라들』

그 후 국권 침탈 때 어느 국가도 일본의 대한제국 탈취를 비난하는 성명을 발표하지 않았다. 즉 지배계급의 부패상이 전 세계에 대하여 일본의 국권 침탈의 이론적 근거를 제공하는 역할을 하게 되었다고 볼 수 있다.

한편 가난이 생존 비결이 되어버린 결과를 낳은 지도층의 부패는 신분 상승만이 살아남을 방안이라는 사고를 깊게 했다. 양반의 자식으로 태어났으나 첩의 자식이라는 이유로 양반 대접을 받지 못한 서얼들, 양반(문반과 무반을 일컬음)으로서 한 축을 담당한 무관이었음에도 문반 중심의 세력 재편으로 사실상 양반 대접을 받지 못한 무관들, '홍경래란'에서 크게 공을 세웠으나 서북 출신이라는 이유만으로 양반다운 대접을 받지 못한 서북인들이 새로운 학문과 문물을 적극적으로 받아들인 것은 이를 자신의 성공을 위한 도구로 삼기에 충분한 이유가 되었다. 그러나 공교롭게도 이러한 새로운 문물은 일본을 통해 '일본식의 변형된 문물'을 수입하게 되었고, 나아가 일본이 제국주의 방식으로 조선을 차지하게 되자 이들 중 일부는 독립운동으로 나아갔지만, 상당수는 '일본의 식민지가 된 조선'의 지배계급으로 등장하게 되었다. (황경문, 『출생을 넘어서』, 너머북스, 2022)

19세기는 근대화를 위해 모든 국가가 전력 질주하던 때였다. 조선은 성리학 근본주의에 빠져 근대화는 패도정치로서 왕도정치가 아니므로 따라 해서는 안 된다는 위정자들의 오만과 무지가 더해져 세계사의 흐름에서 벗어나 버렸다. 더구나 근대화하고자 했던 김옥균 등 일부 선각자들이 갑신정변을 일으키고 갑오경장을 시도했으나 모두 수구 세력에 의해 주저앉았다. 대한제국도 당시의 조류인 입헌군주제가 아닌 시대착오적인 전제군주제를 강화함으로써 일제의 강점을 도와주었을 뿐이다. 새로운 시대정신에 입각한 세력들은 수구 세력의 탄압 때문에 모두 일본으로 망명해 버리거나 일제에 부화뇌동한 결과 조선은 같은 민족에 의한 정권교체가 아닌 이민족에 의해 강점당하는 비운을 겪었다.

일본의 강점强占은 근대화 문물과 함께 왔다. 이는 오늘날의 핸드폰이 후진국에도 순식간에 퍼지듯 편리하고 유용했으므로 조선에도 급속히 전파되었다. 그러나 근대화 문물은 근대 제도와 함께 갈 수밖에 없었다. 그런데 그 제도가 일제의 법률이었고 식민 지배였다. 이민족에 대해 저항하는 방식은 근대화 문물은 누리면서도 그들의 법을 잘 지키지 않는 것이었다. 그래서 일제는 순사(경찰)를 동원해 시골구석까지 법 집행을 했다. 조선왕조에서 생긴 국가에 대한 불신은 일제에 대한 저항과 함께 국가에 대한 불신이 더욱 심화했다.

국가는 국민의 생명과 재산을 보호해 주어야 하는데 불행하게도 조선 백성들은 국가가 국민의 생명과 재산을 빼앗아 가는 불운을 맛보았고 차츰 소외되어 갔다. 이러한 소외는 국가에 대한 좌절과 분노로 이어졌다.

한편 살아남아야겠다는 생각에서 마음에도 없는 국가의 지시에 따르는 가운데 이중적 사고에 익숙해졌다. 누군가 지켜보아야만 법을 지키고 아무도 보지 않는다고 생각하면 지키지 않았다. 자신에게는 관대하면서도 남에게는 엄격한 '내로남불'적인 사고도 함께 생겨났다. 순간적인 위기를 모면하는 데 급급하다 보니 거짓말도 일상화되었다. 이처럼 국가의 부정부패와 국민에 대한 엄청난 수탈과 가렴주구는 그 국민을 황폐화해 버림은 물론 국가에 몸과 마음을 바쳐 충성할 이유마저 없애 버리므로 자신에게 이익이 된다고 느낄 때만 국가의 명령과 지시에 따를 뿐이었다. 일제도 이를 간파하고 태평양전쟁이 막바지에 이른 1944년에야 조선인을 강제 징병했다.

조선 왕조가 망가뜨린 우리 민족의 심성을 더욱 악화하도록 만든 일제가 한반도에서 사라지자 남북 조선은 전혀 다른 길을 걷게 되었다.

오랫동안 쌓인 국가에 대한 불신이 쉽게 돌아올 수는 없었지만 국가가 없을 때 겪었던 치욕과 수모, 불이익과 차별을 벗어나기 위해서는 새로운 국가가 필요했다. 그러나 이것은 우리의 힘이 아니라 강대국이 한반도에 새로운 국가를 세워 주었기에 가능했다.

제2차 세계대전의 종식

새로운 국가는 미국의 2차 세계대전 후 세계질서 재편 과정과 함께 만들어졌다. 미국은 1차 세계대전 전까지 영국이 주도했던 강대국 간의 세력 균형의 회복을 위해서가 아니라 조화롭고 협력적인 국제질서를 구축하기 위해서, 전쟁을 일으킨 독일 제국이나 히틀러 제거에 그 목적을 두었다. 아울러 미국은 세계 평화를 유지하기 위해 승전 연합국 간의 협력과 상호 간의 선의와 경계심에 의해 유지되는 집단 안보 시스템이 필요하다고 판단해, 국제연맹과 국제연합을 구성하고자 했다. 그러나 국제연맹은 집행력이 없어 그 실효성이 없었던 경험을 거울삼아 미국, 영국, 중국, 소련의 4대국이 세계의 경찰로서 악한을 구축驅逐하는 범세계적인 이사회를 계획했다. 이것이 전후 안전보장이사회를 산하에 둔 국제연합이 탄생하게 된 이유다.

이렇게 미국은 국제연합이라는 집단 안보 체제를 구축構築함과 아울러 민주국가는 절대 먼저 전쟁을 일으키지 않는다는 오래된 신념 아래, 전후 새로 생겨난 국가들이 민주국가가 되도록 그 지원을 아끼지 않았다. 특히 2차대전 중 영국의 처칠 수상과 대서양헌장을 체결할 때 루스벨트는 위 헌장의 민족자결주의가 유럽뿐만 아니라 전 식민지에도 적용된다고 주장했다. 영국이 미국의 식민지인 필리핀을 거론하면서 이에 반대했으나 미국은 전후 필리핀을 식민지에서 해방할 준비가 되어 있었다. 루스벨트는 민족자결주의가 인종 분쟁으로 변질되지 않기 위해서는 식민지 해방이 불가피하다고 보았다. 특히 아시아 지역 11억 인구를 백인들의 적으로 만들 수 있다고 우려했다.

연합국 수뇌들은 1939년 9월 1일 독일의 폴란드 침공으로 시작되어 1945년 8월 15일 일본의 항복으로 끝난 6년 동안의 2차대전 중 세 번밖에 만나지 않았다. 곧 테헤란회담(1943년 11월), 얄타회담(1945년 2월), 포츠담회담(1945년 7월)이 그것이다.

이들이 테헤란 회담에서 처음 만나게 된 것은 1943년 3월 이탈리아가 항복한 이후 전세가 연합국에게 유리해지고, 소련이 동유럽에서 독일군을 밀어내면서 그 지역을 상당 부분 점령하고 있었으며, 소련의 진격을 그대로 방치할 때 동유럽은 거의 공산화될 운명이었기 때문이다.

이에 처칠은 세력균형 정책에 따라 루스벨트와 함께 소련의 무한정 팽창을 견제하기 위한 세력 범위의 설정에 관해 소련의 스탈린과 협의하려 했다. 그러나 군사적으로 유리한 입장에 있는 스탈린이 서방 지도자들의 협의 요구를 순순히 받아들일 리가 없었다. 서방측의 끈질긴 요구로 스탈린은 회담 개최에 동의했다. 소련은 미국으로부터 무기대여법에 따라 막대한 군사 원조를 받고 있었기 때문이다. 하지만 회담 장소는 소련에 가까우면서도 소련군 점령지역인 이란의 테헤란을 고집했다. 어쩔 수 없이 처칠과 루스벨트는 스탈린을 만나기 위해 테헤란까지 먼 길을 가야 했다.

　　테헤란 회담에서는 중국과 태평양 전쟁을 포함한 극동 문제가 논의의 대상이 될 것이 확실했기 때문에 루스벨트와 처칠은 중국의 장제스蔣介石를 초청하고자 했다. 그러나 스탈린이 반대했다. 소련이 요구할 이권 가운데는 중국, 특히 만주와 관련된 것이 많았기 때문이다. 할 수 없이 루스벨트와 처칠은 테헤란으로 가는 도중에 장제스를 따로 만나기로 하고 중국의 장제스와 그 부인 쑹메이링을 카이로로 불렀다.

　　카이로회담에서 영국의 처칠은 아시아에 많은 식민지를 가지고 있었기 때문에 식민지에서 무조건 독립을 허용하는 데는 부정적이었다. 그러나 결국 처칠도 동의해 미국, 영국, 중국의 세 수뇌는 "코리아 민족의 노예 상태에 유의해 앞으로 적절한 시기에 코리아가 자유롭고 독립될 것임을 결의한다(The aforesaid three great powers, mindful of the enslavement of the people of Korea, are determined that in due course Korea shall become free and independent.)."라는 선언문을 발표하게 되었다.

카이로에서 나온 코리아의 자유와 독립 약속은 국제적으로 처음이었으나, 이는 어디까지나 원칙적인 것이었기 때문에 그 약속은 강대국들의 이해관계에 따라 언제든지 바뀔 수 있는 것이었다. 그러나 1945년 7월 26일 독일 베를린 외곽에 있는 포츠담 궁전에서 행해진 포츠담 선언은 카이로 선언의 모든 조항을 이행한다고 함으로써 코리아가 자유롭고 독립된 국가로 될 것임을 재확인했다. 소련은 1945년 8월 8일에야 포츠담 선언에 서명하고 대일본 선전포고를 했고, 일본은 1945년 8월 10일 포츠담 선언을 무조건 수락했다.

　　여기서 '자유롭고 독립된다'는 표현은 식민지 상태에서 해방되어 독립 국가가 된다는 의미로서, 이는 미국의 1776년 독립선언서에서도 등장한다. 독립선언서 마지막 부분에 이렇게 쓰여 있다.

　　"이에 각 주 대표들은 전체 회의에서 우리의 공정한 의도를 세계의 최고 심판자에게 호소하는 바이며, 이 식민지의 선량한 인민의 이름과 권능으로써 엄숙히 발표하고 선언하는 바이다. 이 연합한 제 식민지는 **자유롭고 독립된 국가**Free and Independent States이며 그러한 권리를 갖는 국가이다. 이 국가는 영국의 왕권에 대한 모든 충성의 의무를 벗으며 대영 제국과의 모든 정치적 관계는 완전히 해소되고 또 해소되어야 한다. 따라서 이 국가는 자유롭고 독립된 국가로서 전쟁을 개시하고 평화협정을 체결하고 동맹관계를 맺고 통상관계를 수립하는 등 독립 국가로서 당연히 해야 할 모든 행동과 조치를 할 수 있는 완전한 권리를 갖는 바이다. 우리들은 이에 우리의 생명과 재산과 신성한 명예를 걸고 신의 가호를 굳게 믿으면서 이 선언을 지지할 것을 서로 굳게 맹세하는 바이다."

자유롭고 독립된 국가 건설에 대한 미국 건국의 아버지들의 생각이 카이로 선언에서 코리아에 대해서도 그대로 반영된 것이다. 곧 자유와 독립은 미국의 전통적 가치였다. 대한민국이 자유민주주의를 이념으로 하는 국가로 탄생하게 된 실마리는 이러한 미국의 구상으로부터 시작되었다.

"적절한 시기"가 들어간 이유에 대해 김학준 교수는 당시 여러 국내외 학자의 저술을 종합하여 다음과 같이 설명한다.

루스벨트 대통령은 2차 세계대전 후 모든 식민지를 해방하되, 일정 기간 민주정치를 할 수 있는 수습 과정을 밟아야 한다고 생각했다. 아시아의 식민지 인민들은 비록 해방된다고 해도 강대국의 후견 아래 민주정치 교육을 받은 다음 비로소 독립을 얻는 것이 바람직하다는 것이 그의 지론이었고, 당시 미국 조야의 생각이었다. 그는 필리핀이 자치정부를 수립하는 데 약 50년이 소요되었음을 고려할 때, 한국도 약 40년의 정치적 수습 기간을 거쳐 독립을 주어야 한다고 생각했다. 이 기간이 비록 20에서 30년 사이어도 무방하나, 국제적 후견 아래서 서구 제도로 옮겨가는 훈련이 반드시 필요하다는 생각에는 변함이 없었다.

또 하나의 루스벨트 구상은 일본 패전 후 한반도를 일정 기간

연합국의 공동 관리하에 두어야 한다는 생각이었다. 그는 한반도의 지정학적 위치가 갖고 있는 국제정치적 의미를 잘 알고 있었고, 실제로 열강이 한반도에 대해 깊은 정치적 야심이 있다고 믿었다. 그래서 그는 한반도에 이해관계를 갖고 있는 연합국들을 일본 패전 후 한반도에 함께 개입시킴으로써 그들의 이해관계가 중화되거나 절충되도록 했다.

이러한 구상이 1943년 11월 27일 카이로 선언에서 영국, 중국과 함께 "한국민의 노예 상태에 유의해 '적절한 시기에' 코리아의 자유와 독립을 줄 것"이라고 결의했고, 연합국의 마지막 전시 회담인 1945년 7월 26일 포츠담 선언에서 재확인되었다.

— 김학준, 『한국전쟁』, 박영사, 1989, pp. 10-13

그리고 이를 구체적 정책으로 나타낸 것이 한반도를 일정 기간 미·영·중·소 4대국의 신탁통치하에 둔다는 1945년 12월의 모스크바 3상 회의였다. 얄타 회담에서 한반도 분할통치 이야기는 없었고, 루스벨트 대통령과 스탈린이 신탁통치에 관한 짧은 대화를 했을 뿐이며, 포츠담 회담 때 수뇌들 사이에서도 한반도 분할이 아닌 신탁통치에 대한 짧은 언급만이 있었다.

민주국가와 프롤레타리아 독재국가

미국의 경우 민주국가는 먼저 전쟁을 일으키지 않는다는 오랜 신념이 있었다. 그래서 2차 세계대전 후 신생 국가는 모두 민주국가로 만들어 세계평화를 유지하고자 했다. 아울러 미국은 민주국가와 독재국가가 싸우면 독재국가는 독재자나 파시스트만 없어지면 되지만, 민주국가는 국민 마지막 한 사람까지도 싸우게 되므로 민주국가가 반드시 이긴다고 믿었다.

2차 세계대전 후 시작된 냉전으로 우리는 미국의 자유민주 체제에 자연스럽게 편입되었다. 북한이 1945년 9월 20일 스탈린의 지시에 따라 이미 소련식 공산주의 체제로 이행해 갔기 때문이다. 당시에는 1917년 러시아 혁명으로 볼셰비키가 정권을 잡고 1922년 소비에트 사회주의 공화국 연방(소련)이 탄생해 프롤레타리아 혁명을 세계적으로 전파해 가던 시기였다. 소련은 2차 세계대전을 승리로 이끌었을 뿐만 아니라 중앙 통제경제로 소비에트 경제의 우수성이 회자하던 때였다. 미국의 지원에도 불구하고 신생국들은 대부분 소련의 영향권 아래 들어가고 있었다. 이러한 때 한반도는 남북으로 분단되어 각각 미국과 소련의 정치 체제에 따르게 되었다.

그러나 러시아 혁명 74년 만에 소련은 지구상에서 사라졌다. 자본주의 모순을 딛고 일어선 공산주의도 함께 사라졌다. 공산주의는 모든 사람이 평등하게 잘살 수 있다는 이상주의에 기초하고 있고 자본주의는 사유재산제라는 인간의 이기심에 기초하고 있으므로 인간의 본성에 충실하지 못한 공산주의는 오래 가지 못한다는 것을 보여주었다. 현재 공산주의를 시행하는 나라는 중국을 제외하고는 대부분 자본주의 시장경제를 채택하고 있다. 중국도 덩샤오핑이 자본주의를 받아들여 중국 특색사회주의라는 이름으로 시행했다. 다만 시진핑이 이를 공동부유란 이름으로 공산주의로 회귀시키고 있을 뿐이다.

하나의 제도가 인간의 이기심이나 본성에 기초하지 아니하면 영속성이 없다. 중국의 경우 헌법에 프롤레타리아 독재국가임을 명시하고 있다. 독재국가의 초기에는 그 효율성이 민주국가보다 뛰어나기도 하다. 국력을 단기간 내에 한데 모을 수 있으므로 비약적인 발전을 이루기도 한다. 그러나 독재는 한정된 자원이나 권력에 대한 줄 세우기로 이어지고 여기에는 부정부패가 생길 수밖에 없다. 이는 그 체제에 대한 도덕성을 상실하게 해 장기간의 존속을 불가능하게 한다.

500년 동안 지속되던 조선왕조가 망한 것도 특정 가문에 의한 독재 정치인 세도 정치에 의해서였다. 독재는 부정부패로, 부정부패는 수탈이나 가렴주구로 이어지고, 이는 국가에 대한 불신으로 이어져 멸망을 초래한 것이다. 독재국가인 중국이나 북한도 부정부패로 몸살을 앓고 있다고 한다. 따라서 우리가 민주주의를 헌법으로 채택하고 이를 받아들여 자유민주주의 국가임을 선포한 것은 대한민국이 항구적으로 발전할 수 있다는 가능성을 보여준 것이다.

민주국가가 되기 위한 조건

무릇 민주국가인지 아닌지는 첫째 선거의 자유가 보장되어 있는가, 둘째 사법부가 독립되어 있는가, 셋째 언론의 자유가 보장되어 있는가로 판단한다. 따라서 위 세 가지 요건을 갖추어야 민주주의를 제대로 시행할 수 있는 민주국가라고 불린다. 20세기 인류의 최대 축복은 거대한 인도가 민주국가라는 사실이다. 인도는 비록 경제는 공산주의식 계획경제를 하면서도 정치 체제는 민주주의 국가 시스템을 갖추고 있었기 때문이다. 지금은 경제도 시장경제를 시행하고 있다.

그러나 민주주의가 제대로 작동하기 위해서는 그에 상당한 물적 기반이 있어야 한다. 군주제 대신 공화정을 가장 먼저 시행한 근대국가는 미국이다. 미국의 경우 독립혁명 당시 백인 남성만이 이러한 자질이 있다고 생각했다. 특히 백인 남성 중에서도 재산이 있어 경제적 자치능력이 있어야 남의 지배를 받지 않고 독자적으로 참정권을 행사할 수 있다고 믿었다.

하버드대에서 민주주의와 독재에 관해 연구한 학자인 배링턴 무어 주니어Barrington Moore Jr.는 "부르주아지가 없으면 민주주의도 없다(No bourgeoisie, no democracy)."라고 결론지었다. 또한 저널리스트 파리드 자카리아는 민주주의의 전제 조건으로 국민의 부富를 든다. 영국과 미국에서 사유재산권의 보장은 자본주의의 발달을 가져왔고, 이를 통해 부르주아 계층이 탄생했으며, 이 계층의 성장이 민주주의의 확고한 토대가 되었다고 설파한다. 그리고 1인당 국민소득이 3,000달러 이상

되었을 때 비로소 민주주의로의 전환이 성공한다는 근거를 제시하고 있다.

민주주의는 이처럼 물질적인 기반 위에서 성장할 수 있다. 그러나 우리의 경제 상황은 대단히 열악했다. 조선은행 조사부가 1945년 말 기준으로 조사한 《조선 경제 연보》(1948)에 따르면 전체 농민 중 48.9% 가 소작농이었고, 소 자작농 34.6%, 자작농 13.8%였다. 광복 당시 1정 보(3,000평) 미만인 영세 자작농까지 합하면 영세 농가가 90%나 됐다. 대부분 농지가 극소수 지주들의 소유였고 전체 인구 중 70%인 농민은 대다수가 사실상 소작농이었다. 물론 국민소득이 100달러에 훨씬 미치지 못한 최빈국이었다.

이러한 상황에서 광복을 맞은 한반도는 농지를 어떤 식으로든 분배하지 않고서는 조선왕조 때 민란이나 일제강점기 소작쟁의 수준을 넘어서는 농민 혁명이 필연적으로 일어날 가능성을 안고 있었다. 민주 국가를 만들기 위해서는 농지개혁이 필수적인 요소였다.

많은 사람이 헌법상의 자유주의와 민주주의는 같은 것으로 보고 있다. 제2차 세계대전 이후 서구 유럽과 미국에서 자유민주주의를 함께 해왔기 때문이다. 그러나 히틀러가 민주적 방식인 선거에 의해 선출되었으나 집단 독재인 파시즘을 행사한 것처럼 자유주의와 민주주의는 그 역사나 시행 과정이 달랐다.

우리가 오랫동안 성리학에 기반한 정치 체제를 유지했듯이 자유주의도 유럽에서 오랜 기간에 걸쳐 형성된 하나의 전통이다. 이는 국가, 교회, 사회의 억압에 대응해 개인의 가치와 존엄을 보호하고자 하는 서구 역사에 깊이 뿌리내린 전통이다. 천부인권설에 따른 생명권, 재산권, 종교 및 언론의 자유, 이를 확보하기 위한 권력분립, 법 앞의 평등, 사법부의 독립, 정교분리 등을 강조한다. 국가는 이를 보호하기 위해 자신의 권력을 제한하는 기본법을 받아들여야 한다는 것이다.

> 서구의 민주주의는 아리스토텔레스가 말한 혼합 정권mixed regime이다. 이는 국민에 의해 선출된 정부를 가지고 있을 뿐만 아니라, 헌법상의 권리와 법률, 독립된 사법부, 강한 정당, 교회, 기업, 사설 단체, 전문직 엘리트들이 함께 존재한다. 곧 국민이 궁극적인 권력을 갖는 정치적 민주주의가 모든 것의 핵심이자 본질이지만, 그 시스템은 선거에 의하지 아니한 많은 부분으로 구성된 복합체이다. 이러한 비민주적 제도와 단체들의 목적은 대중의 흥분을 가라앉히고 시민을 교육해 민주주의를 지도함으로써 자유를 확고히 함에 있다. 하버드 법대 졸업식에서는 "인간을 자유롭게 만드는 현명한 제약이 법"이라는 것을 상기시키고 있다. 자유 민주정치의 본질은 풍부하고 복잡한 사회 질서의 구축이지 유일사상으로 지배되는 사회 질서가 아니기 때문이다.
>
> — Fareed Zakaria, 『The Future of Freedom』, 2002, p. 26

이러한 자유민주주의가 정착되어 간 과정이 대한민국의 역사다. 과거 삼국시대와 통일신라, 고려 왕조가 불교를, 조선시대가 성리학을 이념으로 하는 국가사회였듯이 우리는 자유민주주의를 이념으로 하는 국가를 건설해 온 것이다. 그러나 이 과정은 스탈린을 위시한 공산주의자들의 민주국가 수립 반대 책동으로 얼룩졌고 우리는 사활을 건 생존 경쟁을 해야 했다.

제2차 세계대전의 종식과 광복

미국은 미드웨이 해전에서 일본에 승리하고 전세가 역전되면서 일본과의 전쟁을 빨리 끝낼 수도 있겠다고 생각했다. 물론 이를 위해서는 영국과 중국의 도움이 필요했고, 그래서 카이로에 처칠과 장제스를 불러 카이로 선언을 발표하기도 했다. 문제는 태평양의 섬들에서 발생했다. 생각보다 일본의 저항이 강했다. 그뿐 아니라 독일군이나 이탈리아군은 손을 들고 순순히 항복했지만, 일본군은 '옥쇄'라는 지시에 따라 항복하지 않고 자결했다.

미국의 유명한 전쟁소설 『Catch 22』에서는 유럽의 서부전선(1차 세계대전 때부터 독일의 서부전선을 일컫는다.)에서 말썽을 피운 병사들을 태평양 전선으로 보내버리는 장면이 나온다. 그만큼 태평양전쟁이 치열했고 사상자가 많아 미군들은 태평양 전선을 '푸른 지옥Green Hell'이라고 불렀다. 죽기를 각오하고 싸우는 적들 앞에서 미군은 큰 피해를 보았고, 독일의 항복을 받을 때와 달리 일본의 본토를 점령하기가 쉽지 않다는 점을 인식했다.

이에 미국이 생각한 전략이 아시아 태평양 지역에 소련군을 개입시키는 것이었다. 만약 소련군이 개입한다면 미군은 일본 최강의 관동군을 무너뜨릴 수 있을 것이고, 그러면 한반도를 통해 일본 본토에 소련군과 함께 진입할 수 있어 미군의 희생을 조금이라도 더 줄이면서 전쟁을 빨리 끝낼 수 있다고 생각했다.

제2차 세계대전이 막바지로 치닫던 1945년 2월 4일부터 11일까지 미국, 영국, 소련 세 연합국 수뇌가 소련의 크림반도 남단 휴양도시 얄타에서 회동했다. 미국은 당시 개발 중이던 원자폭탄의 효능을 확신하고 있지 못했기 때문에 일본의 항복을 받아내기 위해서는 소련의 참전이 필수적이라고 생각했다.

스탈린은 독일 항복 후 2~3개월 이내에 대일 전에 참전할 것과 중국의 장제스 국민당 정부를 중국의 합법적 정부로 인정하겠다고 약속했다. 당시 미국의 루스벨트 대통령은 상대적으로 약했던 중국의 위상을 높여 전후 영국, 소련과 함께 소위 '4대 경찰국'으로 세계질서를 유지하고자 했기 때문이다. 대신 미국과 영국은 러일 전쟁에서 러시아가 상실한 영토 및 여러 권리를 소련에 되돌려주기로 했다. 이는 일본의 쿠릴열도 할양, 사할린섬 남부의 반환, 소련의 외몽고 지배, 남만주철도의 중·소 공동 운영 등을 의미했다. 독일의 분할점령 원칙 재천명, 폴란드 임시정부 구성 등이 비밀의정서로 채택되었다.

포츠담 회담은 1945년 5월 8일 독일이 항복한 뒤 일본의 항복 문제와 관련해 전후 처리 문제를 논의하기 위해 독일 베를린 교외 포츠담에서 열린, 연합국의 테헤란, 얄타 회담에 이은 세 번째 전시 회담이다. 회담은 1945년 7월 17일부터 8월 2일까지 열렸다. 주요 의제는 패전국 독일의 통치 방침, 해방국 폴란드의 서부 국경 결정, 패전국 오스트리아의 점령 방침, 동유럽에서의 소련의 역할, 패전국의 배상금 문제, 대일전쟁 수행 방침 등이었다. 1945년 7월 26일 미국 대통령 트루먼, 영국 총리 처칠(뒤에 애틀리로 교체), 중국 총통 장제스가 포츠담 선언에 서명했고, 소련 공산당 서기장 스탈린은 8월 8일 대일전 참전과 동시에 서명했다.

포츠담 선언은 13개 항목으로 되어 있다. 특히 제8항에서 "카이로 선언의 모든 조항은 이행되어야 하며, 일본의 주권은 혼슈, 홋카이도, 규슈, 시코쿠와 연합군이 정하는 작은 섬들에 국한될 것이다."라고 명시해 카이로의 선언에서 결정한 한국의 독립을 확인했다.

일본은 처음에는 이 선언을 거부했다. 일본은 독일이 항복하자 중립 조약을 맺고 있던 소련을 중재국으로 해 천황제 유지와 천황의 영토(황토)인 한반도만은 반드시 보유할 수 있도록 연합국과 휴전 협상을 하고자 했기 때문이다. 그러나 1945년 8월 6일과 8월 9일 히로시마와 나가사키에 원자탄이 투하되고 8월 9일 소련이 참전하자, 8월 10일 일본이 포츠담 선언을 무조건 수락함으로써 1939년 9월 1일 독일의 폴란드 침공으로 시작된 제2차 세계대전은 6년 만에 끝나게 되었다.

당시 소련은 아시아 태평양전쟁에 개입할 처지가 되지 않았다. 유럽의 전쟁에서 가장 큰 전쟁터는 서유럽이 아니라 소련이었다. 더구나 독일과 전투를 벌인 지역은 소련의 가장 중요한 산업지대였다. 이 지역의 재건이 전후 가장 큰 과제였다. 이 전쟁으로 2,500만 명이 사망하는 등 지칠 대로 지쳐 있었다. 소련군이 참전하고 북한 지역을 점령한 직후에 일어났던 약탈과 파괴 행위는 유럽에서의 전쟁에서 지친 소련 군들의 상황을 잘 보여주고 있다.

1945년 8월 6일 아침 최초의 원자탄(우라늄탄, 별칭 리틀 보이)이 B29 폭격기에 실려 히로시마에 떨어졌다. 히로시마 인구의 30%인 7만 명이 즉사했다. 부상자 중 피폭으로 인한 사망자를 합치면 20여 만 명에 이른다. 이중 조선인 사망자는 3만여 명이다. 미국이 히로시마에 원자폭탄을 투하하자 당황한 소련은 6개월 전 얄타에서 맺은 밀약 이행을 서둘렀다. 원자탄 사용으로 일본의 항복이 앞당겨지면 참전 기회를 놓치게 되고 얄타 회담에서 약속받은 전리품을 챙길 수 없었기 때문이다.

8월 8일 소련은 독일 항복일인 그해 5월 8일로부터 3개월이 되는 날짜에 대일 선전포고를 하고 8월 9일 0시를 조금 지나 만주의 일본군을 공격했다. 8월 9일 탱크와 대포 5,500대를 앞세운 150만 대군이 항공기 3,700대의 엄호를 받으며 소·만 국경을 무너뜨렸다. 8월 9일 아침에 두 번째 원자탄이 나가사키에 투하되고 3만 명이 즉사했다.

이에 10일 새벽 3시, 도쿄 황궁 방공호에서 최고 지휘관 회의가 열렸다. 1개월 전 포츠담 회담 기간 중 트루먼, 처칠, 스탈린, 장제스 명의로 발표한 선언, 곧 일본의 무조건 항복 촉구를 수락하기로 합의했다. 소식을 접한 스탈린은 찔끔했다. 대일 선전포고가 하루만 늦었어도 일본 식민지 동북(만주)에 진군할 명분이 없었기 때문이다. 태평양전쟁 말기 주력을 중국 내지와 동남아로 투입한 일본 관동군은 소련의 화력에 무릎을 꿇었다.

8월 10일 일본은 연합국 측에 항복 의사를 전하고 모든 전선에서 전투를 중지했다. 그러나 소련군은 만주와 한반도 북부에서 일본군을 계속 공격했다. 전투하지 못한 상태에서 종전이 되면 전리품을 챙길 수 없었기 때문이었다. 이에 일본군도 항전했고 8·15 일본 천황의 공식 항복선언 이후에까지 전투가 계속되어 8월 26일에야 끝났다. 소련군은 8월 9일 일본 공격을 시작한 후 8월 15일 일본의 항복선언으로 6일 동안 싸우고 태평양전쟁의 승전국이 되어 막대한 전리품을 챙겼다. 전사자도 691명뿐이었다.

일본 투항 전 중국 동북 지역 만주국의 경제 규모는 일본 본토를 제친 지 오래였다. 미국, 소련, 영국 다음가는 세계 4위였다. 만주국 정부와 중화민국 정부의 통계에 의하면 1943년 동북은 중국 총면적의 12%, 인구는 10%에 불과했으나, 철 생산량은 전 중국의 93%, 시멘트 64%, 화공품 69%, 기계 생산 95%, 전력은 78%였다. 소련의 잔치판이 벌어졌다. 3주간 주둔하고 3개월 후 완전 철수를 장담했던 탓에 시간이 촉박했다. 동북의 공장과 통신시설, 광산의 중요 설비를 모두 소련으로 실어 날랐다. 만주국 수도였던 창춘의 관공서에 있던 가구도 내버려 두지 않았다. 중국 최대 규모를 자랑하던 안깡(안산 철강) 약탈은 가관이었다. 40일간 수송 열차 60대를 동원해도 부족했다. 공업도시 선양은 참담했다. 8월 18일부터 11월 중순까지 하루도 빠짐없이 소련으로 향하는 화물열차 200량이 기적을 울렸다. 공장 90% 이상이 폐허로 변했다. 창문과 수도꼭지도 온전치 못했다. 도

자기 공장과 소형 백주(배갈, 고량주) 양조장도 털리지 않은 곳이 단 한 곳도 없었다. 방직공장 직조기와 창고는 뭐하던 곳인지 짐작이 안 갈 정도였다.

1946년 동북공업회 조사대로라면 소련에게 털린 손실이 당시 돈 20억 달러에 해당한다는 것이 정설이다. 미국 항공기 조종사의 회고를 소개한다. "창공에서 선양을 지나친 적이 있다. 만신창이가 된 도시에 멀쩡한 것이 한 개 있었다. 시 중심에 우뚝 서 있는, 소련군이 중국인들에게 선물한 소련군 열사 기념비였다." 이쯤 되면 장제스나 마오쩌둥이 얄타 밀약에 분개한 것이 당연했다.

― 김명호, 「중국인 이야기」 761회, 『중앙선데이』, 2023. 1. 28.~29., p. 29

남북 갈등의 원인 - 소련의 북한 만들기

러시아는 본래 넓은 땅을 가진 농경사회로서 드넓은 평원 끝에서 갑자기 나타나는 외부 침략을 두려워했다. 그래서 계속 팽창함으로써 안보를 유지하고자 했다. 이것이 러시아의 전통적인 팽창정책이 되었고, 19세기 내내 러시아의 남하정책과 인도를 지키려는 영국과의 지정학적 갈등으로 나타났다. 스탈린은 소련의 공산주의를 지키기 위한 울타리 또는 안전띠로서 러시아 고유의 팽창정책에 따라 2차대전 중 동유럽, 이란 등 중동 지역과 카자흐스탄 등 중앙아시아를 거쳐 중국과 북한에 이르기까지 소련의 영향권 내에 두고자 했다.

2차 세계대전 중에는 전후 장제스가 중국을 다스릴 것으로 믿고 중소우호조약을 맺었지만, 패배할 것으로 믿은 마오쩌둥과의 관계는 소원했다. 그 이유는 만주에 대한 욕심 때문이었다. 2차 세계대전이 끝날 무렵에는 한반도까지 소련의 지배하에 둠으로써 자신의 구상을 실행시키고자 했다. 그래서 미국의 북위 38도선을 경계로 한 일본군 무장해제 제의에 선뜻 응하고 38도선 이북에 김일성을 앞세워 공산정권 수립을 서둘렀다. 1945년 9월 20일 곧바로 공산정부 수립을 지시한 것도 이러한 배경에서다. 그때부터 6개월도 되지 않아 국가 시스템이 완전히 갖추어지지 않는 상태에서는 시행하기 어려운 농지개혁을 완수한 것을 보면 그의 이러한 계획을 확인할 수 있다.

　　소련의 대일 선전포고 후 남하 진격 속도와 당시 한반도에서 800킬로미터나 떨어진 오키나와까지 와 있던 미군 선봉대(하지 중장의 지휘하에 있었다.)의 상황에 비추어 볼 때 한반도 적화는 시간문제였다. 소련이 부동항 확보와 태평양 진출 야욕에 따른 홋카이도 분할 의도 때문에 미국의 38도선 분할점령에 선뜻 응하지 않았더라면 소련 스탈린은 한반도 전체를 쉽게 점령할 수 있었을 것이다.

　　소련은 일본 분할점령에 실패하자 북한을 빨리 소련 체제와 같은 체제로 전환하고자 했다. 이를 기반으로 남한을 적화시킬 목적이었다. 여기에 호전적인 김일성이 무력으로 한반도를 통일하겠다고 하자 이를 승인하고 지원했다.

　　소련의 대일전 참전은 1945년 8월 9일 아침 만주 일본군 관동 군사령부가 있는 창춘과 하얼빈 폭격으로 시작되었다. 거의 같은 시간에 소련군 태평양 함대의 해군기들이 북한의 나진, 청진, 웅기항을 폭격했다. 8월 10일 포츠담 선언 수락으로 항복 의사를 전한 일본군의 저항이 거의 없었으므로 소련군 해병대와 육군은 남쪽으로 진격해 한반도 전체를 차지할 기세였다.

당시 한반도 남쪽으로부터 800킬로미터나 떨어진 오키나와에 도달한 미군으로서는 한반도가 소련군에 점령되면 일본도 공산화될 위험이 커진다는 사실을 알고서 이를 제지할 방법으로 8월 10일 소련에 대해 북위 38도선을 경계로 미소 공동 점령을 제안했다. 미국으로서는 소련이 이 제의를 받아들일지 의문이었지만 소련군의 진군을 멈추게 할 유일한 방법이었다. 뜻밖에도 소련이 한반도 전체를 점령할 수 있었음에도 미국과의 공동 점령에 동의했다. 그 이유는 이미 포츠담 회담에서 홋카이도 북부지역 점령 요구로 나타났듯이 소련이 일본 점령에 참여하고자 했기 때문이다. 이 지역에는 소련 함대가 태평양으로 나가기 위한 소야宗谷 해협이 있었다. 그러나 미국은 포츠담 선언을 내세워 끝내 일본 점령에 소련을 참여시키지 않았다.

이처럼 공동 점령에 합의한 소련은 해병대를 8월 12일 웅기와 나진에, 8월 14일 청진에 상륙시켰다. 소련군은 남쪽으로 내려와 8월 21일 원산에 상륙하고 8월 24일 선발대로 평양에 들어갔다. 같은 기간 다른 소련군은 원산으로부터 급히 내려와 38도선 근처의 전곡, 개성, 춘천을 점령했다. 그리고 다시 북쪽으로 황해도 해주, 신막을 점령하고 평안남도의 진남포와 평양에 대규모 병력을 파견했다. 이는 소련군 점령 예정지인 북위 38도선 이북 지역을 미군 점령지역인 38선 이남 지역과 확실하게 구분하고 차단하려는 의도였다.

> 미국이 독일 점령에서 보인 바와 같이 한반도를 하나의 정치적 단위로 보고 공동점령국인 소련과 협의를 통해 남북 통일국가를 세우려 했던 것과는 달리, 소련은 폴란드, 루마니아, 헝가리, 체코슬로바키아 같은 동유럽 국가에서 그랬던 것처럼 처음부터 자신들이 점령한 북한 지역을 공산화할 의도를 가지고 있었다. 소련은 서둘러 남한과 연결된 철도, 도로, 전화를 끊었다. 1945년 8월 28일까지 북한 전역에 대한 점령을 끝낸 소련군은 9월 14일 평양의 소련군사령부 명의로 '인민 정부 수립 요강'을 발표했다.
>   9월 20일에는 소련군 총사령관 스탈린과 참모장 안토노프의 공동명의로 "북한에 단독 정부를 세우되 북한인들의 반발을 고려해 좌우합작 부르주아 민주주의 정권을 수립하라."는 비밀 지령이 떨어졌다. 즉 우익도 참여하는 민족 통일전선 성격의 연립정부를 세우라는 것이다. 남한의 미군과 협조해 통일 정부를 세우라는 내용은 전혀 없었다.
>
> — 이주영, 『대한민국의 건국과정』 pp.38-39

이에 대해서 최근에 작고한 이정식 전 펜실베이니아 교수는 "남한에서 미군정과 이승만이 단독 정부 구상을 하기 전에 이미 1945년 9월 20일 스탈린의 지시로 소련 군정과 김일성의 단독 정부 구성이 시작되었다."라고 밝히고 있다. (로버트 스칼라피노·이정식, 『한국 공산주의 운동사』, 한홍구 옮김, 돌베개, 2021, p. 7)

당시 스탈린은 동유럽의 폴란드, 루마니아, 헝가리, 체코슬로바키아 등의 공산 국가를 세우는 데 '작은 스탈린'이라고 불리는 현지 지도자들을 내세웠다. 그들은 나치 독일군의 체포를 피해 소련으로 피신했다가 소련군의 도움으로 고국에 돌아와 정권을 잡은 토착 공산주의자들이었다. 그들은 귀국할 때 소련군이 내준 화물열차를 타고 왔기 때문에 그들의 정권을 '화물열차 정권'이라고 불렀다.

북한에서도 그와 같은 '작은 스탈린'과 '화물열차 정권'이 필요했다. 그래서 스탈린이 선택한 것이 김일성이었다. 1945년 8월 15일 일본이 항복하자 스탈린은 김일성을 북한의 지도자로 선정하고, 9월 초에 그를 모스크바로 불렀다. 김일성은 스탈린과의 면접에서 합격점을 받았다. 1945년 9월 18일 김일성은 소련군 88 특별여단 소속 한국인 60명과 함께 원산항에 소련 군복을 입고 도착했다. 9월 22일 평양으로 이동, 소련군 제25군에 인계된 후 10월 14일 평남 공설운동장에서 평남 인민 정치위원회 주최로 개최된 '소련군 환영 군중대회'에서 '민족의 영웅 김일성 장군'으로 일반인에게 소개되었다.

소련군은 북한을 남한과 관계없는 하나의 독립된 행정 단위로 통치하기 위해 1945년 10월 중앙 행정 기구로서 '북조선 5도 행정국'을 설치하고 민정 사령관 로마넨코의 지휘를 받도록 했다. 포고문에는 반드시 "소련군 사령부 명령에 따라 포고한다."든가 "소련군 사령부와 합의해 포고한다."라는 문구가 붙었다. 소련군은 각급 군 경무 사령부

(콘트라지벳)를 통해 직접 행정명령을 내리기도 해, 북한은 모든 부문에서 소련군의 엄격한 통제하에 있었다. (이주영, 전게서前揭書, pp. 41-45)

좌우합작의 부르주아 민주주의 정권 창출을 위해서 조만식 등을 종용해 1945년 11월 3일 '조선민주당'을 창당하게 했다. 조선민주당이 평남 평양 중심의 지주, 기독교 세력으로 이루어진 엘리트인 것에 반발해, 평북 신의주 중심의 기독교인들 중심으로 '기독교 사회민주당 (사회민주당)'이 만들어졌다.

38도선 차단으로 남한으로부터 식량이 들어오지 못하고 소련군의 군량미 징발 등으로 11월 7일 함흥에서 학생들이 쌀 공출 중단 시위가 일어났다. 소련군 발포로 6명이 사망하고 2,000여 명이 체포되었다. 주모자는 중앙아시아로 유배되었다. 11월 18일 평북 용천군 용암포읍에서 기독교인들이 독립 촉성대회를 열고 소련군과 공산당을 비판하는 시위가 일어났다. 이 시위를 막기 위해 그 지역 공산당이 공장 노동자들을 동원해 폭력을 행사해 장로 1명이 사망하고 12명이 중경상을 입었다.

이 소식이 퍼지자, 11월 23일 신의주에서 3,000명의 학생이 시위를 벌였다. 이 시위 진압을 위해 기관총 난사와 소련군 비행기의 기총소사로 23명이 즉사하고 700여 명이 부상당했다. 시위 주동자들은 체포되어 투옥되거나 중앙아시아로 유배되었다. 위기감을 느낀 기독교인, 조선민주당, 사회민주당 인사들이 대거 38선을 넘어 남한으로 탈출했다.

이러한 상태에서 12월 28일부터 신탁통치를 반대하는 기독교인들의 반대 시위까지 일어났다. 소련군과 공산당은 조선민주당의 우익 세력을 반동적 친일분자로 매도하고, 그 지도자인 조만식을 1946년 초부터 고려호텔에 연금했다. 더 이상 활동의 여지가 없어진 우파 자유주의 세력들은 대거 월남길에 올랐다.

1946년 초부터는 북한에서 공산주의자들만이 합법적으로 활동할 수 있었다. 그러나 형식적으로는 김일성 일파의 조선공산당 북조선 분국, 연안파 공산주의자들의 조선신민당, 북조선 천도교청우당, 조선민주당의 4당 체제였다. 소련군은 이렇게 좌우합작의 부르주아 정권 수립이 불가능하게 되자, 위 4당을 묶어 공산주의자들만으로 통일전선 united fronts의 연합정부를 수립하고자 했다.

1946년 2월 8일 '북조선 임시인민위원회 대표 확대회의'를 개최하고, 통일 정부가 조직될 때까지 잠정적인 기구로서 북조선만을 단위로 하는 중앙주권 기관을 창설하기로 했다. 이렇게 해서 북조선 인민정권으로 불리는 '북조선 임시인민위원회'가 태어났다. 위원장 김일성과 보안국장 최용건을 중심으로 한 빨치산파가 실권을 잡고, 김일성 우상화 작업에 들어갔다. '민족의 영웅', '위대한 영도자', '우리 민족의 태양' 등으로 묘사되었다.

인민정권으로 출발한 북조선 임시인민위원회는 1946년 3월 5일 토지개혁 명령을 발표했다. 이는 소련의 모델에 따라 북한 사회를 개조하기 위해 소련군 민정 사령관 로마넨코 소장이 연해주 군관구에 제시한 안을 토대로 만들어졌다. 집행은 페테르부르크에서 온 두 명의 소련인 전문가의 자문을 받았다. 5정보를 넘는 지주의 토지를 몰수해 무상으로 분배했다. 소유권은 국가에 있고 경작권만 주어졌다. 토지개혁에 대한 지주들의 반발을 막기 위해 농촌자위대가 조직되고 도시 노동자들이 농촌에 파견되어 지주들을 위협하면서 26일 만에 해치웠다. 토지를 빼앗긴 지주들은 72시간 이내에 빈손으로 고향을 떠나 다른 군으로 추방되어 낮아진 지위의 삶을 받아들이든가, 아니면 남한으로 탈출하는 도리밖에 없었다.

이러한 토지개혁은 미소공동위원회가 1946년 3월 20일 서울에서 열리기 전에 시행되었다. 남북한 통일 정부를 세우기 위해 협의한다는 회의가 소집되기도 전에 남북의 사회 체제를 완전히 다르게 만들 토지개혁부터 시행한 것이다. 이는 소련이 미국과 협의해 통일 정부를 세울 의사가 없으며, 농지개혁을 시행할 정도로 북한에는 이미 국가 시스템이 구축되었음을 보여준다.

1946년 7월 북조선 임시인민위원회는 소련군의 지시에 따라 평양학원의 군사반을 독립시켜 보안 간부학교를 세웠다. 그에 따라 정규군의 모체가 될 보안대가 빠르게 성장했다. 사령관은 빨치산파의 최용건이었다.

북조선 임시인민위원회는 1946년 8월 10일 산업, 교통, 운수, 체신, 은행 등을 당 소유로 하는 국유화 법령을 제정했다. 이것도 연해주 군관구의 스티코프가 작성해서 소련 정부의 승인하에 시행되었다. 1,000개가 넘는 산업체가 몰수되어 국유화되었고, 북조선 중앙은행도 위 위원회로 넘겨져 국유화되었다. 국유화 강행으로 화폐 자산 대신 귀금속과 공산품 사재기가 판을 쳤고 그 때문에 물가가 상승하고 상공업이 쇠퇴했다. 중소기업가들은 기업 활동을 중지하거나 38선을 넘어 남한으로 탈출했다.

1946년 8월에는 주민을 통제하기 위해 18세 이상의 남녀에게 공민증을 발급한 후, 스티코프의 구상에 따라 1946년 11월 3일 최초의 선거를 로마넨코가 추진했다. 입후보자들은 개별 출마가 금지되고 '북조선 민주주의 민족 통일전선 위원회(북민전)'의 추천으로 결정되었다. 입후보자 한 명에 대해 두 개의 투표함을 배정했다. 후보자를 찬성하면 투표지를 백색 함에, 반대하면 흑색 함에 넣는 공개 투표를 해 총 유권자 451만 명이 사실상 전원이 투표했다. 함경북도의 경우 99.97% 투표에 99.51%가 찬성했다. 이 선거로 북조선 임시인민위원회는 임시를 땐 '북조선인민위원회'로 격상되었다. 이로써 북한 통치 기구로서 중앙에 북조선인민위원회, 지방에 도, 시, 군, 면, 리 인민위원회가 구성되었다.

국회가 있어야 했으므로 1947년 2월 17일부터 20일까지 도, 시, 군 인민위원회 대회를 개최해 273명의 대의원을 뽑아 '북조선 인민회의'를 구성했다. 여기의 뒷받침을 받아 위원장에 김일성, 총 20명의 각 원을 가진 '북조선인민위원회'라는 최고 집행기관인 내각이 구성되었다.

북조선인민위원회는 사회주의 혁명을 주도하는 프롤레타리아 독재정권이었다. 그 때문에 1947년부터 인민 경제정책을 추진했다. 북조선인민위원회 내무국은 소련의 내무인민위원회NKVD를 모델로 삼아 경찰, 비밀경찰, 군대의 역할을 담당했다. 지방행정 강화를 위해서 스티코프의 지시로 1947년 2월 25일 리, 동 인민위원회 선거, 3월 5일에는 면 인민위원회 선거가 시행되었다.

1947년 3월 "조·소 석유회사 창립협정서"를 체결해 두 나라 공동으로 원산에서 석유 가공품을 생산하도록 하면서 50%의 주식을 소련에 무상 양도했다. 그리고 '조·소 해운회사 창립에 관한 협정서'를 체결해 청진, 나진, 웅기항을 소련에게 30년간 무상 임대했다.

1948년 2월 8일 북조선인민위원회 창립 2주년을 기념하면서 조선인민군을 창설했다. 조선인민군은 평양역 앞 광장에서 성대한 열병식을 거행했다. 최용건을 총사령관으로 하는 조선인민군은 주요 군 간부 41명 가운데 22명이 빨치산파(김일성 친위 세력)였다. 인민군은 소련영토인 시베리아에서 탱크, 항공기, 통신 장비 훈련을 받았다. 북한은 쌀을 주고 소련으로부터 무기를 구매했다. 소련은 무상으로 주는 법이 없었다. 언제나 대가를 원했다. 그리고 소련의 지원으로 자동 소총을 생산했다.

1948년 2월 10일 북조선인민위원회는 조선민주주의 인민공화국 임시헌법 초안을 발표했다. 이 헌법안도 소련 전문가들이 만들었다. 소련 헌법을 그대로 모방하다 보니 북한과 아무런 관계가 없는 소수민족 조항이 포함되었다. 1948년 7월 10일 광복 후 남한과 함께 사용했던 태극기를 인공기(조선 민주주의 인민공화국 국기)로 교체하고, 그 무렵 '올드 랭 사인Auld Lang Syne' 곡조에 맞추어 불렀던 국가도 새로이 만들어 독립국가로서의 면모를 갖추었다.

이렇듯 북한을 3년간 점령한 소련군은 해방군이라는 이미지를 홍보하면서 김일성을 전면에 내세우고 북한을, 남한을 통일하기 위한 이

른바 조선 혁명의 기지로 만들어 갔다. 한편으로는 미군정이 좌우합
작 통일 정부를 세우고자 하는 의도를 간파하고, 남한 내 좌익 세력들
을 지원해 남한의 공산화를 시도했다. 특히 유엔의 개입을 적극 저지
했다.

공산주의와의
갈등

해방 정국

해방 전후의 한반도 상황은 혼란 그 자체였다. 해방 직전에는 일본이 태평양전쟁 막바지에 궁지에 몰리면서, 자국민은 물론 조선인까지 대거 강제 징병, 징용해 전선에 투입하고 위안부를 동원하는 등 뒤숭숭한 분위기가 계속되었다. 일본 본토는 물론 식민지인 조선과 만주 등지에 있던 군대를 태평양전쟁에 투입하고 전시 산업을 완전히 가동하는 등 총동원 체제에 돌입했다.

아울러 일본 천황을 위해 옥쇄玉碎하자고 선동했다. 옥쇄란 옥처럼 아름답게 부서진다는 뜻이다. 대의나 충절을 위해 깨끗하게 죽음에 이른다는 말로서, 일제는 끝까지 싸우다 죽고 절대 항복해서는 안 된다는 교육을 군인은 물론 일반인에게까지 남녀노소를 불문하고 시행했다. 많은 조선인이 태평양전쟁 상황을 제대로 알지 못한 채 일본 제국이 중국과 러시아를 이겼듯이 미국도 이길 것이라는 막연한 생각에 일제의 선전 선동을 믿고 동조했다. 특히 3·1운동 때 독립선언서를 기초하고 민족 대표였던 최남선이나 소설가 이광수 등 사회지도층마저 친일에 앞장서 조선인의 전쟁 참여를 독려했다. 화신백화점을 소유하던 조선 최고 부자 박흥식 등은 군용 비행기를 일본군에게 헌납하는 등 일본에 적극 충성하는 모습을 보였다. 하물며 국민은 일제에 항거는커녕 숨소리마저 죽이고 일제의 지시에 따르고 있었다. 한반도 전체가 친일 분위기에 휩싸여 있었다.

이런 분위기 속에서 목숨을 다할 때까지 끝까지 싸워 승리를 장담했던 일본 천왕이 1945년 8월 15일 떨리는 목소리로 항복선언을 하자 일본의 승리를 점치고 있었던 대다수 조선인은 갑자기 정신적 파탄에 빠졌다.

이러한 때 가장 먼저 움직인 것이 좌파 지도자들이었다. 광주시의 외곽 지역인 백운동에 있는 벽돌 공장에서 선 채 오줌을 싸거나 침을 질질 흘리는 등 바보나 천치처럼 행동하던 박헌영이 해방이 되자마자 벽돌 공장 주인에게 "내가 박헌영이다. 서울로 가야겠으니, 차비를 달라"고 해 상경했다. 박헌영은 상경하자 기존 공산당 조직인 장안파와는 별도로 재건파를 조직하고 바로 좌익 활동에 들어갔다.

서울에서는 1945년 8월 15일 무렵 여운형이 조선 총독을 찾아가 자신이 조선총독부를 인수하겠다고 했으나 거절당했다. 그리고 우익인 송진우와 함께 건국준비위원회(건준)를 구성하고자 했으나 송진우가 아직 외국에 있는 애국지사들이 돌아오지 않았으므로 그들과 함께 하겠다면서 고사하자 박헌영 등 좌익들과 함께 치안을 유지한다는 명목으로 건국준비위원회를 발족했다.

남한의 치안 상황

해방될 무렵 한반도에는 2만여 명의 경찰이 치안을 담당하고 있었다. 이들 중 절반이 조선인이었다. 일본 경찰은 해방 직후에도 치안 유지를 계속했으나 조선인 경찰들은 모두 도주해 일본인 경찰과 건국준비위원회 소속 치안 담당자들과의 충돌이 불가피했다.

그동안 모든 분야에서 책임자로 있던 일본인들이 대거 일본으로 떠나자, 사회는 더욱 불안해졌다. 모든 것이 법보다는 힘으로 유지되었다. 미처 떠나지 못한 일본인들에 대한 공격, 조선인들 간의 시비를 가려줄 사법기관도 마비 상태였다. 시가지 정비를 해 줄 공공기관도 그 작동이 멈추어 버려 모든 게 어수선하고 혼란스러웠다.

8·15 무렵 북한 지역은 소련군이 모든 지역을 점령했으나, 남한 지역은 아직 미군이 도착하지 않았다. 서울에 올 미군의 최선봉은 서울에서 800km나 떨어진 오키나와에 있던, 하지 장군이 이끌던 부대였다. 하지는 맥아더의 지시에 따라 9월 초에야 서울에 도착했다. 당시 치안을 일본인 경찰이 담당하고 있었기 때문에 인천항에서 서울까지

미군의 행진에 따른 경호를 일본인 경찰이 맡았다. 조선인 경찰 부재로 그렇게밖에 할 수 없었으나 지금도 좌익들은 이를 마치 미군이 패전국 일본과 결탁한 것으로 선전한다.

당시 한국에 온 미군들은 전쟁이 끝나자 너도나도 귀국하기에 바빴다. 전쟁이 끝났음에도 고국에서 멀리 떨어진 동쪽 끝에 있는 가난한 나라 한국 근무가 그렇게 달갑지 않았다. 물론 고위 장교들은 명령에 따라 움직였지만, 그들을 제외한 대부분은 귀국을 원했다.

당시 한국은 근무지로서 최악이었다. 우선 악취에 시달렸다.

> 부산의 경우 치안 부재로 도로에 사체가 썩어가도 아무도 치우지 않고 무단 방뇨나 오물을 치우지 않아 시내 전체가 악취로 진동했다. 그렇다고 교외로 나가보아도 당시 퇴비를 쓰던 때라 우리가 농촌의 향수라고 불렀던 지린내에 견딜 수가 없었다
>
> ─ T.R. 페렌바크, 『이런 전쟁』, 플래닛미디어, 2019, p. 59

그들은 본국으로 보내주든지 아니면 최소한 일본이라도 보내달라고 했다. 그뿐만 아니라 세계에서 가장 가난한 나라에는 아무런 위락 시설도 없었다. 따라서 전쟁이 없는 낙후된 곳에서 전쟁 준비가 아닌 그저 치안 유지나 하는 그러한 한국 생활을 그들이 선호할 리 없었다.

오늘날과는 너무나 상반된다. 오늘날 미군의 해외 근무지 중 최고 지역이 한국이라고 한다. 일본보다 한국을 선호하는 이유는 한국은 안

전하면서도 휴전상태로 아직 전쟁 중이라는 이유로 전시 수당이 나오고 그 생활 수준이나 치안 상태, 더욱이 최근 한류가 대거 유행하면서 이를 즐길 수 있는 문화가 많기 때문이다.

미국의 대한민국 만들기

미국 정부는 2차 세계대전 당시부터 프랑스를 제외하고는 어떤 임시정부도 인정하지 않는다는 원칙을 고수했다. 1945년 9월 8일 인천에 상륙한 미군정도 이를 충실히 지켰다. 제2차 세계대전 당시 미국은 중경 임시정부도 인정하기를 거부했다. 그 이유는 모든 임시정부가 특정 그룹에 의해 조직되었기 때문에 이를 승인하게 되면 해방 후에 국민 전체가 선거를 통해 정부를 세워야 한다는 민주주의 원칙에 어긋난다는 것이다. 프랑스의 경우 드골 임시정부가 제2차 세계대전이 막바지에 이른 1944년 10월에 승인받았다. 그때는 이미 프랑스 영토가 독일의 지배로부터 완전히 해방되어 총선거를 할 수 있었기 때문이었다.

이처럼 미국이 국민 전체의 의사를 토대로 한 민주 정부 수립을 강조했기 때문에 해방 후 한국 지도자들은 민족 전체를 아우르는 통일 전선을 형성하는 데 역점을 두었다. 그에 따라 해방 직후 남한에서 좌우합작의 민족 통일 운동이 활발하게 일어났다. 미국은 9월 6일 박헌영 등이 만든 조선인민공화국도 그러한 이유로 인정하지 않았고, 반공 반소주의자인 이승만도 경원시했다.

북한에서 소련군이 북조선 임시인민위원회, 그리고 북조선인민위원회를 내세워 공산혁명을 빠르게 진행하는 동안, 남한의 미군은 현상 유지 이외에 이렇다 할 대책을 세우지 못하고 있었다. 소련군과 협의해 좌우합작의 남북통일 정부를 세우겠다는 구상이었기 때문에, 소련군의 협조 없이 미군 단독으로는 아무것도 할 수 없었다. 다만 사회 혼란을 극복하기 위해 치안 유지 목적으로 1945년 11월 미군을 사령관으로 하는 국방사령부를 설치하고, 그 밑에 군무국과 경무국을 두었을 뿐이다.

아울러 미국은 한반도 문제에 대해 일관되게 소련을 끌어들이고자 했다. 이는 소련을 한반도 문제에 개입시켜 공동 관리함으로써 한반도가 어느 한 강대국에 의해 독점 지배될 때 발생할 수 있는 국제분쟁을 미리 방지한다는 견해를 가지고 있었기 때문이다.

일본 패전 후 인천을 거쳐 9월 8일 서울에 진주한 미군은 곧바로 미군정청을 세우고 이 기관을 통한 직접 통치 방식을 취했다. 미군정청을 남한의 유일한 합법정부로 선언하고, 군정청 장관에는 아치볼드 아널드Archibold Arnold 육군 소장을 임명했다. 소련을 의식해 좌우합작 정부를 만들고 이를 4개국 신탁통치 방안으로 움직였다. 이는 1945년 12월 27일 발표된 '코리아에 관한 모스크바 협정'으로 구체화했다.

모스크바 협정은 "①한인들이 민주주의 원칙과 일제 유산의 청산 아래 독립 국가를 세울 수 있는 조건을 만들어 주기 위해 코리아의 민주 임시정부를 수립한다. ②코리아의 민주 임시정부 수립을 위해 미소 점령군 사령부의 대표들로 구성되는 공동위원회를 설치한다. 이 위원회는 코리아의 민주적 정당, 사회단체들과 협의한다. ③공동위원회는 자신의 제안을 코리아의 민주 임시정부와 협의한다. 그러고 나서 코리아에 대한 5년 이내의 신탁통치에 관한 협정을 검토하기 위해 미, 영, 중, 소 4대국 정부의 합동 심의에 부친다. ④미소 점령군 사령부 대표들로 구성된 회의를 2주 안에 개최한다."로 되어 있다.

이 결정을 우리는 한반도 문제의 해결을 위한 '모스크바 공식'이라고 부른다. 이를 크게 보아 ①한반도 내에서의 좌우합작과 남북 협력 ②한반도에 대한 미소의 협력을 전제로 하고 있다. 곧 한반도 안에서는 좌우가 합작하고 남북이 협력해 임시정부를 세우되, 임시정부를 세우고 독립하는 일은 미국과 소련이 협력한다는 것이다.

이 계획에 따라 1946년 1월 16일부터 2월 5일까지 서울에서 미소 양군의 대표자 회의가 열린 후 같은 해 3월 20일부터 5월 8일까지 제1차 미소공동위원회가 열렸다. 코리아 임시정부 수립에 대한 논의에서 소련은 우익을 제거하고자 했고, 미국은 좌익의 지배를 방지하고자 했다. 미국은 임시정부 수립에 앞서 두 지역의 행정과 경제적 통합이라는 현실적 접근법을 택했고, 소련은 이보다 임시정부 수립이 우선이라는 정치 우선적 접근법을 택했다. 결국 결론을 내리지 못하고 1946년 5월 8일 무기 휴회로 들어갔다.

미군정청은 1947년 2월 국무부에 "남북한의 통일을 위해 미소 정부가 즉각적인 조처를 하지 않는다면 한반도는 내란에 빠질지 모른다."라고 보고했다. 이에 따라 미소 양측이 접촉해 1947년 5월 21일 서울에서 제2차 미소공동위원회가 열렸다. 미소는 각각 상대방에게 우호적인 정부의 수립을 적극 봉쇄하려고 한 결과, 쌍방 사이에 책임 전가와 반론의 일방적인 성명을 되풀이하다가 10월 18일 결렬되었다.

한반도 문제에 대한 모스크바 협정이 미소공동위원회를 통해 해결될 수 없음을 깨달은 미국은 8월 29일 국방부 장관 대리 로버트 로벳 Robert A. Lovett을 통해 '1947년 9월 8일 워싱턴에서 미, 영, 중, 소 4개국 회의 개최'를 제의했으나, 9월 4일 소련 외무장관 몰로토프가 거부하자 9월 17일 한반도 문제를 제2차 국제연합UN 총회에 부쳤다.

소련이 모스크바 협정에 반하는 의제 상정 자체를 반대하자 표결로 국제연합 정치위원회에 돌려보내(찬성 41, 반대 6, 기권 7) 1947년 10월 28일부터 한반도 문제를 다루었고 11월 14일 국제연합 소총회에서 수정된 미국 안이 가결되었다(찬성 41, 반대 0, 기권 4). 이 결의안은 한반도 문제가 근본적으로 한반도에 살고 있는 토착 민족의 자체 문제이며 그들의 자유와 독립에 관한 문제이므로, 이 문제는 지역 주민의 참여 없이는 해결될 수 없다고 선언했다.

이에 따라 선거에 의해 선출될 지역 주민대표를 이 문제 심의에 참여하도록 초청하며 공정한 선거를 관찰할 목적으로 한반도 전역에 대해 여행, 관찰, 협의 권한이 부여되는 9개국(호주, 캐나다, 중국, 엘살바도르, 프랑스, 인도, 필리핀, 시리아, 우크라이나)으로 구성된 '국제연합 한국 임시위원단(United Nations Temporary Commission On Korea: UNTCOK)'을 설치했다.

이 위원회는 "1948년 3월 31일 이전 한반도에서 이 위원단의 관찰 아래 인구 비례에 따라 보통선거 원칙과 비밀투표에 의한 총선거를 시행하고 선거 뒤 빨리 국회를 구성하고 정부를 수립한다. 이 정부는 남북한의 군정 당국으로부터 정부의 기능을 이양받고 ①자체의 국방군을 조직하며 ②될 수 있는 한 빨리, 가능하면 90일 이내에 점령군이 철수하도록 한다."라고 결의했다. 인구 비례에 의한 총선거는 남한 인구 2,000만의 절반밖에 안 되는 북한 인구 때문에 소련에 비우호적인 정부가 수립될 것이라는 소련 측의 반대로 남한만이라도 실시하기로 한 미국의 결의안이 1948년 2월 26일 국제연합 소총회에서 소련 등 공산 진영 11개국이 불참한 가운데 가결되었다(찬성 31, 반대 2, 기권 11).

그에 따라 5월 10일 국제연합 한국 임시위원단의 참관 아래 인구 10만 명당 1인의, 임기 2년의 총 300명으로 구성된 제헌의회를 창설하기 위한 총선거가 시행되었다. 이 제헌의회는 총 300명 중 북한 몫 100명과 제주 4·3 사태로 선거를 치르지 못한 2명을 제외한 198명으로 출범했다. 최연장자인 이승만을 의장으로 선출하고 7월 12일 대한민국 헌법을 제정해 7월 17일 이를 공포한 뒤, 초대 대통령에 이승만을, 초대 부통령으로 이시영을 각각 선출했다. 공석이 된 국회의장에 신익희가 선출되고, 초대 대법원장에 김병로가, 내각 초대 국무총리에는 이범석이 각 국회 인준을 거쳐 임명되었다. 이들은 모두 뚜렷한 항일 독립운동가들이었다. 그리고 8월 15일 대한민국 수립이 선포되었다.

대한민국 정부가 수립되자 10월 8일 국제연합 한국 임시위원단은 국제연합 총회에 보고할 최종 보고서를 채택해 파리에서 개최된 제3차 국제연합 총회에 보고하고, 논의 끝에 12월 12일 한반도 문제에 관한 결의문을 채택했다. 이 결의문은 "임시위원단이 관찰하고 협의할 수 있었고 전체 한인의 대부분이 살고 있는 한 부분 위에 효과적인 통치와 관할권을 갖는 합법적 정부가 수립되었다. … 이 정부는 코리아의 그 부분 유권자의 자유로운 의사와 유효한 표현이었던 선거에 기초하고 있다. … 이 정부가 코리아에 있는 유일한 그러한 정부이다. …"로 되어 있다.

좌익들의 책동과 5·10 제헌의원 선거 방해

해방 직후부터 시작된 공산주의자들의 한반도 공산화 시도는 조선정판사 위조지폐 사건을 시작으로 한시도 평안한 날이 없을 정도로 집요하고 극렬했다. 1946년 5월 15일 미군정청 공보부장 이철원의 발표에 의하면 조선공산당 간부인 이관술과 권오직 등이 인쇄소인 조선정판사에 조선 은행권을 찍는 원판이 있음을 알고 같은 공산당원인 사장 박종락과 함께 그곳에 근무하는 공산당원들에게 1,100만 원의 지폐를 몰래 찍게 한 사건이었다. 관련자 9명이 미군정청 소속 조재천, 김홍섭 검사에 의해 기소되어 유죄판결을 받았다.

이 사건을 계기로 미군정은 공산당 기관지인 '해방일보'를 정간시키고 서울의 중앙당을 제외한 공산당 사무실을 전부 폐쇄했다. 5월 23일부터는 38선을 폐쇄해 누구도 월북할 수 없도록 했다. 그리고 소련의 공산주의 선전 영화를 계속 순회 상영하던 서울 주재 소련 총영사관도 폐쇄했다. 이에 대한 보복으로 북한의 소련군도 1946년 6월 연합국 배상위원회의 에드윈 폴리 일행이 전쟁 배상액을 결정하기 위해 일본인이 남기고 간 재산조사차 북한에 왔으나 일절 협조하지 않았다.

이처럼 미소 대립이 극한으로 치달았으나 미국의 좌우합작에 대한 태도는 변하지 않았다. 남한만이라도 좌우합작의 임시 정치기구를 만들어 앞으로의 남북 합작에 대비해야 한다는 것이다. 한반도의 공산화를 막을 수 있는 길은 공산주의자들을 끌어안는 좌우합작이 최선을 방안이라고 생각했기 때문이다. 그래서 1946년 7월 1일 미군정의 지원으로 좌우 각 5명씩 10명의 대표로 이루어진 '좌우합작위원회'를 설치했다. 여기에서 소외된 박헌영은 소련을 방문해 스탈린의 지지를 받고자 했으나 김일성에게 밀리자, 자신의 존재감을 드러내기 위해 폭력투쟁을 전개했다. 이는 소련이 바라는 바이기도 했다. 박헌영은 '신전술'로 불리는 폭력투쟁으로 9월 총파업과 10월 1일 대구폭동을 일으켰다.

박헌영의 조선공산당은 9월 23일 '조선 노동조합 전국 평의회(전평)' 산하 조선철도 노동조합의 부산 철도파업을 시작으로 남한 전역으로 파업을 확대했다. 조선 출판 노동조합을 비롯한 노동 단체들도 파업에 돌입했다. 학생들은 동맹파업에 가세했다. 가난과 혼란, 미군정 소속 한인 관리들의 부패 등에 분노한 대중들이 그들의 폭력 행위에 호응했다.

10월 1일 대구에서는 좌익들의 주도로 식량 부족에 항의하는 군중이 뒤섞여 폭동이 일어났다. 시위대와 경찰 사이에 충돌이 일어나 사망자가 생기자, 폭도들은 시체가 든 관을 들고 시위를 벌이고 대구 경찰서를 점거했다. 시위는 대구 주변 농촌으로 확대되었다. 미군정청은 그 사태를 폭동으로 규정하고 대구에 계엄령을 선포했다. 조선공산당은 이를 인민 항쟁이라고 불렀다. 폭동은 호남지방으로까지 확대되어 경상, 전라, 충청 지역 73개 시 군이 혼란에 빠져들었다. 좌익들은 경찰관과 지방 유지들, 그리고 그 가족들을 잔인하게 살해했다.

박헌영은 미군정 당국의 체포를 피해 관 속에 들어 있는 시체로 위장해 북한으로 탈출했다. 민주주의민족전선(민전) 사무국장 이강국도 당시 미군 사령부 헌병감과 동거하고 있던 애인 김수임의 도움으로 월북하는 등 좌익 지도자들이 대거 월북했다. 박헌영은 38선에서 가까운 해주에서 소련군과 상의해 남한 좌익들에게 지시를 내리고, 북조선 노동당도 9월 27일 남한에서의 총파업 결정을 추인했다. 북한으로부터 위문단이 파견되고 지원금이 전달되었다.

소련군 군사위원 스티코프는 남한에서의 폭동 지지 시위가 계속 일어나도록 지시하는 동시에 3회에 걸쳐 자금을 내려보냈다. 그리고 그 진행 상황을 스탈린에게 보고했다. 그러나 스티코프는 남한에서 체포를 피해 월북하는 좌익들을 잠시 북한에 머무르게 하다가 게릴라 활동 임무를 주어 남한으로 되돌려 보냈다. 북한이 남한의 무장투쟁 기지가 되는 것을 바라지 않았을 뿐만 아니라 남한의 과격분자들이 북한 체제의 유지에 부담이 된다는 이유에서였다.

1946년 10월 22일을 고비로 폭동은 수습되었다. 폭동 가담자 1,300명이 군사재판에 넘겨지고 그 가운데 16명이 처형되었다.

1948년 3월 1일 국제연합 한국 임시위원단은 선거가 가능한 지역인 남한에서 5월 10일 이전에 선거를 시행한다고 발표했다. 선거에서는 언론 출판 집회 결사의 자유를 포함한 민주주의적 권리가 보장될 것임을 약속했다. 이에 따라 미군정은 3월 17일 제헌 국회의원 선거법을 공표했다. 만 21세 이상의 모든 남녀에게 선거권을 주는 보통 평등 비밀 선거를 보장하고 있었다. 친일 경력자에게는 선거권을 주지 않았다. 국회의원은 인구 10만 명당 1명을 뽑는 소선거구제에 따라 선출되고, 그 임기는 제1대 국회의원만 4년이 아닌 2년이었다. 미군정은 선거를 위한 자유스러운 분위기를 조성하라는 국제연합 한국 임시위원단의 권고에 따라 체포 구금에 관한 인신 보호 영장제도를 도입하고, 재판은 3심제를 확립했다. 그리고 폭력 행위로 감옥에 들어간 많은 좌익을 석방했다.

좌익들은 선거를 못 하도록 방해했다. 1948년 4월 3일 제주 폭동을 일으킨 후 1948년 4월 20일부터 4월 30일까지 평양에서 개최된 남북 지도자 연석회의 당시 남한의 5·10 선거를 반대하기 위한 '남조선 단독선거 반대 투쟁위원회'를 결성하고, 남로당에 선거 반대 투쟁을 지시했다. 남로당은 반선 투쟁위원회를 조직하고 선거 방해 책동에 나섰다. 이는 5월 3일부터 5일까지 서울의 노고산, 북악산, 남산 등에서 봉화를 올리는 것을 신호로 시작해, 전국적으로 선거를 할 수 없도록 혼란을 조성하기 위한 폭력과 파괴 행위가 일어났다.

전평 산하의 철도노조원들은 경기도 병점역에서 기관차를 탈취했다. 서울에서는 18개의 학교가 동맹휴학에 들어갔다. 전신, 전화, 철도, 교량이 파괴되고 경찰서와 선거 관련 관공서가 습격당했다. 서울 마포구의 한 투표소에서는 수류탄이 터지기도 했다. 5월 10일 선거 당일만 해도 62명의 경찰관과 공무원이 피살되었고, 선거 직전 5주 동안에 피살된 인명은 589명에 이르렀다.

미군정 경무부장 조병옥은 턱없이 부족한 경찰력을 보충하기 위해 지역 주민들로 향보단을 한시적으로 조직, 운영했다. 대동청년단, 서북청년회 등 우익 반공단체들도 경찰을 도왔다. 그 때문에 전국 200개 선거구의 1만 3,000여 개 투표소에서 선거가 치러질 수 있었다. 다만 제주도의 3개 선거구 중 2개 선거구는 선거를 치르지 못했다. 4월 3일부터 선거를 방해하기 위한 남로당 폭동이 지속되고 있었기 때문이다.

좌익들의 선거 방해 책동에도 불구하고 참여율이 높았다. 남한 총 유권자 983만 명 중 783만 명이 등록했고 748만 명이 투표했다. 당시 남한 인구는 한반도 전체 인구의 3분의 2를 차지하고 있었기 때문에 북한의 3분의 1이 참여하지 않았지만 5·10 선거는 합법적이었다.

198명의 당선자 중 85명(42.5%)이 무소속이었다. 무소속 의원 중 상당수는 공식적으로 선거를 반대한 한국독립당(한독당) 소속 인사들이거나 좌익들이었다. 그 다음이 이승만의 대한독립촉성국민회의 소속 55명(27.5%), 한국민주당 29명(14.5%), 대동청년단 12명이었고, 그밖에 조선민주당, 대한노총(대한 독립 촉성 노동총연맹), 족청(조선민족청년단) 등이 당선되었다.

이에 북한은 민족 분열 조치라고 비난하며 5월 12일 남한에 보내는 전기를 끊음으로써 산업에 큰 타격을 주었다. 5월 14일에는 당시 남한의 연백평야로 보내던 북한의 구암저수지 물을 끊는 등 보복 조치를 했다. 김구, 김규식 등 5·10 선거를 거부했던 남북 협상파, 중간파의 선거 무효 주장이 계속되었다.

김규식

1919년 1월 18일 개최된 파리 강화회의에 민족 대표로 참가해 달라는 여운형, 서병호, 김철, 조소앙 등이 조직한 '신한청년당'의 요청을 받아들여 2월 1일 상해를 출발, 3월 13일 파리에 도착했다. 3·1운동 소식을 접하고 용기백배해 파리 샤또당가에 한국 대표관을 개설하고 외교 활동에 들어갔다. 이어 상해 임시정부(임정)가 수립되자 외무 총장 겸 강화회의 대표 위원으로 임명되어, 한국 대표관을 '대한민국임시정부 파리위원부'로 이름을 바꾸고, 부위원장에 이관용, 서기장에 황기환을 임명하는 등 조직을 정비한 다음, 각국 대표와 언론사 등에 회보를 배포했다. 강화회의에는 '일본으로부터 해방 및 독립 국가로서의 한국의 재편성을 위한 한국 국민과 민족의 주장'이라는 공고서와 비망록을 제출했다. 열강의 비협조로 한국 문제가 상정되지 못하자, 강화회의가 끝난 후에도 『한국의 독립과 평화』라는 책자를 발간하고, 각국 대표를 방문해 3·1 운동 이후 한국의 상황을 설명하고, 아시아의 평화를 위해서는 한국의 독립이 중요함을 설파했다.

이때 베트남의 호찌민을 만나 그의 활동에 지대한 영향력을 끼쳤다. 호찌민은 한국인들이 하는 모든 일을 자신의 근거로 삼았다. 그는 일제에 저항하는 한국인의 계획을 똑같이 따르고 있었다. 호찌민이 프랑스에서 기고한 모든 글이 번역돼 중국에서 간행되었는데, 모두 호찌민이 김규식에게 부탁한 것이었다.

1941년 11월, 민족혁명당이 임정 참여를 선언하고, 우익 세력을 대표하는 한국독립당과 광복군, 좌익을 대표하는 민족혁명당과 조선의용대가 임시정부를 중심으로 연대와 통합을 이루자, 쓰촨에서 충칭으로 와 61세인 1942년 10월 임정의 국무위원으로 보선되었고 동시에 선전부장으로 선임되었다. 이후 1943년 2월 개최된 민족혁명당 제7차 전당대회에서 중앙위원회 주석으로 선출되었고, 1944년 4월 주석과 부주석제를 채택한 임정의 5차 개헌에 따라 부주석이 되었다. 이로써 임정은 한국독립당을 대표하는 김구 주석과 민족혁명당을 대표하는 김규식 부주석 체제로 운영되었다.

1945년 8·15 광복 후 임시정부 요원들과 함께 11월 23일 1차로 귀국했다. 당시 좌익 진영은 박헌영과 김일성을 중심으로 소련에 기대었고, 우익은 이승만과 한민당이 미국과 손을 잡았다. 김규식은 외세에 의존해서는 안 된다는 견해였다. 1919년 우드로 윌슨 대통령의 민족자결주의에 감화받아 파리 강화회의에 참석했을 때 열강들이 입으로만 약소민족과 식민지를 위할 뿐이지 실제로는 제1차 세계대전 승전국을 위한 잔치였음을 알았고, 모스크바 극동피압박민족대회에서 소련의 실체를 보았기 때문이다. 김규식이 볼 때 이승만이나 김구는 너무 오른쪽에 치우쳐 있어, 그들이 임정 때부터 좌익과는 연대할 수 없다는 입장임을 잘 알고 있었다. 그러나 김규식은 민족의 역량을 하나로 모으려면 좌파와도 연대해야 한다고 생각했다.

그는 독립운동가 중 누구보다 현실을 통찰했던 당대의 엘리트로 꼽힌다. 무려 9개 국어를 유창하게 구사한 어학의 천재로도 알려졌다. 영어를 잘해 미군이 놀랄 정도였으며 임정 시절 임정 요인들에게 영어를 가르쳤다고 한다. 신채호도 배웠는데 김규식이 발음이 틀렸다고 자꾸 지적하자 신채호는 단어 뜻만 알면 되지 발음은 뭐 하러 배우냐고 서로 싸웠고, 결국 신채호는 이광수한테 영어를 배웠다는 일화가 있다.

임정 소속으로 좌우합작과 남북협상에 둘 다 참여한 정치인이다. 좌우합작을 주도한 여운형보다 다섯 살 위로 임정 시절부터 서로 형님 동생 하는 사이였다. 김규식은 그의 부인이 바느질로 생계를 유지할 만큼 어려운 형편이었으나, 한국민주당과 공산당은 그가 일본인으로부터 뇌물을 받았다는 뜬소문을 퍼뜨려 곤경에 빠지기도 했다.

몸이 약해서 항상 아팠다. 간질증세가 수시로 일어났고 뇌종양 수술을 받았으며 신경통과 소화불량에 시달렸다. 미군정에서 그에게 붙인 별명이 sickly(약골)이었다. 그는 자신의 이름은 영어로 Kim Kiusic 이라고 썼는데 미묘하게 비슷하다. 광복 후 어느 기자가 인터뷰 때 어디가 편찮으시냐고 묻자 "차라리 안 아픈 것이 어디냐고 묻는 게 빠를 것이오"라고 답했다고 한다.

성격이 매우 차갑고 냉소적이라 인간적으로 친해지기 어려웠다. 전형적인 학자풍의 성격이었다. 매우 현실적이어서 정치생명을 담보로 모험하지도 않았다. 처음 좌우합작을 제의받았을 때 망설였고 남북협상 때도 맹동적인 김구와는 달리, 일찌감치 북한의 의중을 알아차리고 매우 현실적인 방향으로 움직였다. 그는 내심 반공주의자였지만 속내를 드러내지 않았다. 좌익으로부터 각종 비난과 비판이 쏟아질 때도 정면으로 좌익을 비난하지 않았다. 그는 민족 통일전선과 좌우합작을 최우선시했기 때문이다.

1948년 12월 28일 모스크바 3상 회의 결과 한반도 신탁통치안이 보도되자 처음에는 신탁통치를 반대하다가 모스크바 3상 회의 전문을 입수해 본 후 부분적 찬탁에 동의했다. 국제적 합의를 무시할 수 없고 일단 통일된 임시정부를 구성한 후 임시정부가 신탁통치 문제를 논의해야 한다고 주장했다. 이에 따라 반탁세력의 테러 위협에 시달려야 했다. 지금 청와대 터 내 자택인 삼청장 담을 암살 자객들이 넘는 일도 있었고 수시로 거처를 옮겨야 했다.

1947년 5월 미소공동위원회가 재개되자 김규식은 중간파 결집에 힘쓰고, 정계 복귀한 여운형과 좌우합작을 다시 시작했다. 이들의 위상은 날로 높아졌고 이들에 대한 극우파의 공세도 치열해졌다. 우익을 협상에서 배제하려는 소련의 주장으로 제2차 미소공동위원회가 1947년 7월 결렬되고 여운형마저 "선임정 후반탁"이라는 내용의 합의가 이뤄지기 직전 암살되자 좌우합작운동은 실패로 돌아갔다.

이후 김규식은 중도파를 결속해 1947년 12월 '민족자주연맹'을 만들어 총재가 되었다. 남한 지역의 단독 총선거에 반대하고 남북의 정치인들이 한자리에 모여 분단극복의 지혜를 모으는 것이 필요하다는 생각에서 김구와 함께 연명으로 남북 지도자 회의를 개최하자는 내용의 편지를 김일성과 김두봉에게 보냈다. 이것이 계기가 되어 1948년

4월 평양에서 남북협상을 시도했으나 실패하자 정계를 떠났다. 심지연 교수는 소기의 목적을 이루지는 못했지만, 남북의 지도자들이 처음으로 만나 대화를 나누는 실마리는 김규식이 제공한 것이라고 말한다. (심지연, 「청와대 개방과 삼청장 복원」, 『중앙일보』, 2022. 6. 20., p. 31)

남북협상 이후 김규식은 좌파로 몰렸는데, 그는 서재필에게 보낸 편지에서 자신이 빨갱이로 몰리는 것에 대한 억울함을 토로하기도 했다.

1950년 6·25 전쟁 때 납북되어 그해 12월 평북 만포진에서 사망했다. 향년 69세. 1989년 건국훈장 대한민국장이 추서되었다.

미군정의 농지개혁

국가로부터 수탈만 당해왔다고 생각하고 있는 가운데 농지개혁에 따라 수많은 소작농이 토지를 소유하게 되었다. 제2차 세계대전과 광복이 가져다준, 실질적인 국가로부터의 혜택이었고 국가의 존재를 실감할 수 있는 조치였다. 농지개혁은 조선왕조 이래 일제강점기를 거쳐 건국에 이르기까지 수탈적 소작제도의 폐지를 염원하는 농민의 한을 풀어주었다. 무엇보다 공산주의자들의 한반도 적화 통일을 차단하는 결정적 계기가 되었다.

1946년 3월 5일 북한은 농지개혁을 단행하고 이를 공산주의가 우월하다는 선전 수단으로 활용해 남한의 사상적, 정치적 분열을 가중했다. 북한은 북조선 임시인민위원회가 발표한 '북조선 토지개혁법'에 따라 무상몰수 무상분배 원칙의 토지 개혁을 시행했다. 일제 총독부나 일본인이 가지고 있던 토지는 물론 친일파와 민족 반역자의 토지도 모두 몰수했고, 한국인이 소유한 토지도 5정보를 넘기거나 스스로 경작하지 않으면 몰수해 소작농이나 자작농에게 나누어 주었다.

이에 따라 북한에는 지주가 없어졌으며 자작농이 농민의 다수를 차지하게 되었다. 그러나 토지를 빼앗긴 지주들은 북한 당국에 적개심을 가지게 되었고 남쪽으로 내려오는 경우가 많았다. 이에 하루빨리 농민의 숙원인 농지개혁을 전면적으로 단행해 정치적 불안정을 해소해야 할 필요성이 대두되었다.

미군정은 이보다 앞서 제2차 세계대전 후 세계적인 민주 경제 건설의 기초 작업으로서 미국 국무부의 정책인 고율 소작료 완화와 농지개혁을 시도했다. 우선 1945년 10월 5일 미군정 법령 제9호에 의거, 종래의 고율 소작료를 수확량의 3분의 1 이하로 제한했다. 같은 해 12월 19일 일본인 소유 토지와 재산을 군정청 관리하에 두도록 했다. 당시 일본인 소유 토지는 조선 연보 1942년 통계상 전국의 전답 40만 헥타르(1헥타르는 1만 제곱미터임)로서 약 13%로 추정된다.

1946년 2월 21일, 이 재산을 신한공사에 귀속시켜 '귀속농지'라 규정하고 농지개혁의 기본정책 수립에 착수했다. 그때 입법의원 내의 다수 의석을 차지한 지주계급 출신 한국민주당 의원들이 정부 수립 후에 농지개혁을 하자며 반대하자, 1948년 3월 22일 미군정 법령 제172호로 신한공사가 관리하고 있던 일본인 소유 농지, 곧 귀속농지에만 농지개혁을 단행했다.

그 골자는 유상매수 유상분배 원칙으로 농가 호당 2헥타르(논, 밭 포함)를 상한으로 하고, 농지가격은 해당 농지에서 생산되는 연간 생산량의 3배로 하되, 지불 방법은 연간 생산량의 20%씩을 15년간에 현물로 상환하도록 했다. 현물상환으로 한 것은 당시 심했던 인플레이션 등이 이유였다. 이와 같은 방법으로 귀속농지 29만 1,000헥타르가 미군정 관리하에 경작 농민에게 분배되었다. 이 업무를 맡았던 중앙토지행정처는 정부 수립 후 농림부로 이관되었다.

당시 경작자가 토지를 가져야 한다는 사회적 분위기가 대세였다. 모든 정치세력이 방법론만 다를 뿐, 지주 소작 관계를 개혁 대상으로 인식하고 있었고, 지주들의 이해관계와 밀접했던 한국민주당조차 이를 당연히 받아들이고 있었다. 이런 상황에서 북한이 무상몰수 무상분배의 토지개혁을 시행하자 1948년 4월부터 미군정이 신한공사 소유 귀속농지 매각을 시작했다. 비록 분배 대상 농지의 19퍼센트에 불과했지만, 새로운 정부가 농지개혁을 시행할 것이라는 전망이 팽배했다.

토지개혁은 남한의 공산화를 막고 공업화 추구의 기반이 된다는 점에서 인구 대다수를 차지하는 농민의 지지가 필요했던 우파 세력도 거절할 수 없었다. 이 때문에 한국민주당도 토지개혁을 하더라도 그 대가로 공업자본가로 재출발한다는 구상을 했다. 결국 토지개혁은 지주층과 농민층, 각 정치세력과 미국의 이해관계 속에서 가능했던 것이고 필연적이었다.

정부 수립 후 농지개혁

정부 수립 후 국내의 모든 한국인 지주가 소유하고 있던 115만 6,000헥타르를 개혁 대상으로 한 농림부 농지개혁 법안이 1949년 1월 국회에 제출되었다.

5·10 총선거에서 제헌 국회의원으로 당선된 조봉암은 농림부 장관직을 겸임하면서 농지개혁의 실무책임자인 농지국장에 자신이 신뢰하던 강진국을 임명했다. 1948년 9월 4일 조 장관은 강정택 차관, 강진국 농지국장, 이순택 기획처장과 함께 '농지개혁법 기초위원회'를 조직하고 그 위원장에 피선되었다. 위 기초위원회에서는 1948년 9월부터 11월까지 2개월간 전국 각지의 농촌조사를 거쳐 농지실태를 조사하고 농림부 초안을 작성해 11월 22일 개혁안을 발표했다. 1949년 1월 4일부터 조봉암은 농림부 관료들 및 농지 개혁위원회 위원들과 전국 각지를 순행하며 각 도의 도청 소재지에서 순회 공청회를 개최했고, 각계각층의 의견을 수렴한 후 1월 24일 농림부 안을 완성, 국무회의에 입안해 채택시켰다.

농림부 안은 국회 산업노동위원회의 농지 개혁법안과 함께 본회의에 상정되어 정부안과의 절충 및 광범위한 수정이 가해졌다. 정부는 국가가 수용하는 토지에 대한 지주 보상 지가는 5년 평균 작물생산량의 15할을 보상해 주고, 농민에게 거두는 지가는 5년 평균 생산량의 12할을 3에서 10년에 걸쳐 상환하는 안을 제시했으나, 한민당과 지주 세력의 반발이 거셌다. 이에 이승만 대통령이 15할의 토지 보상과

15할의 상환을 주장해 관철했다.

1949년 4월 28일 전문 6장 29조의 '농지개혁법'이 통과되고 6월 21일 공포되었다. 그 후 전국적인 농지 실태조사가 착수되었으나, 예산조처가 제대로 뒤따르지 않아 그 실시가 1년간 연장되었다. 그 사이인 1949년 10월 25일 개정안이 국회 본회의에 상정되었다. 그 주요 골자는 지가 보상과 상환액을 평균 수확량의 2.4배로 통일해 인상하는 내용이었다. 국회 본회의에서는 이를 1.5배로 낮추고, 지주에게는 지가증권을 발급해 기업에 투자하도록 해 지주들도 일반산업에 참여할 수 있고, 동시에 농공병진의 실을 거둘 수 있도록 하는 개정안을 통과시켜 1950년 3월 10일 공포됨으로써 농지개혁의 입법 조치를 마쳤다.

농지개혁이 구체적인 실시 단계에 들어갈 무렵 6·25전쟁이 일어나 전화를 모면한 경남 일대를 제외하고는 전국의 농지개혁 시행이 중단되었다. 그러나 9월 28일 서울 수복 이후 농지개혁 관계 서류가 소실 및 분실되었음에도, 전란으로 가중된 재정상의 핍박을 해소하고 군량미 확보 등의 목적으로 농지개혁 사업은 중단없이 진행되었다. 그 결과 한국인 소유 농지 32만 2,000헥타르(수복 지구 포함)가 91만 8,548호에 분배되었고, 지가 보상은 벼 1,158만 7,959석(석은 1말의 10배로 180리터에 해당한다)이었다. 분배 농지 합계는 귀속농지 29만 1,000헥타르와 위 32만 2,000헥타르를 합쳐서 모두 61만 3,000헥타르에 이르렀다. 이는 1945년 8월 15일 광복 당시 소작지 144만 7,000헥타르의 42.4%에 해당한다.

한편 한국농촌경제연구원의 조사에 따르면 농지개혁 직후 은폐 소작지로 남아 있던 면적은 15만 8,000헥타르로, 8·15 광복 당시 전체 소작 면적 144만 7,000헥타르의 11퍼센트에 불과하고, 이는 농지 전체의 8%에 해당한다. 그러나 농지개혁으로 분배되지도 않았고 은폐 소작지로도 남아 있지 않은 67만 7,000헥타르도 결국 농민 소유로 돌아가 자작지로 되었다. 비록 농지개혁 절차에 따르지 않았지만, 지주와 소작인 간의 합의에 따라 농지개혁에서 정한 지가 수준이나 상환 조건에 준해 직접 양도된 것이다. 이 경우 소작인은 어떤 방식에 의하건 큰 이해득실이 없었으나, 지주의 경우에는 불확실한 지가증권 대신 그동안의 오랜 거래로 믿을 수 있는 소작인들로부터 비록 연부 상환이지만 확실한 현물을 지가로 받을 수 있었다. 특히 현물을 선호한 것은 극심한 인플레이션과 지급 시기가 그 해 추수철인 11월경인데 반해 지가증권은 다음 해 4월경에 받았기 때문이었다.

이승만 대통령이 적극적으로 농지개혁을 추진한 주된 이유는 그 과정에서 국가가 사회 변화를 통제할 수 있고, 국가의 권위를 더욱 강화할 수 있기 때문이다. 또한 대대적인 농지개혁은 이승만의 라이벌인 지주층을 약화했다. 농지개혁 이전에는 지주의 사회적 지위와 권력이 토지에 근간을 둔 소작제에 따라 유지되었으나, 전면적인 농지개혁으로 인해 소작제가 붕괴하자 지주들은 국가에 협조할 수밖에 없었다. 그 대신 이들은 공산주의 정부가 들어선 중국이나 북한에서 흔히 볼 수 있었던 공개재판이나 자아비판 등에 끌려 나갈 필요는 없었다.

정부는 이러한 지주층을 포용하기 위해 산업시설에 투자하도록 하거나 일제 강점기에 일본인이 경영하던 귀속재산을 팔아넘길 때 우선권을 주는 등 지주들의 재산 손해를 만회할 기회를 제공했고, 일부 주주들은 재편된 사회구조에 순조롭게 적응할 수 있었다.

　　이 대통령은 농지개혁을 통해서 국민의 다수를 차지하던 농민의 지지를 확보하고 이를 바탕으로 정권을 강화하는 데 성공했다. 1946년에 소련이 북한에서 토지 재분배를 단행하자 이 소식을 들은 남한의 농민들은 토지 소유에 대한 강한 열망을 드러냈다. 만약 이승만이 이러한 농민의 열망을 무시했다면 이들은 이승만 정권을 위협하는 세력으로 성장했을 것이다. 농지개혁이 지연되었을 때 파생될 문제를 제대로 파악하고 있었던 미국 경제고문단장 아서 번스Authur C. Bunce는 1949년 말 "농지개혁법은 당장 실현되어야 하며, 올가을과 겨울까지는 대부분의 토지가 농민에게 분배되어야 한다."라고 주장했다. 만약 이러한 조치가 신속하게 이뤄지면 "경작할 땅을 갖게 된 농민은 만족할 것이다."라고 설명했다.

　　실제로 농지개혁은 놀라운 정도로 순조롭게 진행되어 1950년 봄이 되자 미국 관료들이 더 이상 농지개혁 문제를 걱정하지 않아도 된다고 평가했다. 이들은 농민의 불만이 점차 사라지고 있다고 분석했다. 1950년 4월 주한 미국대사 존 무초John Muccio는 농민은 더 이상 사회적 불만 계층이 아니라 "가장 사회 안정을 바라는 계층"이라고 분석했다. 이처럼 이승만은 성공적인 농지개혁을 통해서 강력한 지배층을 확보했다. 그 결과 김일성과 박헌영이 스탈린에게 "남침 때 남한 내 동조 세력이 많아 쉽게 공산화할 수 있다."라고 한 호언장담이 거짓말로 밝혀진 이유 중의 하나가 되었다.

그렉 브라진스키 교수는 한국 정부가 순조롭게 농지개혁을 이행할 수 있었던 근본적인 자산, 즉 예산의 출처는 미국의 경제였다고 말한다. 지주에게 아무런 보상 없이 토지를 몰수해 일괄적으로 분배한 북한의 농지개혁과 달리 한국 정부는 지주에게 적절한 대가를 지급하고 토지를 매입했다. 따라서 한국의 농지개혁은 북한의 농지개혁과 달리 국가가 큰 재정 부담을 떠안을 수밖에 없는 사안이었다. 한국 정부 공식 자료 중에서 정부가 지주로부터 따로 구매하는 데 사용했던 자본의 주체에 대한 기록은 아직 발견되지 않았다. 그러나 미국 정부가 농지개혁에 필요한 비용을 직접적으로 제공하지 않았다고 하더라도 한국 정부는 미국의 경제 원조 등 일부를 농지개혁 사업에 전용할 수 있었기 때문에 북한에서처럼 토지를 몰수하지 않고 구매함으로써 야기되는 재정적자를 보충할 수 있었다.

— 그렉 브라진스키, 『대한민국 만들기 1945-1987』,
나종남 옮김, 책과함께, 2015, pp. 49-50

　　북한의 무상분배와 남한의 유상분배는 말의 차이만 있을 뿐 실제 농민의 부담 차이는 거의 없었다. 남한의 농민은 5년간의 한시적 납부로 토지소유권까지 받았지만, 북한 농민은 경작권밖에 받지 못하고 그것도 매년 30%에 이르는 소출을 국가에 현물세로 내다가 6·25 이후에는 그마저 박탈당해 집단농장으로 귀속되고 농민들은 그 인부로 전락하고 말았다.

김동길 교수의 인촌 김성수와 농지개혁

우리 사회에 기업이 따로 없고 농사밖에는 생산이 없는 그런 시대에는 땅을 많이 가진 사람이 부자였다. 인촌 김성수는 대대로 벼슬했던 유명한 집안에 태어나 물려받은 농지가 대단히 많았다. 한마디로 땅 부자였다.

해방되고 헌법기초위원으로 활약하던 고려대 교수 유진오가 어느 날 인촌을 찾아왔다. "인촌 선생, 농지개혁 법안이 국회를 통과하면 인촌 선생은 조상에게서 물려받은 3,247정보를 희사하셔야 하는데 어떻게 하면 좋겠습니까?" "나라에서 필요하다면 그렇게 해야지." 인촌이 그 이상 어떠한 것도 묻지 않고 유진오에게 그렇게 답했다.

유진오가 주장하는 농지개혁은 당시 상황을 고려할 때 국가와 국민을 위한 선택이었다고 볼 수 있지만, 그럼에도 땅을 소유한 지주들에게는 부당한 일일 수도 있는 것이었다. "농지를 소유하지 않은 소작인은 쉽게 공산당으로 넘어가지만, 농지를 농민에게 분배해 주면 농민이 모두 지주가 되므로 토지국유화를 부동의 기본정책으로 삼는 공산당의 책략에 넘어가지 않을 것이고 그래야 공산주의자들이 가난한 소작농들을 파고드는 것을 차단할 수 있다. 농지개혁이야말로 공산주의를 막는 최량의 길로 절대 필요한 것이다"라고 역설했었다. 이 법률안으로 유사 이래 자기 농토를 가져본 적이 없던 한반도의 대다수 농민이 땅을 갖게 됐고 남한의 공산화 또한 막았던 셈이다.

유진오의 한마디로 인촌은 조상에게서 물려받았던 9,741,000평이라는 어마어마한 땅을 나라를 위해 기부한 것이나 다름없다. 삼성이 용인에 백만 평 규모의 테마 공원을 조성했을 때 다들 엄청난 땅이라고 했다. 인촌은 10배 가까운 땅을 용감하게 내던져 대한민국의 위기를 극복하고 출범할 수 있게 했다. 그런 사실들을 모르는 후대가 그 어른의 애국심은 모르는 척하며 그에게 친일 행적이 있다는 둥 어울리지 않는 비난을 퍼부으며 변변치 않은 인물이었던 것으로 그를 취급하는 사실에 나는 심기가 불편하다. 그는 애국자다.

— 김동길

한국전쟁

해방 직후 이념 대립은 다만 그 방식이 달랐을 뿐 상호 남북통일에 대한 희망을 버리지 않았다. 그러나 냉전의 분위기 속에서 미소공동위원회는 결렬되었고 미·영·소 모스크바 3상 회의에서의 신탁통치 결정에 대한 좌우익의 대립이 격화되었지만, 분단이 장기화하리라고 생각한 사람은 많지 않았다. 그런 분위기 속에서 무력으로라도 통일하겠다는 김일성의 야망은 엄청난 희생을 치르고도 오히려 남북 분단을 더욱 고착시킨 결과를 낳았다. 그나마 다행인 것은 한국전쟁으로 좌우익 갈등이 마무리되었다는 것이다. 대한민국은 철저한 반공 국가가 되어 공산주의자들이 발을 붙이지 못하게 되었다.

김일성을 앞세운 소련의 북한 공산화 정책은 젊고 호전적인 김일성의 남침으로 치달았다. 북한의 단독 정부를 기반으로 해 남쪽을 완전히 공산화한다는 완정론은 한국전쟁으로 이어졌다. 사실 조선공산당의 본부는 서울에 있었다. 남쪽 인구가 2,000만 명으로 북한 인구의 2배였을 뿐만 아니라 한반도를 적화할 때 서울을 수도로 한다고 당시 북한 헌법에 명시하고 있었다. 그러나 해방과 동시에 박헌영이 조선공산당을 장악하고 북한은 조선공산당 북조선분국으로 그 산하에 있었다. 그리고 미군정 당시 남한의 모든 파괴 활동은 박헌영 중심으로 이루어지고 있었다. 1946년 조선정판사 위조지폐 사건, 10월 1일 대구폭동은 물론 1948년 4월 3일 제주사태에 이르기까지 모두 박헌영의 지도로 행해지고 있었다.

박헌영은 지금 경기고의 전신인 경성 제일 고등보통학교를 졸업한 수재로서 1917년 러시아 혁명 때부터 공산주의에 관여해 그 역사를 꿰뚫고 있었고 경력이나 활동면에서 타의 추종을 불허한다고 자타가 공인하는 골수 공산주의자였다. 일제강점기 때 항일투쟁으로 구속되어 갇혔다가 가석방된 전력을 가지고 있다. 그는 변장술에 능해 해방 직전에는 광주 남구 백운동에 있는 벽돌 공장에서 직공으로 일하면서도 바보처럼 행세해 주위를 감쪽같이 속였다. 그러나 그때도 신문은 꼭 챙겨 혼자 있는 방으로 들어갔다고 한다.

해방 후 서울로 돌아와 재건파를 조직한 후 조선공산당의 실권자가 된 그에게 나이가 12살이나 아래이고 소련군에서 대위로 활동하다 막 귀국한 33세의 김일성이 우습게 보였을 것이다. 스탈린이 공산주의 경력이 많고 노련해 다루기 어려운 박헌영보다는 경력이 짧고 말을 잘 들을 것 같은 김일성을 선택한 것은 결코 이상한 일이 아니다. 비록 스탈린이 김일성과 박헌영을 직접 면담하고 김일성을 북한의 책임자로 낙점했지만, 김일성은 박헌영에 대해 심한 콤플렉스를 느끼고 있었고, 한반도 적화에서 주도권을 일거에 찾아오기 위해 스탈린에게 남침을 허용해 달라고 매달렸다.

김일성은 스탈린에게 박헌영이 주장한 상부 부르주아들과 그들의 주구인 군과 경찰만 제거하면 남로당 중심으로 남한 민중들이 폭동을 일으켜 호응할 것이라는 견해에 따라 스탈린을 설득했다. 이는 나중에 적화 통일에 실패한 후 1955년 박헌영을 미국 간첩으로 몰아 사형시키는 구실이 되었다.

당시 스탈린이 남침을 허용한 이유를 라종일 전 주일대사는 이렇게 설명하고 있다.

흔히 이 전쟁의 기원을 김일성의 간청에 스탈린이 마지못해 허락한 것으로 생각하지만, 그건 오해다. 전쟁의 가장 큰 주역은 역시 스탈린이었다. 김일성이 여러 차례 간청했지만 1949년 말까지 스탈린은 허락하지 않았다. 별로 중요하지도 않은 한반도를 놓고 미국과 대결할 이유가 없었다. 스탈린이 생각을 바꾼 계기는 중국에서 공산혁명이 성공하면서다. 스탈린은 중국이 계속 내전 상태에 있기를 바랐고 그런 쪽으로 계속 국민당과 공산당 양측을 적절히 지지 또는 지원했다.

그런데 예상을 뒤엎고 중국 공산당이 승리하자 스탈린의 최대 관심은 중국 동북 지방에서 약체 국민당 정부로부터 확보한 소련의 이권이었다. 그리고 통일 중국이 소련의 공산 진영 패권을 위협하는 경쟁자가 되는 것을 막아야 했다. 그런데 중국 새 지도부는 그렇게 만만한 상대가 아니었다. 그 결과가 6·25 전쟁이었다.

당시 김일성은 전쟁으로 한반도 통일을 이루고 싶어 몸이 닳아 있었다. 전쟁을 시작하면 스탈린에게는 전략적 이득이 많았다. 먼저 중국의 통일(타이완 평정)은 물 건너간다. 김일성이 성공하면 자기 영향력은 한반도 전역에 미치고 이 지역에서 일본을 포함한 미국의 전략에 큰 타격을 줄 수 있다. 한반도에서 지상전을 벌일 준비가 없는 미국이 참전한다면 고전할 것이니 좋은 일이다. 미국이 개입하면 중국도 참전하지 않을 수 없고, 그 결과 중국의 통일은 물 건너갈 것이다. 그리고 중국은 발전은 커녕 국내외적으로 한동안 정체를 면하지 못할 것이다. 그 사이 스탈린은 전략적으로 가장 중요한 유럽에서 자신의 계획을 추진할 수 있다.

— 라종일, 「중국영화 수입 논란에 비친 '어리석고 슬픈' 전쟁」, 『중앙일보』, 2021. 9. 30., p. 29

스탈린은 중국 공산당(중공)이 자신의 예상과 달리 장제스 국민당 정부를 무너뜨리고 중국 본토를 차지했고, 게다가 1950년 초 미 국무장관 애치슨이 방위선(애치슨 라인)에 한반도가 제외되어 있다고 선언하자 김일성 간청에 못 이기는 체 중공의 참전을 조건으로 남침을 승낙했다. 김일성은 즉각 마오쩌둥을 찾아가 남침을 도와달라고 간청했고 중국은 북위 38도선 이북으로 미군이 들어오면 참전하겠다고 약속했다.

당시 중국은 1949년 10월 1일 중화인민공화국을 수립한 지 불과 6개월밖에 되지 않았을 뿐만 아니라 국공 내전을 치른 직후라 정규군을 투입하기에는 그 명분도 여력도 없었다. 그래서 전국적으로 인민지원군 이름으로 군대를 모집하고 의연금을 모았다. 신생 국가 수립에 잔뜩 고양되고 흥분된 전국적 분위기 속에서 대규모 선전 선동으로 대규모 인민지원군과 의연금을 모아 출전할 수 있었다. 그러나 그들이 가진 의복과 장비는 빈약하기 그지없었다.

이제 김일성에게 남침에 있어 남은 마지막 걸림돌은 남침 명분이었다. 광복군 중 상당수가 북한군에 편입된 상황에서 민족상잔의 전쟁을 도발하는 것은 군대 사기에 결정적일 수 있었다. 그래서 친일파 척결을 내세웠다. 그는 북한 지역에서 쫓겨나거나 자유를 찾아 남하한 수많은 북한 지역 주민들을 친일파로 비난했다. 당시 남쪽으로 내려온 북한 사람들은 갑자기 삶을 터전을 떠났기 때문에 먹고 살기 위해서 발버둥을 쳤다. 청계천 판자촌에 집단 거주하며 극빈 생활을 했다. 지식인들이나 북한에서 중산층 이상이었던 사람들이 하루아침에 극빈 생활을 하면서 이를 벗어나기 위한 가장 좋은 방안은 공무원이 되는 길이었다. 특히 군대와 경찰은 나중에 북한 수복을 위한다는 명분도 있었다. 김일성은 이를 북한의 친일파들이 남쪽으로 내려가 남쪽의 친일파와 함께 남쪽 동포들을 핍박하므로 이들을 척결하면 남한 민중들이 대거 일어나 혁명할 것이라고 선전 선동했다.

해방 직후 친일파 척결이 남북한 모두에게 선결과제였지만 이를 적극 이용하거나 과장해 남침 동기로 삼은 것이다. 따라서 친일파라는 말은 순수한 의미의 친일파 척결이 아닌 전쟁 수행의 명분으로 사용한 전형적인 포퓰리즘으로서 지금까지도 한국 사회에 갈등과 분열이라는 어두운 그림자를 남기고 있다.

김일성은 북한 정규군 13만 명 외에 소련군 병력 지원을 받고자 스탈린에게 간청했으나 스탈린은 소련군이 직접 미국과 상대하는 것을 극히 두려워해 이를 거절했다. 대신 당시 세계 최고 성능의 탱크를 지원했다. 소련 말로 땅크라고 불렸는데 스탈린은 "땅크가 지나가면 그 소리와 위용에 땅이 울려 적군이 땅에 엎드려 총을 쏠 수가 없을 정도다. 남한 군대들이 싸우기도 전에 모두 도망갈 것이다."라며 김일성을 달랬다(태영호 전 주영국 북한 공사이자 현 국회의원의 증언). 이렇게 해서 김일성은 소련제 최신형 전차 242대와 잘 훈련된 북한군 13만 대군을 동원해 1950년 6월 25일 일요일 새벽 38선을 넘어 남침을 감행했다.

미국이 참전한 이유에 대해서 키신저 미국 전 국무장관은 아래와 같이 설명한다.

냉전 중 미국이 참전한 두 번의 열전이 있었다. 한국전쟁과 베트남전쟁이다. 한국전쟁 직전 미군은 한반도에서 철수했고 맥아더 태평양 사령관과 애치슨 국무장관은 한반도가 미국의 방위선 밖에 있다고 선언했다. 미국이 한반도를 자기 방위 전략에서 제외한 것은 국지전을 예상하지 않았기 때문이었다. 미국은 소련과의 직접 대결만을 염두에 두고 나토나 일본 방위 등 주요 지역만을 방위선에 넣었다. 이는 경제적인 이유 때문이기도 했다. 소위 소련의 사주에 의한 대리전은 당시 미국의 전략 개념에 없었다.

모스크바와 평양의 공산주의자들은 미국의 지도자들이 한국을 방어선 밖에 둔다는 선언을 액면 그대로 믿었다. 비교할 수 없을 정도로 중요한 공산주의자들의 중국 본토 장악을 묵인한 미국이 한반도의 반쪽 장악을 저지할 것이라고는 생각하지 않았다. 공산 침략 저지가 도덕적 의무라는 미국의 반복된 선언이 미국의 정책 입안자들에게는 전략적 분석보다 훨씬 그 의미가 있다는 사실을 분명하게 이해하지 못했다.

이렇게 한국전쟁은 2중의 오해에서 비롯되었다. 미국의 이익이라는 관점에서 지역을 분석한 공산주의자들은 미국이 대부분의 대륙 본토를 양보하면서도 반도의 한쪽 끝부분을 방어할 줄을 몰랐다. 도전을 원칙적인 관점에서 바라보는 미국은 한국의 지정학적 중요성(미국 지도자들은 공개적으로 평가 절하했다.)보다 공산주의자들의 공격을 멈추게 하지 않을 경우의 상징성에 더 관심을 가졌다.

한국전쟁이 발발하자 미국은 당황하면서도 분개했다. 우선 소련이 중국을 사주해서 중국 본토를 차지하더니 이제는 한반도까지 차지함으로써 세계 공산화 전략을 수행하고 있다고 생각했다. 트루먼 대통령은 즉각 일본 치안을 맡고 있던 맥아더 장군에게 파병을 지시하는 한편 유엔 안전보장이사회를 소집했다. 당시 주유엔 소련 대사는 스탈린의 지시에 따라 1950년 초부터 중국의 대표권을 장제스의 중화민국이 아닌 중국 공산당의 중화인민공화국으로 바꾸라고 요구하며 유엔의 모든 회의에 참석하지 않고 거부하고 있었다.

트루먼 대통령은 이를 천우신조로 삼아 국제연맹과 달리 국제연합사상 처음으로 국제연합군 파병을 성사했고 16개국이 참전했다. 전쟁 직전까지만 해도 미군을 철수하고 방위선에서 제외한 결과 공산주의자들 침략의 주된 동기가 되었지만, 이를 번복하고 즉각 참전한 미국의 태도 변화는 가히 놀랄 만한 것이었다. 특히 봉쇄정책은 싸우지 않고 이를 봉쇄만 하겠다는 정책임에도 대규모 병력을,

그것도 전략적으로 중요하지 않다고 배제한 지역에 대규모로 파견한 것은 쉬운 일이 아니었다.

— Henry Kissinger, 『Diplomacy』, 1994, pp. 474-477

이렇게 미국의 급작스러운 정책 변화에 대해서는 그 후 많은 에피소드가 있다. 이승만 대통령이 개신교를 통해 트루먼을 설득했다든가 당시 트루먼의 정책 보좌관 필립 재섭 교수의 조언 때문이라든가 등이다. 그러나 보다 근본적인 것은 미국이 봉쇄정책의 일환으로 대응했다는 것이고 공산주의자들은 이러한 미국의 전략 개념을 간과하고 남침을 결행했다는 것이다.

3년간의 전쟁 끝에 기존의 38선과 유사한 현재의 휴전선으로 정전협정이 체결됨으로써 미국의 봉쇄정책은 사실상 성공했지만, 우리 민족에게는 동족상잔이라는 더할 수 없는 상처를 남겼다.

전쟁 도발의 책임

1994년 7월 20일 한국 외무부는 러시아 외무부로부터 넘겨받은 6·25 관련 소련 외교부 공식 문서를 전부 공개했다. 그 내용에 따르면 김일성은 1949년 초부터 남침을 준비했고 여러 번 소련에 대해 남침 계획에 관해 보고하고 스탈린의 동의를 받고자 한 사실이 드러났다. "남조선이 조선민주주의 인민공화국의 평화적 통일안을 거부하고 있어 대남 공격을 할 수밖에 없다."라면서 대남 공격을 위한 조선인민군에 대한 소련의 기술과 무기의 추가 지원을 요청했다는 것이다.

1950년 1월 17일에는 중국의 통일이 완수되었으므로 이제는 남조선을 해방할 차례라면서 김일성은 남조선 인민이 자신을 신임하고 있으며, 남조선 인민은 통일을 바라고 있을 뿐만 아니라 조선민주주의인민공화국이 우수한 군대를 보유하고 있음을 알고 있다고 설득했다. 또한 3일 만에 끝낼 수 있는 옹진반도 공격작전을 허락해 주면 수일 내에 서울로 들어갈 수 있는데 왜 허락하지 않느냐고 따졌다.

그때마다 소련은 시기적 부적절과 미국의 유엔을 통한 개입 등을 이유로 소극적으로 임했다. 북조선 군대가 남조선 군대에 대해 절대적인 우위를 확보하지 않는 한 공격해서는 안 된다고 하면서 미군의 주둔 사실 및 미·소 간의 38도선 분할 합의를 상기시켰다.

그러던 스탈린은 1950년 4월 하순 모스크바를 방문한 김일성, 박헌영과의 회담에서 국제 환경이 유리하게 변했다고 하면서, 통일 과업을 개시하는 데 동의했다. 그러면서 마오쩌둥의 동의를 반드시 받으라고 지시했다. 중국 측이 부정적이면 연기하겠다는 것이다.

스탈린의 이러한 승인은 1950년 1월 미 국무장관 애치슨이 미국의 동아시아 방위선에서 대한민국이 그 방위선 밖에 있다고 선언한 사실, 중국 공산당의 중국 대륙 제패로 동아시아가 공산주의의 큰 물결 속에 잠기고 있다는 확신, 그리고 1950년 2월 14일 중소 상호우호 동맹 조약 체결로 소련의 동아시아 방위에 큰 도움이 된다는 생각과 함께 특히 이 무렵 소련이 원자폭탄 실험에 성공함으로써 이에 크게 고무되었기 때문이었다.

　스탈린과 회담을 마친 김일성은 비밀리에 중국을 방문해 1950년 5월 15일 베이징에서 마오쩌둥과 만나 그로부터 미군 참전 때 중국은 병력을 파견해 북한을 돕겠다는 약속을 받아냈다. 소련은 미국과의 38도선 분할 합의 때문에 전투행위 참가가 불편하지만, 중국은 그와 같은 의무가 없어 북한을 도울 수 있다고 설명했다고 한다.

　이 자료가 공개되기 전, 우파적 전통주의자들이 스탈린이 마오쩌둥을 끌어들여 김일성을 앞세워 전쟁을 일으켰다고 주장하는 것에 대해, 좌파적 수정주의자들은 스탈린이 전쟁을 일으킬 동기가 없었으며 더구나 마오쩌둥은 개입하지 않았다고 주장했다. 그들은 일제 패망 후 한반도에서 전개되던 좌우익 투쟁과 남북 무력 대결의 연장선상에서, 당시 외세를 배격하면서 사회주의를 지향하는 혁명적 민족주의 분위기가 고조되던 한반도 내부적 요인에 의해서 전쟁이 일어났다고 주장했다. 브루스 커밍스 교수 등의 '내전설' 내지는 '혁명적 내전설'이 그것이다.

　또 다른 좌파적 수정주의자들은 6·25 전쟁은 미국의 사주를 받은 남한의 북침으로 시작되었으며, 만약 북한이 먼저 공격을 개시했다면 그것은 함정을 파놓고 기다리던 미국의 유도에 걸려든 결과라는 '남침유도설'을 주장했다.

　이 주장들은 1970년대와 1980년대 남한사회 일각에서 일정한 지지를 확보했다. 심지어 최근까지도 제1 야당 대표가 내전설에 입각한 주장을 해 논란을 일으켰다. 기존의 한국 정부가 내세운 '6·25 남침설',

'북한의 재침 위험설', 그것에 근거해 성립된 한미 군사동맹과 반공 체제에 대한 주요한 타격이 되었다. 곧 남한의 군사정권을 공격하던 좌파 운동권 세력의 논리적, 정치적 입지 확보에 호재로써 사용되었고, 남한사회 안의 친북·반미 좌파 세력의 성장에 일정한 이바지를 했다.

그러나 위 자료의 공개로 한국전쟁은 그 구상과 계획, 집행에 스탈린이 깊숙이 개입되어 있었고 마오쩌둥은 스탈린보다는 덜 열성적이었으나 역시 개입되어 있음을 보여준다. 다시 말하면 스탈린이 이 전쟁을 일으킬 생각을 갖지 않았다면, 그리고 김일성의 개전 요구를 들어주지 않았다면, 이 전쟁은 일어나지 않았다. 1년 반 이상을 끌어오던 정전협정이 스탈린이 1953년 3월 5일 사망한 후 2년 만에 체결되었다는 것도 시사하는 바가 크다. 나아가 이 전쟁 도발로 그들이 추구해 왔던 한반도 적화 통일은 사실상 물 건너 가버렸다.

1912년에 태어난 김일성은 33세 때인 1945년 북한에 들어와 비공산 민족주의 세력, 소련파, 만주파, 연안파 등 공산 세력과 박헌영 중심의 국내파 공산주의 세력과 민족해방투사로서의 경쟁에서의 열세를 만회하고, 남로당 주도의 정치 군사적 역할에 의한 공산화를 저지하기 위해 남침을 기도한 것이다. 그래서 스탈린과 마오쩌둥과 양해된 디데이인 1950년 8월 초순보다 거의 2개월 앞서 개전함으로써 그들을 놀라게 했다. 6·25 당시 김일성은 38세, 박헌영은 50세였다. 그리고 지금 김정은의 나이는 40세다.

김진홍 목사의 한국전쟁 중 남로당의 폭동이 실패한 원인에 대한 설명을 곁들인다.

김일성과 박헌영은 1949년과 1950년에 스탈린을 만나 "남한을 공격해 부산까지 진격함에 일주일이면 충분합니다. 서울을 점령하고 나면 20만 남로당 당원들이 폭동을 일으켜 혁명을 성공시킬 것입니다"라고 자신 있게 말했다. 그러나 결과는 전혀 다르게 나타났다.

남로당 서울시 당위원장으로 홍민표란 인물이 있었다. 그가 역사의 물줄기를 바꾼 인물이 되었다. 그가 북으로 도피한 박헌영의 뒤를 이어 남로당 총책이 되자, 박헌영은 1949년 4월 홍민표에게 2,000만 원을 주며 수류탄 1만 개로 서울시 6만 당원으로 폭동을 일으켜 9월 20일에 인민공화국을 위한 총선거를 시행하게 하라는 지령을 내렸다. 그런 계획이 승산이 없음을 알고 반대하다가 결국은 자수하게 되었다. 자수한 후 서울시당 소속 16명의 핵심 간부를 설득해 전향하게 했다. 이에 이승만 정부는 전국의 남로당원들에게 자수할 기회를 주었다. 그 결과 무려 33만 당원이 자수했다. 그로 인해 남한의 공산당 활동은 거의 무너지게 되었다.

돌이켜보면 홍민표의 자수가 없었더라면 6·25전쟁이 일어난 후 큰 혼란이 뒤따랐을 것이다. 남로당 서울시당 위원장 홍민표의 자수와 33만 명에 이르는 남로당 당원들의 자수야말로 하늘이 이 나라를 도우신 기적이 아닐 수 없다.

— 2021. 6. 16., 김진홍 목사의 아침 묵상 〈6·25 전쟁에서 일어난 5가지 기적〉

아울러 북한군의 남하가 지체된 데는 육군 제6사단의 역할이 컸다. 북한군은 춘천 점령에 상당한 시간을 소비하면서 전 전선에서 남하가 지체되었으며, 이에 따라 단시간에 서울을 포위하려던 북한군의 계획은 물거품이 되어 버린다. 이는 국군을 재편성할 수 있는 소중한 시간과 유엔군이 참전할 수 있는 시간을 확보할 수 있게 했다. 바로 이 역할을 해낸 사람이 당시 육군 제6사단장 김종오 대령이었다.

6사단은 최초 제4여단으로 출발해 7연대와 8연대, 10연대로 구성되어 창설되었다. 이후 제6여단으로 개칭, 10연대가 8사단으로 가고, 19연대가 6여단으로 돌아온다. 1949년 5월 12일에는 6사단으로 승격되고 기존에 8연대가 수도경비사령부로 떠나고 2연대가 6사단으로 들어온다. 이때의 편제가 현재까지 유지되고 있다. 6사단은 한국전쟁 직전에 춘천 정면을 방어하고 있었다. 사단 사령부는 원주, 7연대는 춘천과 화천, 2연대는 홍천과 인제, 19연대는 사단 예비대로 쓰이고 있었다. 병력은 약 9,300명이었고 장비는 105밀리미터 야포 15문, 57밀리미터 대전차포 12문, 2.36인치 로켓포 276문을 보유하고 있었다.

6사단은 전쟁 개전 이전부터 교육훈련, 진지공사 등을 철저히 해 전투에 대비했고, 귀순한 인민군으로부터 북한이 조만간 전면 남침할 것이라는 충격적인 정보를 확보한다. 이 사실을 빠르게 육군본부에 보고하지만, 육군본부는 대수롭지 않다고 판단했다. 그리고 1950년 6월 24일에는 북한과의 긴장이 다소 완화되면서 전 장병에게 휴가, 외출, 외박을 시행토록 했다.

당시 6사단장이었던 김종오 대령은 달랐다. 북한군이 조만간 침략하리라 눈치채고 전 장병에게 외출, 외박을 제한하고 유사시에 대비했다. 마침내 6월 25일에 북한의 남침으로 전쟁이 시작되고 6사단은 춘천 홍천 전투에서 험준한 지형을 이용해 3일 동안 북한군의 2군단(2사단, 7사단, 106 전차 연대)을 막아내며 역습까지 갈 정도였다. 적 탱크가 평지에서 큰 위력을 발휘한다는 것에 대응해 산 위에서 아래로 포격함으로써 적의 예봉을 꺾었다. 북한은 이 지역을 공략하기 위해 15사단과 603사이클 연대를 추가 투입했지만 6사단의 완강한 저항에 부딪혀 5일 동안이나 발목을 붙잡았다. 이 과정에서 북한군 2사단은 절반이나 되는 인력과 장비를 잃으면서 사실상 전멸했다. 결국 북한군 2군단장, 2사단장, 7사단장이 줄줄이 보직해임을 당했다. 당시 북한군 2군단의 사상자는 6,900명, 또한 다수의 전차와 자주포가 격파되었지만, 6사단은 사상자 407명에 그쳤다.

한국전쟁이 남긴 영향

다음은 키신저 미국 전 국무장관의 한국전쟁 관련 참전국의 득실을 평가한 내용이다.

불과 수개월 전 미국의 안보와 관계없다고 선언한 미국에서 멀리 떨어진 나라에 군대를 투입한 것은 한국의 공산화를 묵인하면 미국의 아시아 지역에서의 위치, 특히 일본과의 중요한 관계가 약화하기 때문에 그 선언을 번복할 수 있었다. 한국전쟁은 미국에 있어 전후 세계 패권국이 된 후 첫 시험대로서 결론 없는 전쟁에 15만 명의 사상자를 냈지만 성공리에 마무리되었다.

미국은 이를 바탕으로 유럽의 힘을 증강하고 나토를 창설할 수 있었다. 아울러 지구전이 되어 버린 냉전을 버틸 힘을 갖게 되었다. 대신 호찌민 등 혁명 지도자들에게 대규모 지상전 대신 게릴라전으로 초강대국을 괴롭힐 수 있다는 생각을 갖게끔 했다.

중국의 경우 물질적으로 열세였음에도 군사적, 외교적 작전을 혼합해 미국과 대등한 교착상태를 유지할 수 있었고 신생국으로서 자신감을 갖는 계기가 되었다. (당시 중국은 외국어를 배우는 대학생들을 대거 투입해 미군 포로 등을 특별 대우함으로써 외교적으로 신생 중국을 홍보하고 장래 외교관을 대거 양성할 수 있었다.) 그러나 미국과의 전쟁은 미국과의 대결에 대한 두려움을 심어주었고, 이후에는 미국과의 군사적 충돌을 극히 자제했다. 한편 마지못해 제공하는 소련의 인색한 지원은 중소 균열의 씨를 뿌렸다.

한국전쟁에서 최대 패배자는 소련이었다. 한국전 발발 2년 이내에 미국은 지구상의 자기편을 최대한 동원할 수 있었고, 방위비는 세 배로 늘렸으며, 정치연합체인 대서양 동맹을 미국의 지휘를 받는 통합 군사적인 나토로 바꾸었다. 한국전쟁은 일본의 부활은 물론 서독 등 유럽 국가들의 부흥을 가져왔다. (당시 한국전에 쏟아부은 포탄이나 탄약은 일본 제조로는 부족해 서독에서도 제조했고 이런 전비 조달은 유럽 전체의 부흥을 가져왔다. 1955년 무렵에는 서유럽 국가들은 전쟁 전의 경제를 회복할 수 있었다.) 아울러 서독의 재무장이 가시권에 들어와 중부유럽에서 소련군 앞에 놓여 있던 진공상태는 메워지고 있었다. 이런 것 때문에 힘의 상관관계를 계산하는 데 탁월한 스탈린은 연합국의 재무장과 응집력 강화로 세력균형이 서방으로 기울어지는 것에 대처해야 했다.

— Henry Kissinger, 전게서, pp. 491-492

결국 한국전쟁으로 미국은 봉쇄정책이 실효를 거두는 계기가 되었고 이후 냉전은 지구전으로 되었다. 스탈린의 세계 적화 야욕은 사실상 한국전쟁으로 그 실효를 거두기는커녕 오히려 팽창정책을 봉쇄당하는 결과를 낳았다. 미국은 대서양, 태평양, 인도양을 모두 관장하는 세계 제국으로 부상했고, 현재의 미·중 경쟁의 시작도 한국전쟁이다. 중국은 한국전쟁에 대한 사실을 왜곡해 참전의 정당성을 홍보하고 있다. 시진핑 주석과 중국 공산당은 항미원조전쟁에서 승전했다고 언론과 영화 등을 통해 주장하고 있다. 미국은 2013년 오바마 대통령 이래 한국전쟁에 대한 기억을 완전히 전환해 '잊힌 전쟁'이 아니라 '승리한 전쟁', '잊힌 승전'으로 부르고 있다.

아울러 한반도 내에서 남한 적화를 위해 동원할 수 있는 모든 수단을 활용한 박헌영의 남로당과 북한의 김일성 집단은 남한의 이승만 대통령을 상대로 한 2대1의 싸움에서 남한의 반공 태세만 굳어지게 하는 결과를 낳았다. 냉전 시대 김일성만큼 강력한 공공의 적은 없었고, 반공주의 체제에서 국민적인 적이 되었다. 농지개혁으로 실마리가 마련된 대한민국 국민의 정체성은 한국전쟁과 반공으로 확립되었다. 해방 이후 계속된 공산주의와의 갈등은 민주주의의 승리로 귀착되었다.

한국전쟁이 대한민국의 미래에 끼친 영향

대한민국이 민주국가로 발전할 수 있는 데 있어서 가장 큰 영향력을 끼친 전쟁이 한국전쟁임은 말할 필요가 없다. 건국 과정에서 민주국가의 수립을 극렬하게 반대했던 북한 김일성이 같은 민족을 죽이고서라도 소련식 공산주의 체제로 남북통일을 해야겠다는 결심에서 나온 것이다. 물론 스탈린이 승인하고 마오쩌둥이 전폭 지원을 약속하지 않았다면 불가능했을 것이다. 한국인에게 엄청난 인적·물적 피해와 함께 정신세계까지 말할 수 없는 충격을 주었다. 그러나 모든 것의 결과는 좋은 점과 나쁜 점의 양면을 가지고 있다.

남북은 6·25를 겪음으로써 쉽게 화해할 수 없는 분위기가 되었고, 각자 서로 다른 이념 아래 대치하면서 서로 흡수통일을 할 기회만을 노리는 소위 치킨 게임을 벌이게 되었다. 이러한 전쟁 피해에도 불구하고 6·25는 대한민국의 미래에 긍정적인 몇 가지 결과를 낳았다.

대한민국의 정체성 확립

우선 신분제가 완전 폐지됨으로써 60년대 근대화의 초석이 되었다.

해방 후 1950년 토지개혁이 시행되면서 계급구별이 없어졌지만, 전쟁은 남아 있던 과거 양반들의 체통마저 모두 지워버렸다. 피난처에서 굶주림을 피하려 온갖 궂은일을 할 수밖에 없던 상황에서 과거무슨 출신인 것은 아무런 의미가 없게 되었다. 다른 선진국들이 근대화 과정에서 겪었던 혁명을 한국전쟁이 대신한 것이다.

1950년대 중반의 대한민국 국민은 모두가 똑같은 출발선에 서게 되었다. 공산혁명을 제외하고 일찍이 세계사에서 찾아보기 어려운 급격한 신분 계급 완전 붕괴가 자본주의 대한민국에서 일어났다. 과거 양반 자제들에게 국한되었던 교육과 과거시험 기회와 일제 강점기 때 조선인들에게 제한되었던 입신출세의 기회가 이제 모든 국민에게 열리게 된 것이다. 사회적 인정을 받고자 하는 출세는 일류대학 진학으로 모아졌다. 한국의 부모들은 자식들을 학교에 보내고 서울의 명문대학에 진학시키기 위해 논밭에서, 공장에서, 시장에서 밤낮을 가리지 않고 일했다. 자식들도 고시와 대기업 입사를 통해, 중동의 열사에서, 해외 건설 현장과 수출 전선에서 자신의 성취와 부모의 한을 풀어드리러 밤낮없이 뛰었다.

조선왕조에서 국민 10%에게 제한되었던 부와 출세, 재능 발휘의 기회가 자유민주주의와 자본주의 체제 아래에서 국민 100%에게 열리게 된 것이다. 여기에서 폭발적으로 솟아오른 엄청난 국민적 에너지가 전후 한미동맹, 세계 교역 환경, 국가 지도자들의 바른 방향

설정, 관료들의 실행력, 기업인들의 불굴 의지 등이 만나며 한국경제의 기적을 이룬 원동력이 되었다.

— 조윤제 서강대 명예교수, 「규제개혁과 역동성」, 『중앙일보』, 2022. 7. 8., p. 30

한편 이러한 신분제의 붕괴는 우리가 근대화와 민주주의를 쉽게 받아들일 수 있는 여건을 마련했지만 노블레스 오블리주Noblesse Oblige 할 사회계층마저 사라져 버리는 계기가 되었다.

둘째, 무엇보다도 대한민국이 자유 민주공화국으로서의 정체성을 제대로 갖추게 된 것이다. 해방 후 대한민국의 건국 과정에서 좌우 대립과 이념적 혼란은 어지럽기 짝이 없었고, 이는 신생 국가가 통상 새 출발 할 때 가지는 통일된 이념이나 가치가 정립될 수 없게 했다. 이러한 상황은 정부 수립 이후에도 지속되었다. 정부 수립을 위한 제헌의원 선거 때 시작된 제주 4·3 사태는 대한민국 수립 후에도 계속되었고, 여순 군 반란 사건과 끊임없는 북의 도발은 자유민주주의와 자본주의에 기초해 수립된 대한민국의 정체성을 뿌리째 흔들고 있었다.

더구나 일제하 35년을 겪으면서 근대적 민족국가에 대한 개념이 감상적 민족주의와 혼동을 일으키고 있었다. '민족'은 실체가 없는 상상적 공동체이다. 지리적으로 인접한 지역에 함께 살면서 같은 관습과 역사, 생활양식을 공유할 뿐만 아니라 스스로 그 민족의 구성원임을 인정해야 한다.

그러나 6·25 전쟁을 겪으면서 대한민국에서는 민족보다는 국가를 앞세우는, 또는 민족과 국가를 일치시키는 근대 국민국가 의식이 나타난 것이다. 물론 일부 국민은 아직도 민족국가를 종족 민족주의로만 보는 전근대적 사고에 머물러 있고, 일부 정치 지도자들의 발언과 정책수행도 그 한계를 벗어나지 못하고 있는 것이 사실이다.

6·25 전쟁은 같은 민족을 향해 총부리를 겨누고 또한 죽일 수 있다는 것을 보여주었다. 서로 싸우고 죽이면서 각자가 속한 사회의 이념을 중심으로 뭉쳤다. 대한민국은 민주주의를 지키기 위해 공산독재를 반대하는 사회로 나아갔다. 경제적 개념인 공산주의의 반대가 자본주의임에도 정치적 개념인 자유민주주의가 공산주의의 반대 개념으로서 국민에게 각인된 것이다. 오히려 이것이 대한민국이 자유민주주의 국가로서의 정체성을 확립하는 확실한 계기가 되었고, 이후 반공은 국시國是(국가이념이나 국가정책의 기본방침)가 되었다.

이에 대해서 김대중 전 대통령이 명쾌하게 설명하고 있다.

"6·25 동란 때 저는 서울에 있었습니다. 그전까지는 공산당이 그렇게까지 잔인한 줄을 몰랐습니다. 북에서 내려온 사람들이 공산당 얘기를 하면 자기들이 쫓겨 내려와서 저렇게 말하는 것이 아니겠냐고 생각했었습니다. 그때는 대부분의 남한 사람이 그렇게 생각했었습니다. 남한 사람들이 공산당을 알고 정말 반공 의식을 갖게 된 것은 6·25 동란 때문입니다. 6·25 때 공산당이 인민 재판을 하고 숙청하고 또 농촌에 가서는 감 한 개까지, 옥수수 한 개까지 세고 벼 이삭까지

세서 세금 받아낼 준비를 하고 있고, 게다가 길거리 좌판에 담배 몇 갑 놓고 파는 사람들한테까지 매일 세금을 걷어가는 짓을 했습니다. 나중에 쫓겨서 북으로 올라갈 땐 대량 학살까지 했습니다. 반대파에 대한 숙청은 이쪽도 마찬가지였습니다만 그 정도가 북쪽이 훨씬 더 심했습니다. 그때부터 남한 사람 모두가 진짜 반공으로 돌아섰습니다. 지금까지 반공 체제를 지탱해 온 것도 안기부나 경찰의 노력보다는 그때의 산 체험이 강력한 반공 의식을 심어준 덕이 더 크다고 나는 생각합니다."

— 김대중, 『나의 길 나의 사상』, 한길사, 1994, p. 34

인재 양성의 계기

셋째, 대한민국의 미래를 좌우할 인재가 만들어지는 계기가 되었다. 6·25 전쟁 발발 때 군사작전 수행 능력이나 행정 관리능력이 초보 단계인 10만 병력이었으나 3년이 지나 휴전 무렵에는 70만의 병력을 가지게 되었다. 국가가 환란에 처했을 때 많은 사람이 자의 반 타의 반으로 군대에 입대했다. 한국 사회의 엘리트 계층을 전 국민의 5% 정도라고 보았을 때 아마 엘리트 대부분이 군과 직간접적으로 관계를 맺게 되었다고 할 수 있다. 특히 세계적으로 가장 우수한 군사작전 수행 능력과 군 행정 능력을 보유한 미국 군사고문단의 지도와 미군과의 합동 작전으로 한국군은 개전 초와는 몰라보게 달라져 있었다.

그중에서도 장교들은 미국의 집중훈련 대상으로서 7,000여 명이 미국 정규과정인 보병학교, 포병학교 등지에서 유학 교육을 받아 엘리트로 성장했다. 이들은 한국 사회 어느 부문보다도 국가 행정 및 관리 능력에 있어서 가장 선진적인 문물을 배웠다. 엘리트 자질과 선진 교육의 융합으로 한국 사회에서 가장 우수한 집단으로 성장할 수 있었다. 군대 숫자도 당시 한국의 경제 형편으로는 감당할 수 없을 정도로 많았고, 군사 장비 또한 당시로서는 최신 무기로 무장한 상태였다.

그러나 젊은 장교들 사이에서는 군부가 정치권력과 결탁해 부패하고 타락한 것에 대한 불만과 미국 유학 등을 다녀온 후 우리와 엄청나게 차이가 나는 미국의 경제력과 사회 환경을 보면서 우리 한국 사회도 개혁해야 한다는 분위기가 점차 고조되고 있었다. 이러한 상황에서 장면 정부가 군 감축 개혁으로 승진에서 밀린 엘리트 장교들을 자극하고 군부를 적절히 관리하지 못한 결과 군사 정변이 터지고 말았다. 그 결과 박정희, 전두환, 노태우로 이어지는 군인 출신 대통령과 김종필이라는 당대 불세출의 풍운아들을 배출하게 된 것이다.

박정희와 김종필, 전두환과 노태우 위 네 사람은 모두 군인 출신이다. 네 사람 모두 군사 쿠데타 주역으로서 30여 년간 대한민국을 통치했고, 그들의 공과에 대해서는 논란이 있지만 현재의 대한민국을 만들어 냈다는 사실은 부인할 수 없는 사실이다. 이들이 집권한 30년간 대한민국은 전쟁의 폐허에서 민주주의를 할 수 있는 근대화를 이루어 냈다. 이들은 민주주의 국가에서는 용납될 수 없는 군사 쿠데타라는 방식으로 정권을 잡았지만, 그에 대한 보상 심리 내지는 반작용으로 근대화를 앞당기기 위해 온갖 노력을 다했다.

일부에서는 박정희와 김종필을 전두환과 노태우와 분리해 5·16 군사 쿠데타는 5·16 군사혁명으로 승화시켰지만, 5·17 군사 쿠데타는 군사 반란으로 처벌한 것이 온당하다는 태도를 보인다. 이에 대한 역사적 평가는 여기서 다룰 문제는 아니지만, 우리가 살아온 대한민국 75년을 놓고 보면 1961년 5월 16일부터 노태우 대통령이 임기를 마친 1993년 2월 25일까지 30여 년간은 군 출신 정치인에 의한 통치라고 보아야 할 것이다. 김영삼 대통령이 자기 대통령 취임을 문민정부라고 부른 것도 같은 맥락이라고 볼 수 있다.

전쟁으로 정체성을 확고히 하게 된 대한민국은 스스로 양성한 군 출신들에 의해 산업화를 이루어 냈고, 그 결과 민주화가 가능하게 되었다. 이인자였던 노태우는 대통령이 되었지만 김종필은 그의 꿈인 내각제마저 이루지 못했다. 그러나 그들은 이인자의 역할을 충실히 해 박정희 시대와 전두환 시대를 뒷받침했다. 전두환은 박정희가 5·16 후 시행한 각종 시책을 데칼코마니처럼 그대로 따라 했다. 사회 기강 확립과 정의 사회 구현을 기치로 내걸고, 폭력배 등 사회적 손가락질을 받은 자들을 대거 체포해 강제노역에 종사하게 했다. 또한 경제 안정에 총력을 기울여 빈곤을 넘어 대한민국 경제를 세계에 자랑할 만한 국제경제로 편입시켰다.

이들은 1962년 당시 87달러에 불과한 1인당 국민소득을 1987년에 민주화가 가능하다는 3,000달러에 올려놓음으로써 사실상 근대화를 완성시켰다. 전두환, 노태우 시대는 3저 호황이라는 세계적인 경제 환경과 탈냉전이라는 세계사적 변환기에서 위 물결에 적극적이고 창의적으로 올라탐으로써 박정희 시대에 만들어 놓은 경제적 바탕 위에 대한민국의 국가적 위상을 한껏 끌어올릴 수 있었다. 특히 노태우 대통령은 군부독재에서 문민정부로의 이양을 순탄하게 했을 뿐만 아니라 한 정부 내에서 시행한 정책이라고 할 수 없을 정도의 엄청난 업적을 쌓아 지금까지 우리가 누리는 자유, 민주의 번영의 기틀을 세웠다.

노태우 대통령의 7·7 선언에 따른 적극적인 북방정책은 조금만 실기했어도 우리에게 엄청난 부담을 안겨줄 수 있었다. 특히 북방정책의 핵심인 소련과 중국과의 수교는 그들이 정치·경제적으로 어려운 상태에 있었기 때문에 대사급 수교가 가능했다. 지도자의 순간적 결단이 우리의 국격을 한 단계, 아니 여러 단계 끌어올릴 수 있었다.

전쟁으로 만들어진 나라는 전쟁을 겪으면서 많은 비법을 갖게 되었다. 우선 살아야 한다는 생존 의식은 어떤 상황에서도 필사적으로 일을 해낼 수밖에 없었다. 물론 그 과정에서 대의보다는 수단을 우선시하는 지극히 소아적인 생각을 할 수 있다. 그러나 전쟁 후 폐허에서 살아남아야 하는 사람들에게 자유니, 민주주의니 하는 대의는 그저 공허한 구호일 뿐이었다. 이러한 때 '우리도 한번 잘살아 보자'는 군부 출신 박정희 대통령의 외침은 남녀노소, 빈부귀천을 불문하고 좌우 진영과 관계없이 합창할 수 있었다. 그러한 국민적 에너지는 전쟁이 가져다준 절박함 속에서 묻어 나온 것이었다. 배고픔을 모르는 세대에게는 그저 소설과 같은 이야기겠지만 당시는 그러했다.

한미동맹

　그리고 네 번째가 한미동맹이다. 과거 대한민국은 세계의 선진 문물을 중국이나 일본을 거쳐 간접적으로 받아들였다. 따라서 이 문물이 그야말로 세계 제1일 수도 있으나 상당 부분 중국이나 일본식으로 변형된 문물을 받아들임으로써 문화적 예속이 심화할 수밖에 없었다. 그러나 6·25는 미국이 한국에 대해 직접 지원하는 여건을 조성해 주었고, 한국도 미국과 연합작전을 수행하면서 혈맹관계를 맺을 수 있었을 뿐만 아니라 미국이 멸망 직전의 대한민국과 대한민국 국민을 살려준 은인으로서 과거 어느 나라보다 친근감을 느끼게 되었다. 미국을 이상향이나 낙원으로 생각하고 미국 유학이나 이민이 한국인의 꿈이 될 정도였다. 이러한 역사적, 문화적 친근감이 미국이 가지고 있던 세계 최고의 문물을 거부감 없이 받아들이는 계기가 되었다. 그것도 중국이나 일본을 거치지 않고 곧바로 받아들이게 된 것이다.
　더구나 한미동맹은 대한민국의 민주국가로서의 정체성을 지켜주는 최후의 보루 역할을 해냈다. 요즘 좌든 우든 어느 쪽 정치인도 일부 극좌파를 제외하고는 미군 철수를 주장하지 않는다. 2022년 4명의 주요 대선 후보 모두 주한미군 철수가 한국 안보는 물론 한국경제에 미치는 영향을 잘 알고 있으므로 한미동맹 강화를 대선공약으로 내세웠다. 국가 신인도에서 북한 리스크가 크게 작용하고 있고, 요즘은 중국 리스크마저 커지고 있는 상황에서 주한미군 철수는 한국에 대한 외국인의 투자 매력을 크게 상실시킬 것이기 때문이다. 어쨌든 세계 최고 선진문물을 중간 국가를 거치지 않고 직접 수입할 수 있게 됨으로써 한국은 세계적 조류에 뒤지지 않게 되었다. 오히려 최근에는 일부 분야에서 이를 선도하고 있다.

지난 70년간 한미동맹은 전쟁 억제자 역할을 했다. 또한 미국은 1988년까지 무상 55억 달러를 비롯해 유무상 군사 원조를 통해 한국군의 군사 전력 및 전략 발전에 이바지했다. 덕분에 한국의 군사력은 세계 6위권으로 도약할 수 있었다. 이처럼 한미동맹은 한국의 국방비를 절감하게 해 주었고, 한국경제의 안정적 성장에 크게 이바지했다. '한미동맹 70년 한미 역사 140년'의 저자 김열수 박사는 한미동맹에 대해 다음과 같이 이야기하고 있다.

지난 70년간 한미동맹의 최대 위기는 닉슨 독트린에 따라 1971년 2만 명 규모의 미군 제7사단이 철수할 때였다. 1968년 북한의 1·21 청와대 습격 사건과 울진 삼척 무장공비 침투 사건 등으로 한국의 안보 불안이 최고조에 달한 시점이었다. 당시 박정희 대통령은 주한미군 철군을 막을 수 없자 핵무기 개발에 착수했다. 그다음에는 2002년 미군 장갑차에 의한 여중생 압사 사건이 발생하면서 자주파와 동맹파가 대립하던 시기였다. 반미 감정이 대규모 촛불시위로 표출되자 미국 국방부 장관은 '한국민이 원하면 주한미군을 철수하겠다.'라고 말하기도 했다. 대선후보 시절인 2002년 9월 노무현 대통령은 '반미면 좀 어떠냐'고 돌출발언을 했으나 집권 후반으로 갈수록 한미동맹의 중요성을 인식했다. 이라크 파병, 평택 미군기지 결정, 한미 FTA 협상 타결, 주한미군의 전략적 유연성 수용 등 역대 대통령 중 가장 많은 한미 현안을 해결했다.

한미동맹은 철통같은 안보태세로 북한의 재침을 막았다. 1976년 '판문점 도끼 만행' 사건 당시 미국은 정전협정 체결 이후 처음으로 전쟁을 염두에 둔 '데프콘 3'을 발령했다. 미군 항공모함이 발진을 기다리고 전폭기가 한반도 주변에 전개된 상황에서 한국군 1공수여단 등이 투입돼 판문점 미루나무를 절단하고 북한군 초소를 파괴하자 북한군이 도망갔다. '폴 버니언 작전'이 성공한 것이다. 그 직후 북한이 요청한 비밀회담에서 김일성의 유감 표명 편지가 낭독되었다. 그 밖에도 베트남전, 걸프전, 이라크전, 아프간전 등 미국 주도 전쟁에 한국군이 참여하면서 한미동맹은 외부로 확대되었다.

한미동맹을 잘 이용한 대통령은 동맹을 탄생시킨 이승만 대통령을 빼고 본다면 한국군 31만 2,853명을 8년간 베트남전에 파병해 경제적, 군사적 이득을 챙긴 박정희 대통령이다. 미국이 제공한 참전 수당과 차관을 한국경제 번영의 쌈짓돈으로 활용했다. 군사 원조 외에도 한국군은 미국산 장비를 확보하고 전투 경험을 축적할 수 있었다.

— 김열수 박사의 중앙일보 대담 내용, 2023. 5. 1., p. 23

교육에 의한 민주주의 훈련

해방과 함께 찾아온 것은 식민지에서의 독립만이 아니었다. 조선시대 인조가 1636년 청의 홍타이지에게 외번外藩(자기 나라에 예속된 국경 밖의 속지)이 되기로 맹세한 이후 독립 국가로서 지위를 상실한 지 300여 년 만에 명실상부한 독립 국가를 세울 수 있었다. 이 국가는 기존의 국가와는 전혀 다른 형태였다. 조선왕조의 임금이 다스리는 군주제하의 백성도, 일본 천황의 신민도 아니었다. 우리 역사상 한 번도 경험해 보지 못한, 국민이 자신을 스스로 다스리는 민주주의 체제였다.

군주제는 세습되는 왕이 모든 백성의 생살여탈권을 쥐고 있는 데 반해 민주제는 국민이 자신을 다스릴 사람을 선출해 그 지배를 받는 대의제도 형태를 취한다. 따라서 그렇게 해서 선출된 사람은 우선 기존의 세습 왕과 비슷한 정도의 권위와 품성을 갖춘 사람이어야 한다. 그뿐만 아니라 이러한 사람을 선출하는 국민도 스스로 자신이 그 지배하에 들어가겠다는 위임을 하는 선거권이나 투표권을 행사할 수 있는 식견과 능력, 자질을 갖추어야만 민주제도는 제대로 작동하게 되는 구조다.

군주제 대신 공화정을 가장 먼저 시행한 근대국가는 미국이다. 미국의 경우 독립혁명 당시 백인 남성만이 이러한 자질이 있다고 생각했다. 특히 백인 남성 중에서도 재산이 있어 경제적 자치능력이 있어야 남의 지배를 받지 않고 독자적으로 참정권을 행사할 수 있다고 믿었다. 독립전쟁을 치르면서 이 같은 재산요건이나 프로테스탄트Protestant

여야 한다는 종교적 요건은 삭제되는 대신, 각자의 신체를 하나의 재산으로 인정해 모든 백인 남성에게는 평등하게 선거권을 부여했다. 따라서 공적 생활을 하지 않고 가사에 종사하는 여성들이나 백인 남성에 고용되거나 노예로 있던 유색인종에게는 참정권을 부여하지 않았다. 이들에게는 자치능력이 없다는 이유에서였다.

우리의 경우 1948년 5월 10일 제헌의회 의원 선거를 치를 때 미국식 민주주의에 따라 남녀나 빈부귀천과 관계없이 21세 이상의 모든 국민에게 참정권이 부여되었다. 일부 친일 인사들은 배제되었다.

그러나 선거 경험이 전혀 없었고 당시 문맹률이 80퍼센트를 넘어서는 상황에서 선거에 대한 진정한 의미를 아는 사람은 그다지 많지 않았다. 그동안 군주제하에서 지배만 받아온 사람들에게 자신이 주권자로서, 곧 주인으로서 나를 다스릴 사람에게 나의 많은 것을 위임하는 엄청난 행위가 선거라는 사실을 완벽하게 이해한 사람은 드물었다. 아라비아 숫자도, 한자 숫자도 읽지 못해 막대 숫자로 기호를 표시하는 상황에서 민주제도를 이해시키기는 그렇게 쉬운 일이 아니었다.

자신이 주권자가 되기 위해서는 자주적인 사고와 자립할 수 있는 능력이 있어야 했다. 자주적인 사고는 교육을 통해, 자립은 경제적 능력을 키움으로써 가능했다. 제헌 헌법에서 의무교육을 실시하고자 했던 것은 바로 이 때문이었다.

선거제도가 가지는 의미, 곧 자신에 대한 통치를 위임한다는 의식의 부재는 수많은 부정선거를 가능하게 했다. 각종 선심 행위나 매표 행위에 쉽게 자신의 권리를 넘겨주거나 자신과의 사적인 인연에 치우친 나머지 자신을 지켜줄 인물에 대한 선택을 포기한 것이다. 서양 선진국의 경우 군주제에서 시민사회로 넘어가는 과정에서 선거권은 거의 전쟁이나 투쟁으로 쟁취하는 대상이었지 거저 획득하는 것이 아니었다. 비행기에서 전단 뿌리듯이 아무에게나 나누어주는 그러한 선거권 부여가 아니었다. 따라서 선거권 획득 행위와 그 행사는 민주주의 발전의 역사였고 그 과정에서 시민계급에 의한 근대 국민국가Nation State가 탄생한 것이다.

우리에게 1945년 광복은 이러한 과정이 없었고 민주제도라는 근대 문명의 총화를 흡수할 수 있는 시민계급도 형성되지 않았다. 스스로 자치정부를 구성할 능력이 없는 상태에서 당시 최고 수준의 근대 문명국가인 미국에서 시행되고 있던 자유민주주의 제도를 시행부터 하게 된 것이다. 그 결과 서구 역사와는 반대로 자유민주주의를 법 제도로서 받아들인 후, 자유민주주의를 실질적으로 익혀가는 과정을 밟게 된 것이다. 옷을 이미 지어놓고 거기에 몸을 맞추는 양상이었다. 현실과 제도의 괴리는 권위주의 정부로 이어졌다.

하나의 제도가 정착할 수 있기까지는 어느 정도 시간이 필요하고, 이 시간은 그 제도를 받아들이는 사회 구성원의 태도와 주변 환경에 따라 달라질 수밖에 없다. 대한민국에 민주주의라는 제도나 이념이 자리 잡는 데는 많은 굴곡이 있었다. 제2차 세계대전으로 일본 제국이 패망한 후 그 식민지인 한반도를 점령한 미국과 소련은 각기 자기들에게 우호적인 정부나 정권이 설립되기를 바랐다. 일본군 무장해제를 목적으로 북위 38도선을 나누어 점령한 미군과 소련군은 각기 본국의 명령에 따라 자신들의 점령지역에 자신들의 정치, 경제, 사회 등 제반 제도를 시행하고자 했다.

미군정은 처음 일제강점기의 각종 정책을 배제하고 나름대로 미국식 자유주의적 방식에 따른 정책 시행을 시도하다가 1945년이 단군 이래 최대의 풍년이었음에도 대기근이라는 최악의 상황을 맞이했다. 그래서 과거 일제에서 쓰던 농업정책을 다시 채택하는 일이 발생했다. 민주제도라는 각종 정책이나 기구들도 마찬가지였다. 5천 년 역사 동안 한 번도 시행을 보지 않았던 이념과 제도가 한국민들에게 곧바로 시행될 수는 없었다. 당시 가장 선진적이었던 미국식 자유민주주의를 곧바로 한반도 남쪽에 시행했을 때 이를 제대로 이해하고 시행할 수 있는 기반은 전혀 없었다. 제헌 헌법에 구현된 3권분립, 사법부의 독립, 견제와 균형 원리 등은 현실이라기보다는 하나의 이상이었다.

하드웨어는 헌법이나 각종 법령으로 정비할 수 있었지만, 문제는 이를 운영하는 국민이었다. 민주주의의 요체는 군주제하에서의 신민이 아닌 자유롭고 독립적인 개개인이 자신을 통치할 수 있는 권한을 헌법기관에 부여하는 선거제도에 있다. 선거의 의미는 대의민주주의의 근간이었기 때문에 민주주의 발달 과정에서 선거권과 피선거권을 배우는 오랜 기간의 시행착오와 교육훈련이 필요했다.

우리는 그러한 시간도 없었고 자유민주주의 자체를 부인하고 프롤레타리아 독재를 주장하는 세력이 끊임없이 거의 내전에 버금갈 정도의 폭력과 선전 선동으로 하루도 편할 날이 없는 세월을 보냈을 뿐이다. 그 과정에서 대한민국 헌법이 제정되었고 대한민국이 출범했기 때문에 국민마다 국가에 관한 생각이 달랐다. 근대 국민국가는 자신들이 동의한 하나의 헌법 아래 모여든 국민의 집단이었지만, 국민은 각자 자신들만의 생각이 있었다. 게다가 주권자라는 인식도 아직 굳게 자리 잡고 있지 않았다. 대한민국에서 이미 군주제는 끝났고 공화적으로 하겠다는 국민적 합의가 있었다고는 하지만, 조선왕조와 대한제국의 학정에 시달린 결과 그 체제를 부인했을 뿐 민주시민으로서의 자질과 역량을 키울 기회는 없었던 것이다.

이승만 대통령은 이러한 실정을 절감하고 교육 투자에 전력을 쏟았다. 제1공화국 당시 엄청난 교육 투자와 국민의 교육열은 빠른 시간 내에 문맹률을 낮추었고 많은 대학생을 배출했다. 이 같은 과정에 미국의 적극적 지원은 절대적이었다. 초등교육 교과서를 만들 종이가 없어 군산의 제지공장을 미국이 설립해 주었다.

미국 정부 차원이 아닌 민간 차원의 교육지원도 엄청났다. 자신들의 대의제도를 다른 나라에 전파하지 않은 영국과 달리 미국은 독립전쟁 때부터 자유를 위해서 혁명을 일으켰다고 공언하고, 이는 신이 부여한 사명이었기 때문에 이를 확산시키는 것은 신의 명령이고 자신들의 '명백한 운명Manifest Destiny'이라고 믿었다. 따라서 한국에서 민주주의와 자유를 뿌리내리는 것은 단순한 미국식 제도의 이식이 아닌 자유라는 인류의 보편적 가치를 전파한다는 종교적 신앙심 내지는 사명감에서였다.

해방 당시 13세 이상 인구 80%가 어떤 형태의 교육도 받지 못한 상태였다. 그러나 1952년부터 실질적인 의무교육이 시작된 결과

1959년에는 순 문맹률이 22.1%대로 낮아졌다. 같은 기간 고등교육 이수자도 많이 증가해 1960년대 이후 노동집약적 산업화의 밑바탕이 되는 양질의 풍부한 노동력이 만들어질 수 있었다.

그러나 서구의 경우 왕정에 대한 시민계급의 혁명으로 시작되어 민주주의가 정착되었음에 반해, 우리는 이미 성숙기에 들었던 민주주의를 제도로 받아들여 이를 우리 몸에 맞추어 가는 반대의 과정을 겪다 보니 그 과정이 순탄할 리 없었다. 정치 지도자들의 경우 해외 유학자보다는 국내에서 일제 교육을 받았던 사람들이 많았고, 과거 조선왕조의 철저한 유교 교육과 시스템으로 국민 대다수가 전근대적 사고에 젖어 있었다.

많은 사람이 선진 민주주의 제도를 배워가는 동안 일부 정치 지도자들은 과거 일제하 권위주의 시대의 통치 방식을 벗어나지 못했다. 미국이 고급장교 교육에 힘을 쏟은 결과 장교 7,000여 명이 미국 유학을 다녀왔지만, 그들이 과거 일본식 지휘 스타일을 곧바로 민주적인 방식으로 바꿀 수는 없었다. 대표적인 경우가 박정희 대통령이다. 그도 미국 유학을 다녀왔지만, 나중에 유신헌법을 제정할 정도로 일본식 권위주의적 사고에서 벗어나지 못했다.

정부의 엄청난 교육 투자와 농지개혁, 미국의 적극적인 원조, 그리고 우리 국민의 못 말리는 교육열로 제1공화국은 짧은 기간 내에 많은 민주시민을, 특히 젊고 유능한 대학생들을 대거 육성할 수 있었고, 이는 제3공화국에서의 경제 발전의 원동력이 되었다. 자원이라고는 쌀밖에 없는, 그조차 부족한 나라에서 사람만이 자원이고 자본이었다.

그러한 자본 육성의 초석을 다진 것이 제1공화국의 큰 업적 중 하나가 되었다. 아이러니하게도 이 대통령은 이렇게 교육받은 학생들에 의해 4·19 혁명으로 하야했다.

루스벨트 대통령은 1943년 카이로 선언 당시 필리핀의 경우를 생각해 한국이 자유롭고 독립된 나라가 될 때까지를 40년 정도 걸릴 것으로 예상했다고 한다. 그렇지 않더라도 최소 20년, 최대 30년은 걸린다고 보았다. 우리가 광복 후 가장 명실상부한 자유민주주의 헌법인 제6공화국 헌법을 만들어 시행할 때까지 무려 40여 년이 걸린 것을 보면 루스벨트 대통령이 어렴풋이나마 이해된다. 그만큼 하나의 제도나 이념이 제대로 정착하는 데는 시간이 필요한 것이다.

우리가 40년 걸려 자유민주주의를 이뤄낸 것은 세계적으로 드문 일이다. 제2차 세계대전 후 미국은 많은 식민지국을 해방하고 우리와 같이 국가 창설과 원조를 베풀었지만, 한국처럼 자유민주주의를 꽃피우는 나라는 거의 없다. 한국이 이러한 위업을 이루어 낸 이유를 많은 학자가 연구하고 있다. 그중 미국의 그렉 브라진스키 조지 워싱턴대 교수는 한국인이 외세의 영향을 거부하기보다는 이를 적극 수용해서 자신만의 것으로 발전시키는 경향에 주목하고 있다.

한국인들은 외국에서 전해진 관념이나 사상, 예컨대 불교나 유교 등을 받아들여 자신들의 전통적인 요소와 융합시키는 놀라운 재주를 선보였다. 그 과정에서 한국적인 것을 새롭게 창출해 새로운 시대와 상황의 변화에 대처하곤 했다. 그러한 맥락에서 한국인이 경제성장과 국가 발전을 이루기 위해 외국으로부터 배우려고 노력했던 자세와 태도는 북한이 취했던 외세의 영향력에 대한 완강한 거부에 비해 훨씬 한국의 역사에 잘 들어맞았다. 이러한 대한민국의 놀라운 변화와 발전은 냉전 시기뿐만 아니라 21세기 국가 형성에 대한 전망에서도 최상을 사례로 꼽힌다.

— 그렉 브라진스키, 전게서, pp. 430-433

그러나 그 이면에는 19세기 세계적 근대화에 눈을 감은 채 쇄국과 세도정치하에서의 100년과 뒤이은 일제의 수탈과 치욕을 겪으면서 각자 살길을 찾는 이기적인 한국인이 있었다. 그리고 그들이 자유민주 체제와 사유재산을 인정하는 자본주의 체제를 만나 자신들의 이기적인 욕망을 한껏 발휘할 수 있는 여건이 조성되었고 여기에 그들의 이기적인 욕망을 국가적 발전 동력으로 이끈 박정희 대통령이 있었다.

대학 진학의 의미

한국인에 있어 대학은 특별한 의미가 있다. 조선시대의 신분제와 일제 치하에서 일반적 교육 기회를 박탈당한 것에 대한 한이 대학 진학으로 모아졌다. 특히 일제강점기에 대학에 입학하면 장래가 보장되는 모습을 눈여겨본 한국인들에게 대학은 그야말로 등용문이었다. 대학 입학은 곧바로 신분 상승으로 여겨졌고 남들로부터 부러움과 인정을 받는 일이었다. 마치 조선시대 초시에 합격하면 사실상 과거 급제와 똑같이 대접했던 전통의 연장선에 있었다. 특히 일제강점기에 대학을 보낸다는 것은 조선인으로서 그 집안의 권력과 재력을 과시하는 것이었다.

이러한 사회적 인식이 해방 후 그대로 한국 사회로 이어졌다. 교육은 곧 대학 보내기였다. 농지개혁으로 한 뙈기 논이라도 갖게 된 과거 소작인들까지 어떻게든 자식을 대학에 보내고자 했다. 그만큼 오랫동안 쌓인 못 배운 한과 사회적 인정을 받아야겠다는 한이 대학 보내기로 모인 것이다. 부모는 대학 입학금까지 마련해주면 사실상 소임을 다하는 것이 되었다. 그다음은 자식이 아르바이트를 하건 가정교사를 하건 스스로 학자금과 생활비를 마련해 대학을 마쳤다.

그렇다고 자식들에게만 모든 비용을 부담하게 할 수는 없었다. 특히 자식이 여럿 있는 경우에는 장남을 대학에 보내 나중에 동생들을 보살피게 하는 전략을 세웠다. 그마저 어려울 때는 군대라는 좋은 피난처가 있었다. 대학 입학 후 바로 군대에 입대하면 그 동생에게도 대학 진학의 기회가 주어졌다. 한 집안에 한 명 정도 대학생만 있어도 시골에서는 자랑거리였지만, 몇 명씩 대학을 보냈다는 것은 그 집안의 위신과 품격을 한껏 올려주는 일이었다.

대부분이 어렵게 대학에 다녔다. 1950년대와 60년대에는 그렇게 취업 기회가 많지 않았기 때문에 많은 대학 재학생과 졸업생들이 고등고시 시험 준비에 몰두했다. 일제강점기 고등고시 합격자들에 대한 부러움은 그 이전 조선시대 과거시험 합격과 같은 부러움이었다. 극소수지만 고등문관시험을 통하여 판검사나 군수로 나가는 길이 있었다. 이러한 시험이 대한민국 정부 수립 후 고등고시 사법과 행정과로 나뉘어 한동안 시행되다가 사법시험과 행정고시로 발전했다. 우리 경제가 아직 도약하기 전에는 이러한 시험에 합격해 관료로 나가는 길이 최상의 엘리트 코스였다.

　시험에만 합격하면 조선시대 과거에 합격한 것과 같은 대우를 받았다. 사법시험 합격자 축하연이 중앙청(김영삼 정부 때 해체되었다) 로텐더 홀에서 열렸다. 이 행사는 오랫동안 지속되었다. 주위에서도 '영감'이라고 부르며 우대했다. 영감의 의미는 '명령하고 감독한다'라는 뜻으로 조선시대 이후 고위 관리를 부를 때 쓰는 말이었다. 이 호칭이 없어진 지는 그리 오래지 않다. 이러한 호칭 이외에도 고시 합격자들은 대인관계에 있어 항상 갑의 위치에 있었다. 이승만 정부 때는 일제가 남기고 간 가옥과 공장 등 적산을 불하받고자 하는 사람들에게, 박정희 정부 시절에는 해외에서 도입된 차관을 분배받고자 하는 사업자들에게 고위공무원은 그야말로 상전이었다. 그러한 까닭에 사법시험이나 행정고시 합격한 사람들을 사위로 삼고자 하는 열풍이 불기도 했다. 소위 '사위족'이 생겨났다. 사법시험이나 행정고시 합격으로 권문세가나 재력가의 일원이 됨으로써 권력과 재력을 모두 갖게 된 것이다.

　이러한 현실에서 대학 진학은 신분 상승의 사다리였고 이에 대해 전 국민이 매달린 결과가 현재 80%를 넘는 대학 진학률로 나타난 것이다. 외국과 비교해 대학 진학률이 너무 높다는 비판은 한국인들의 이러한 오랜 꿈과 한을 도외시했기 때문이다.

한편 과열된 대학 입시 경쟁은 조선왕조 말기와 일제강점기를 통해 형성된 이기심과 각자도생이 가장 잘 나타난 현상이었다. 치열한 경쟁의 대학 입시는 우리 사회를 무한 경쟁사회로 만들어 고도성장을 이끈 반면 공교육보다는 사교육에 치중하고, 자식들을 부모 욕심의 희생양으로 만들어 사실상 자식들을 결정 장애자로 만들어버리는 부작용을 낳았다.

2

개발독재를
둘러싼
갈등

이승만 대통령과 박정희 대통령

이승만 대통령과 박정희 대통령은 공통점이 많다. 우선 두 사람은 국민을 먹여 살리겠다는 생각이 앞섰다. 이승만 대통령은 1인당 국민소득이 100달러도 되지 않은 세계 최빈국 대한민국의 국민에게 국민의 세금이 아닌 미국과의 외교를 통해서 막대한 원조를 받아 국민을 구제했다. 그는 미국의 도움으로 많은 사람을 공산 독재 치하에서 벗어나게 했다는 자부심이 강했다. 박정희 대통령도 1인당 국민소득이 100달러도 되지 않고 아무런 자원이 없는 나라에서 해외에서 차관 등을 가져와 경제개발을 해 국민을 잘살게 했다는 자부심이 있었으나, 두 분 모두 국민에게 신세를 지고 있다고는 생각하지 않았다.

그래서 미국원조나 외자 도입으로 대한민국을 지속 발전시키기 위해서는 자신들이 장기 집권해야 한다고 생각했다. 장기 집권 과정에서, 이승만 대통령은 일본이 남기고 간 적산을 팔아 넘기고 박 대통령은 해외에서 도입한 차관을 분배하면서 본인들의 의도와는 무관하게 나타난 부정부패와 거기에서 소외된 국민의 불만이 쌓이고 반발이 갈수록 강해지고 있다는 사실에 눈을 감았다. 오히려 이러한 반대 의견에 대해 이 대통령은 경찰력을 동원했고, 박 대통령은 군을 동원한 계엄령 등으로 억압했다.

미국과의 관계에서도 이 대통령은 원조 자금 사용 과정에서 반일 정책과 북진 정책으로 일본과의 수직적 분업을 요구하는 미국의 요구를 무시함으로써 미국과의 갈등을 키웠다. 박 대통령은 카터 대통령 당선 이후 인권 정책과 관련해 미국과의 갈등 속에서 핵무기를 개발하는 등 독자 노선을 추구했다.

이 대통령은 부정선거를 규탄하는 4·19 혁명으로 자진사퇴하고 하와이로 망명했고, 박 대통령은 측근인 중앙정보부장 김재규에 의해 시해되었다. 그러나 두 대통령은 한국전쟁 후 복구과정에서 민주주의를 유보하더라도 국민경제를 살려내겠다는 일념에서 한 분은 미국의 원조를 최대한 많이 받아들이고자 노력했고, 한 분은 외자를 최대한 도입해 조국 근대화를 이루고자 최선을 다한 결과 우리는 6·25라는 비극을 딛고 다시 일어설 수 있게 되었다.

두 분 다 아랫사람들의 부정부패와는 별개로 자신들은 청렴함으로써 나라가 부패하는 것을 막았다.

2차 세계대전 후 식민지에서 독립한 아프리카의 많은 국민국가는 경제가 뒷받침되지 않는 상태에서 민주주의부터 시행하다가 국가 지도층의 부정부패로 이어졌다. 예컨대 외자를 도입하거나 원조가 들어오면 중앙 정부에서 절반, 지방 정부에서 절반을 각각 유용한 탓에 실제 경제개발에 들어가는 돈은 원조나 차관의 4분의 1에 불과했다. 이러한 일이 반복되면서 국민경제는 파탄이 났고 민생은 도탄에 빠졌으며 정치는 독재로 이어졌다.

이는 박정희 대통령이 일본으로부터 청구권자금을 들여와 이를 정치자금으로 유용하지 않고 경부고속도로와 포항제철에 고스란히 사용해 국가 발전의 기틀을 마련함은 물론 국민에게 '우리도 할 수 있다'라는 자신감과 긍지를 불어넣어 준 것과 크게 대비된다. 이승만 대통령부터 시작된 경제 부흥과 발전 노력은 박정희 대통령을 걸쳐 전두환 대통령에 이르기까지 일관된 개발독재라고 볼 수 있다. 그 기간에 우리는 민주주의가 가능하다는 1인당 국민소득 3,000달러를 달성했다.

미국원조와 한미 갈등

한국전쟁은 경제 전체에 큰 타격을 입혔다. 인적 피해가 엄청났음은 물론 주택, 교육, 위생시설 등의 생활 기반 시설 파괴는 말할 것도 없고, 도로, 철도, 발전 및 통신설비 등 사회간접자본도 극심한 손상을 입었다. 금속, 기계, 화학, 섬유, 식품 등의 각종 생산설비도 평균 60% 이상 파괴되었다. 그리고 이러한 시설 파괴로 인한 극심한 물자 부족과 전비 조달로 인한 통화 증발 때문에 경제는 살인적인 인플레이션에 시달리고 있었다.

이런 상황에서 전후 한국의 경제 목표는 단기적인 안정에 치중할 수밖에 없었다. 시장이 거의 기능하지 못하는 상태였으므로 국가가 나서서 시장을 창출해야 했고, 정부가 귀속재산이나 원조물자, 금융 등과 같은 거의 모든 재원을 직접 통제하고 있었다.

그러나 당시 국가는 중장기적인 부흥을 감당할 정도의 재원과 능력이 없었다. 1953년부터 1960년 사이 한국은 정부 총수입의 72.5%를 원조에 의지하고 있는 상태에서 경제 재건에 필요한 투자 재원을 국내 저축만으로 충당하기 어려웠고, 부족분은 해외 재원에 의존해야 했다. 이 경우 해외 재원은 크게 두 가지였다. 하나는 유엔군과 관련된 외환 수입이었고, 다른 하나는 미국원조로 제공되는 재화를 판매해 얻은 수입대충자금收入對充資金이었다.

— 김일영, 『건국과 부국』 기파랑, 2011, pp. 250-252

그러나 이를 사용하는 방법에 관하여 미국과 의견이 달랐다. 미국은 살인적인 인플레이션 극복과 물가 안정을 위해서 소비재 7, 생산재 3의 비율로 사용하기를 바랐다. 이에 반해 이승만 정부는 국가 부흥을 위해서는 생산재 7, 소비재 3의 비율로 사용하고자 했다. 여기에 미국은 중국이 공산화되자 봉쇄정책의 일환으로 일본을 중심으로 한 지역

통합전략regional integration strategy을 세웠다. 그러나 일본의 식민지 지배를 받은 한국과 타이완은 이를 수긍하지 않았다. 이승만과 장제스가 일본과의 관계 정상화를 완강하게 반대하자 미국은 일본, 한국, 타이완과 각각 쌍무적인 관계를 맺는 데 그쳤다.

그런데 1950년대 말이 되면서 상황이 바뀌기 시작했다. 이 무렵 미국은 전후 최초로 달러 위기에 봉착했고, 그 결과 지금까지 무상원조를 위주로 한 개발 원조 정책을 재고할 필요성에 직면했다. 아울러 미국은 기존의 개발 원조 정책이 제3세계 국가들이 경제적 자생력을 갖게 하는 데 그다지 효과적이지 못했다는 결론에 도달했다. 그 주된 자극은 사회주의로부터 왔다. 당시 소련, 중국, 북한 등 사회주의 국가들은 급속한 산업화에 성공해 제3세계 국가들에 하나의 대안적 발전 모델로 부상했다. 이에 미국은 이 지역의 국가들에게 더욱 호소력이 있는 개발 정책을 생각해야 하는 필요성에 직면했다.

동아시아 지역에서 미국이 이에 대한 해답으로 찾아낸 것은 원조를 차관으로 돌리면서 패전의 상처에서 벗어난 일본에게 이 지역에 대한 경제·군사적 지원의 임무를 분담하도록 하는 방안이었다. 곧 한국과 타이완은 소련과 중공을 상대로 한 안보 국가로서, 일본은 이를 뒷받침하는 경제 지원 국가로서의 역할 분담을 한다는 것으로, 미국이 한국과 타이완에 지원한 달러로 일본 상품을 구매하게 하는 방안이었다. 미국은 이것이 자신의 부담을 덜어줄 뿐만 아니라 한국, 일본, 타이완에도 도움이 된다고 믿었다. 이들 세 나라가 상품시장과 자본 수요라는 서로의 필요성을 충족시켜 줄 수 있다고 생각한 것이다. 그런데 이 방안은 필연적으로 동아시아 지역 통합전략의 완성, 즉 일본과 한국, 일본과 타이완 사이의 관계 회복을 요구했다. 그러나 이승만은 이러한 지역 통합전략을 한국이 일본의 상품 판매 시장으로서 다시 일본에 예속되는 식민지로 회귀하는 것으로 보았다. 그래서 1952년 1월 18일 미국과 일본의 반대를 무릅쓰고 동해에 한반도 주변수역 50 내지 100해리에 이르는 평화선을 설정하고 13년간 이를 침범한 일본 어선 328척을 나포하고 일본 어부 3,929명을 감금 억류했다. 아울러 북진 정책을 계속 주장함으로써 이런 미국의 정책에 반발했다. 미국으로서는 휴전선에 인접한 파주에 미군을 주둔시켜 북진에 대비해야 하는 등 일본과의 관계 회복에 반발하는 이승만이 부담으로 작용했다. 때마침 한국에서 부정선거를 계기로 국민의 분노가 터져 나오자, 그 기회를 이용하여 미국은 이승만이란 짐을 덜어버릴 수 있었다.

제1공화국의 붕괴

1948년 대한민국 정부가 수립될 당시 우리 국민의 민주적 가치에 대한 인식과 그 실행 수준은 그 이전의 군주제와 일제 통치의 잔재가 많이 남아 있어 그다지 높지 못했다. 그러나 1945년 이후 초등학교와 중등학교에서도 민주주의 교육이 주요하게 다루어졌다. 예컨대 초등학교부터 선거로 학급 반장을 선출하는 훈련을 시켰다. 또한 도시 또는 준도시 지역 사람들을 중심으로 대중 매체를 통해 민주주의를 널리 접촉할 수 있게 되면서 민주주의 가치를 차츰 인식해 가는 과정을 거치고 있었다. 이러한 민주주의 정치 교육 때문에 기성세대들보다 젊은 층들이 좀 더 민주적으로 바뀌었다.

도시화는 일반 국민의 민주적 사회화와 밀접한 관련이 있었다. 1952년 남한 인구의 17.7%만이 인구 5만 이상의 도시에 살았으나 1955년에 24.5%, 1960년에는 28%로 늘어났다. 이러한 도시화는 한국전쟁으로 인한 도시 이주 인구의 증가, 확장된 교육시설의 도시 집중, 상업화된 도시 기능의 변화 등에 기인했다. 특히 1955년 이후 정치세력이 여당인 자유당과 야당인 민주당으로 양분됨에 따라 유권자들은 각자 정치 수준에 따라 누구를 반대하고 누구에게 투표해야 하는가를 쉽사리 알게 되었다.

1958년 총선에서 인구 5만 이상 도시에서 자유당 13명, 민주당 43명이 당선되었고, 전국적으로는 자유당 126석, 민주당 79석이 당선되었다. 1956년 대통령 선거에서 이승만 대통령은 56% 지지를 받고 당선되었으나 서울에서는 38% 지지에 그쳤다. 도시 지역에서의 자유당의 열세는 대도시 지역은 부정선거를 쉽게 저지를 수 없었다는 데도 그 이유가 있었다. 소위 준봉투표(conformity votes, 곧 유권자의 교육 수준이나 정치의식이 낮을 때 지방의 유지나 교육을 받은 사람의 의견에 따라 투표하는 현상)가 비도시 지역에서 팽배했다. 도시화에 따라 이러한 준봉투표는 점점 줄어들었고, 이에 따라 자유당의 비민주적 수단에 의한 부정선거가 자행되었다. 그러나 자유당이 더욱 강압적 수단을 동원할수록 대중의 지지는 떨어졌다.

1952년 휴전협정 반대 시위, 이승만 대통령 재선 추대 시위, 일본의 재일 교포 북송 반대 시위 등의 관 주도 시위는 1950년대 초반 이 대통령의 인기를 어느 정도 회복시키고 유지할 수 있었다. 그러나 1950년대 후반에 접어들자, 국민의 이 대통령에 대한 인기는 점점 사라지고 오직 경찰력을 동원해 정권을 유지하는 길밖에 없었다. 장기 집권이 한계에 이르렀음을 보여주었다.

　　1956년 10월 25일 국무부에 제출된 다울링 주한 미국대사의 「미국의 한국 프로그램에 대한 개괄적 평가」라는 12페이지짜리 보고서에서 "반공주의는 지속되고 있다. 그러나 시간이 지남에 따라 공산주의에 대한 공포와 증오가 줄어들고, 이승만 정권이 오래전부터 약속한 민주주의라는 과실을 제공하는 데 실패함에 따라 대중의 불만이 점점 증가해 남한은 공산주의 선동가를 위한 보다 비옥한 토양이 되고 있다. 게다가 통일에 대해 감성적이고 지적인 욕망을 자극하는 북한의 새로운 부드러운 접근이 예전의 딱딱한 노선보다 다루기가 더 어렵다. 그리고 비록 공산주의가 남한에서 승리할 수는 없을지라도 민주주의에 대한 환멸이 중립주의 또는 제3세력의 발흥을 촉진할지 모른다."라고 한국의 안보 상황을 우려하고 있다.

— 이철순, 『해방 전후사의 재인식 2』, 책세상, p. 554

　　1959년 8월경 이미 미국은 "이승만 정권이 절차적 민주주의를 훼손하고 독재적 형태를 보이는 상황에서 미국이 이승만 정권을 무조건

지지하고 있다는 인상을 보이게 되면 공산주의자들은 이러한 사태를 선전하고 미국의 동맹국들은 실망하게 될 것이다. 이러한 사태는 소련과 대결하는 상황에서 미국의 세력권을 축소하는 결과를 초래할 것이고 궁극적으로는 미국의 국가안보에 큰 손상을 입히게 될 것이다. 다른 한편 한국 국내에서는 대중이 이승만 독재정권과 미국을 동일시함으로써 반미 감정이 확산할 가능성이 있고 이것은 상황에 따라 미국에게 불리한 정권이 들어설 가능성까지 초래해 결과적으로는 미국의 국가안보 이익을 침해할 것이다."라는 견해를 가지고 있었다. 따라서 미국은 이승만 정권과 동일시에서 벗어나 적절한 시점에 절연을 시도할 것임을 시사하고 있었다.

— 이철순, 전게서, p. 597

미국의 정책 결정자들은 1956년을 경계로 해 공산권의 위협을 군사적인 위협보다는 정치·경제적인 위협으로 파악하고 이에 대비했다. 한국 현지에서도 정치적으로는 강경파를 배제하고 온건파 엘리트를 지원해 민주적인 프로세스를 증진하고 경제개발을 추진하고자 했으나, 1958년 12월 자유당의 강경파가 국가보안법 파동을 일으킴에 따라 더 이상 추진할 수 없게 되었다.

미국은 국가보안법 파동 이후에는 정권의 장기적인 안정을 꾀하는 근본적인 정책을 포기하고 단기적인 정치 안정화 정책에 주력했다. 1959년 7월 조봉암이 사형당하기 전까지는 여야의 온건파에게 압력을 가해 적극적인 타협 정책을 모색했지만, 조봉암이 사형당한 이후에는 이승만 정권과 미국이 동일시되는 위험을 직시하고 이승만 정권과의 차별을 두었다. 미국은 국가보안법 파동 이후의 정치 위기가 4·19라는 또 다른 정치 위기로 이어지자, 이것이 혁명으로 전환되는 것을 막기 위해 이승만 정권과 거리를 둠으로써 4·19 이후의 위기에 반미적인 정권이 등장하는 것을 막았다.

이러한 때 1960년 3월 15일 치러진 정·부통령 선거는 부정선거로 얼룩졌다. 당선이 유력시되던 민주당 조병옥 대통령 후보가 급서하자 이 대통령의 당선이 기정사실화되었으나 부통령 선거가 문제였다. 현직 부통령인 장면 후보와 이 대통령이 지지하는 이기붕 후보 간의 선거에서 자유당과 경찰은 노골적으로 부정선거를 자행했다. 반공청년단의 폭력 단원들이 투표소를 감시하고 농촌 지역에는 3인조, 9인조 등의 조장이 조원들의 투표를 책임질 뿐만 아니라 경찰은 공개적으로 자유당 후보를 지원했다.

선거 결과 이 대통령은 960만 표(급서한 조병옥 후보에 대한 122만 표는 무효표가 되었다.), 이기붕 후보는 840만 표(장면 후보는 180만 표)를 얻어 각 당선되었다. 민주당은 위 선거가 불법 무효라고 주장했고 전국적으로 반정부 시위가 일어났다. 민심이 돌아서고 전국적인 부정선거 규탄 여론이 비등한 가운데 최루탄을 눈에 맞아 만신창이가 된 채로 16세 마산 상고생 김주열 군의 시신이 경남 마산 해안에서 발견되었다. 이것이 기폭제가 되어 주로 지방 도시에서 고등학생들이 불법 선거와 자유당, 경찰의 반민주적이고 억압적인 행위에 항거하는 시위를 벌였다.

이에 이 대통령은 상황의 급박성을 인식하지 못하고 마산 시위에 대해 4월 15일 위 사건이 공산주의자들에 의해 고무되고 조종된 것이라는 담화를 발표했다. 이런 사태의 비극에 책임이 있는 무분별한 사람들의 죄는 간과할 수 없다고 선언하면서, 젊은 청년들을 폭동으로 유도하고 선동하는 정치적 야심가와 공산주의자들의 선전 활동에 대해 경고했다.

이는 학생들을 더욱 격노케 했다. 4월 18일 고려대생 시위는 반공청년단의 폭력배들로부터 습격을 받았다. 4월 19일 약 3만 명의 대학생과 고교생들이 거리로 쏟아져 나와 경무대로 몰려들었다. 경찰의 발포로 학생 시위는 폭동화했다. 전국적으로 부산, 광주, 인천, 목포, 청주 등에서 수천 명의 학생들이 가세했다. 4·19 당일 서울에서만 130여 명이 죽고 1,000여 명이 다쳤다. 경찰의 발포와 동시에 계엄령이 반포되고 육군참모총장 송여찬이 서울지구 계엄군사령관으로 임명되었다. 4·19 이후 일반 시민도 가담한 데모와 폭동이 연일 계속되었다.

그러나 군대는 유혈사태를 경계하고 재산의 파괴를 방지하는 데 신경을 쓰면서 방관하는 태도를 견지했다. 4월 21일 내각이 사태에 대한 책임을 지고 물러났다. 이어 이기붕 당선자가 사퇴하고 4월 23일 장면 부통령도 그 직을 사퇴했다. 이 대통령은 자유당과의 결별을 선언했으나 시위는 계속되었다. 일부는 반공청년단과 자유당 간부의 집을 방화하고 다녔다. 4월 25일에는 각 대학 300여 명의 교수들이 이승만 사임을 요구하는 제자들을 지지하며 서울 시내를 행진하고 나섰다.

4월 26일 이 대통령은 정·부통령 선거 재시행, 내각제 중심제 채택 등을 약속했다. 그동안의 정권 유지 수단이었던 경찰력의 붕괴, 교수들의 시위로 시작된 새로운 시위 양상, 미국의 압력, 그리고 군의 지지 결여 등으로 1960년 4월 26일 이 대통령은 사임을 발표했다. 이승만 대통령으로부터 외무부 장관으로 임명되었던 허정이 순위상 과도정부의 수장이 되었다.

양주로 피신했던 이기붕은 4월 27일 몰래 경무대로 들어왔으나 그의 장남이자 이승만 대통령의 양자인 이강석 소위가 4월 28일 0시경 아버지 이기붕, 어머니 박마리아, 남동생 이강욱을 총으로 쏴 죽이고 자신도 자살했다. 이 대통령은 4월 28일 이기붕 가족을 조문한 후 4월 29일 허정 내각 수반의 배웅하에 김포공항에서 출국, 하와이로 망명했다. 그곳에서 1965년 7월 19일 90세의 나이로 영면했다. 민주당 대변인 김영삼은 "적잖은 정치적 과오가 있었으나 평생을 조국의 독립 투쟁에 몸 바쳐 왔으며, 초대 대통령을 지냈다는 것을 참작해 전 국민과 더불어 깊은 애도의 뜻을 표한다."라는 애도 성명을 발표했다. 가족장으로 국립 현충원에 안장됐다.

이 대통령은 "잃었던 나라의 독립을 되찾는 일이 얼마나 어렵고 힘들었는지 우리 국민은 알아야 하며, 불행했던 과거사를 거울삼아 다시는 어떤 종류이든 노예의 멍에를 매지 않도록 해야 한다."라는 유언을 남겼다. 그는 1895년생으로 35세 때 나라를 잃고 70세 때 조국의 해방을 맞이했으며, 73세 때 대한민국 초대 대통령으로 취임한 후 85세 때 하야했고, 90세 때 서거했다.

제2공화국

1955년 9월 18일 자유당의 4사5입 개헌이 동기가 되어 창당된 보수주의 성향의 민주당은 이승만 정권에 대항해 내각제를 주장해 오다가 1960년 6월 의원내각제로 정부 형태를 바꾸는 헌법 개정안을 통과시켰다. 새로운 국회에서 지배 정당이 된 민주당 내부에는 구파와 신파의 대립이 생겼다. 그들은 무소속 당선자를 자파에 영입하기 위한 경쟁을 벌였고 그해 8월 민주당 구파 소속 윤보선을 대통령으로 선출했다. 윤 대통령은 김도연을 국무총리로 지명했으나 국회에서 한 표 차이로 인준을 받지 못하고 부득이 신파 소속 장면을 국무총리로 임명해 국회에서 근소한 차이로 인준되었다.

장면 총리는 국무위원을 신파 일색으로 구성해 구파의 큰 반발을 샀다. 이후 두 파는 서로를 근본적으로 불신했고, 구파는 신민당을 별도 창당했다. 제2공화국은 10개월 동안 무려 세 차례나 개각을 거듭했다. 윤보선은 상징적인 대통령으로 머물러 있지 않고 구파나 신민당의 이해를 대변하면서 장면 총리와 사사건건 대립했다. 이러한 정치 불안은 5·16 성공의 주요 원인으로 작용했고, 민주화 투쟁을 하던 이들도 이후 내각제로의 전환을 주장하지 않게 되었다.

4·19 혁명 이후 한국 사회는 민주주의라는 이름으로 끝도 없는 시위의 물결로 가득했다. 장면 정부 10개월 동안 거리 시위는 총 2,000여 건, 시위 참가자는 100만 명에 달했다. 매일 7~8건의 시위가 발생한 셈이다. 초등학생들이 교사의 전근을 반대하는 시위를 하고 어른들은 시

위를 그만하라는 시위까지 했다. 경찰은 국회의원이 뺨을 때렸다고 시위하고, 육군 훈련병들은 장교가 하대한다며 시위를 했다.

장면은 안보와 치안의 핵심 세력인 군과 경찰을 숙청과 혁신의 대상으로 삼았다. 선거 공약으로 군병력 10만 감축안을 내놓고 집권 후 감군정책을 추진했으나 미국의 강력한 반대로 3만 명 감축에 그쳤다. 또 잦은 군 지도부 교체로 1년도 안 되는 재임 기간 국방장관이 세 번, 육군참모총장이 네 번이나 바뀌는 등 파행을 거듭했다. 일제 식민지 경찰에 복무한 경력이 있던 경찰서장 81명을 포함해 경찰관 1만 7,000명이 해직되었고 전체 경찰관의 80%의 근무지를 변경했다. 민주당 정권 9개월 동안 경찰 업무를 맡는 내무장관이 다섯 번이나 바뀌었다. 그중 네 명은 각각 한 달씩 재직했다. 경찰의 사기가 떨어져 민주당 집권 기간 범죄가 두 배로 늘었지만, 범인 검거율은 이승만 정부 시절의 90%에서 65%대로 떨어졌고 사회가 혼란한 틈을 타서 깡패와 조직폭력배가 늘어났다.

> 그러나 장면 정부는 이러한 사회불안으로부터 국민을 보호할 수 있는 공권력을 행사하지 못했다. 미국 독립전쟁 당시 제임스 매디슨이 『연방주의자 신문Federalist Papers』에서 지적했던 기본적인 진리, 즉 "좋은 정부는 국민을 제대로 통제해야 하며, 그리고서 정부 자신을 통제해야 한다"라는 진리를 제대로 이해하지 못하고 있음을 보여준다.
>
> — 그렉 브라진스키, 전게서, pp. 186-188

언론의 자유가 보장되자 수많은 언론 매체들이 창간되었다. 일간지는 기존의 41개에서 1960년 12월 말까지 390개로 증가하고 주간지, 월간지, 통신사도 마찬가지였다. 수가 늘어난 언론기관은 정부나 권력기관 비난에 초점을 맞추었고, 이에 정부는 언론규제법을 시행하려다 실패했다.

장면이 정권을 장악한 지 몇 달 후 실시한 여론조사에 의하면 응답자의 3.7%만이 장면을 지지할 정도로 민심이 돌아섰다. 미국 정부는 장면의 리더십에 대해 비관적인 전망을 내놓기 시작했다. 메카나기 주한 미국대사는 본국에 보낸 보고서에서 "정치적 리더십 측면에서 볼 때 장면은 적임자가 아니며 한국 정부는 개인보다는 젊고 유망한 지도자 집단이나 조직에 의존하게 될 것"이라고 예상했다.

— 그렉 브라진스키, 전게서, pp. 188-190

이승만 정부 시절 지하에 숨어든 좌익 세력들이 고개를 들기 시작했다. '인민공화국 만세', '김일성 만세' 등 구호를 외치는 시위대가 등장했다. 1961년 5월 5일에는 학생들 중심으로 '민족 통일 전국 학생연맹'이 결성되어 남북 학생 회담을 제안하는 결의문을 발표하자, 북한은 이를 즉시 환영하면서 서울과 평양에서 개최하자는 공식 성명을 발표했다. 장면 정부는 남북 교류와 학생 회담은 위험해 허가할 수 없다는 입장이었으나 5월 13일 서울 운동장에서 남북 학생 회담 환영 궐기대회가 열렸다. 여기서 "가자 북으로, 오라 남으로"라는 구호가 등장했다. 이 구호는 27년 후인 1987년 학생운동권에 의해서 또다시 반복된다.

북진통일을 주장했던 제1공화국과는 달리 제2공화국은 1948년 유엔처럼 인구 비례 총선거에 따른 통일을 주장했다. 진보당 사건 등으로 제1공화국에서 철저히 탄압되었던 평화통일론이 다시 등장했으나 정부는 선건설 후통일론을 내세웠다. 전쟁을 겪은 지 10년밖에 되지 않은 상황을 고려해 혁신 세력의 주장을 봉쇄했다. 이는 박정희 정부의 대북관으로 그대로 계승되었다. 제2공화국 역시 반공주의적 입장으로 제1공화국과 차이가 없었다. 민주당 구파에 의해 반공 임시특례법과 데모규제법이 제정되었다(이후 국가보안법의 일부로 편입되었고, 집회 및 시위에 관한 법률(집시법)이라는 이름으로 바뀌었다.).

이렇듯 장면 정부는 불과 13년 전 성립한 신생국 체제에 대한 근본적인 도전을 돌파할 만한 능력을 보여주지 못했다. 대다수 국민은 깊은 위기감에 빠졌고 이러한 것들이 5·16 군사정변의 성공 원인이 되었다.

> 1961년 3월 초 「팔리보고서」가 등장했다. 이 보고서는 "장면 정부가 4월을 넘기기 어려울 것이며, 이 사태를 방치할 때 한국에서는 공산혁명이나 그와 비슷한 사태가 일어날지 모른다."라고 경고했다.
>
> — 김일영, 전게서, p. 307

5·16 당시 장면 총리가 가만히 숨어 있지만 않고 은닉 장소에서

미국 대사관과 접촉했다는 문서가 나오자 일부 국사학자들이 제2공화국 붕괴 책임이 미국에 있다고 주장했다. 당시 장 총리가 미국 대사관에 전화를 걸어 한 말은 미국(정확히는 유엔군 사령관)이 한국군에 대한 통제권을 가지고 있으니, 미국이 이 사태를 해결해 달라는 것이었다. 미국이 직접 개입해 달라고 요청한 것이다.

미국이 다른 나라 정치에 개입을 많이 한 것은 사실이고 한국 정치에도 깊이 관여했다. 그러나 미국의 개입 방식은 항상 간접적이고 은밀했다. 이런 식으로 미국이 한국군을 동원해 쿠데타를 직접 진압하면 당장 내정 간섭이라는 비판이 나올 것이므로 미국의 입장은 한국인에 의해 진압이 이루어져야 한다는 것이었고, 그것을 할 수 있는 당사자, 즉 주체는 윤보선 대통령이나 장면 총리밖에 없었다. 그러나 대통령은 온갖 이유를 들어 그것을 거부했고, 총리는 수녀원에 숨어서 미국에 책임을 미루는 모습만을 보여주었다. 그런데도 장면 정권의 몰락을 미국 책임으로 돌리는 것은 그야말로 주체를 빠뜨리는 해석의 전형이라 할 것이다.

군부 통제의 실패

대한민국의 공무원 중 그 인원이 10만 명 이상인 부서는 군, 교육 공무원, 그리고 경찰이다. 이 세 그룹은 국가의 현재와 미래를 지탱하는 핵심 기관이다. 따라서 이들에 대한 통제는 국가 공권력 행사 중 가장 중요한 부분이다. 특히 폭력에 대한 독점적 사용이 근대 민주주의 필수 요건임을 참작할 때 군에 대한 통제에 실패했다는 것은 민주적인 권력을 포기한 것을 의미한다. (Alfred Stepan, 『Rethinking Military Politics』, 1988, p. 5)

한국전쟁 직전 대한민국 국군의 수는 10만 명 남짓이었으나 전쟁 중 70만까지 늘어났고 정전협정 후 60만 정도로 유지되었다. 1인당 국 민소득이 100달러도 되지 않는 나라에서 이를 유지하기는 너무나 벅 찬 일이었으나 냉전과 미국의 원조로 가능했다. 그러나 무력의 관리자 이자 질서의 수호자로서 군부의 역할은 정치 체제의 성격과 무관하게 중요했다. 이승만 대통령은 이미 경찰과 특무대를 통하여 군부에 대한 감시를 소홀히 하지 않았다.

이 대통령은 1952년 제 2대 대통령 선거를 앞두고 직선제 개헌을 시 도할 무렵 1952년 5월 14일 육군본부 내의 평안도 인맥의 핵심인 작 전국장 이용문 장군(이건개 전 서울 고등검사장의 부친)이 장면 전 총리 비 서실장인 선우종원을 찾아와 "이종찬 참모총장도 알고 있고 밴 플리 트 장군의 묵계도 얻어 두었으니" 반이승만 의원들과 함께 쿠데타를 일으키자고 제안했다. 이 대통령은 경찰과 특무대를 통하여 육군본 부 내 흥사단(평안도) 인맥이 장면과 결탁하여 반역을 꾀하고 있다는 보고를 받고 있었다. 또한 반이승만 의원들이 제헌 헌법상의 대통령 간선제에 따라 그해 5월 29일 장면을 대통령으로 전격 선출하려 한 다는 사실을 알고 임시수도인 부산에 있던 국회를 무력으로 압박하고 나섰다. 이것이 부산 정치 파동이다. 이후 미국은 전시 상황에 이 승만 대통령만 한 지도자가 없다는 판단으로 야당 의원들을 설득하 거나 회유했고, 7월 4일 대통령 직선제와 양원제의 발췌 개헌안이 통 과되었다. 새 헌법에 따라 그해 8월 5일 시행된 선거에서 대통령에 이승만이, 부통령에 함태영이 당선되었다.

— 김일영, 전게서, pp. 187-192

한국전쟁이 끝나자, 이승만 대통령은 한국 대통령의 통수권 아래에 있으면서 동시에 유엔군 사령관의 작전통제권에 속하는 한국군을, 탁월한 용인술로 정치화된 군부를 요리했다. 그는 군부의 직업적 이 해를 가능한 한 보장해 주면서 동시에 육군 특무대를 이용해 군부에 대한 감시를 게을리하지 않았다. 또한 군 내부에서 특정 세력이 지 나치게 비대해져 자신에게 도전하는 것을 막기 위해 몇 개의 파벌을 양성하여 서로 견제토록 하는 수법을 사용했다.

　　창군 초기 군 내부에는 크게 광복군 또는 중국군파(이범석, 유동열, 송호성 등), 일본 육사파(이응준, 채병덕, 이종찬, 김석원, 김정렬 등), 만군파(만 주군관학교 출신의 정일권, 백선엽, 박정희, 강문봉, 이주일 등)의 세 파벌이 있 었다. 먼저 이승만은 김구 세력을 거세하려는 의도에서 광복군과 중 국군 출신을 도태시켰다. 그 공간을 메우고 들어온 것이 일본 육사 파였으나 일본 육사파가 비대해지고 그들의 리더인 이종찬이 부산 정치파동 당시 자신의 명령을 거부하자 이승만은 그들 대신 만군파 를 등용하기 시작했다. 이때 만군파 내부에는 백선엽 중심의 서북파

(평안 황해도 출신)와 정일권 중심의 동북파(함경도 출신)가 있었는데 이승만은 양쪽을 번갈아 가며 참모총장에 발탁함으로써 그들 전체를 견제했다.

— 김일영, 전게서, pp. 313-314에서 재인용

이러한 용인술 때문에 이승만 정부하에서 군부의 정치화는 주로 부패로 나타났다. 막대한 군수물자를 빼돌려 사리사욕을 채우고 그중 일부를 정치권에 상납함으로써 자신들의 진급을 보장받는 것이 1950년대 정치화된 군인의 대표적인 모습이었다. 그리고 선거 때마다 여당에 유리하게 군을 동원하는 것도 그 무렵 군의 정치화의 전형적인 모습이었다.

이에 반해 제2공화국의 장면 총리는 군부 통제를 너무 도외시했다. 정부 내의 누구도 군부와 적절한 연결을 유지하지 못하고 있었다. 장면 정부 안에서 군부에 대한 충분한 정보망을 지녔거나 필요한 통제력을 지닌 사람은 아무도 없었다. 이러한 상태에서 이 정부는 군부의 직업적 이해를 보장해 주는 데도 소홀했다.

4·19혁명 거치면서 군의 정치화는 그 양상이 변하기 시작했다. 사회의 민주화 움직임은 군에도 영향을 미쳤다. 군 내부에서도 이승만 독재에 협력했거나 부패한 장성이나 장교들을 추방하자는 움직임이 일어났다. 청년 장교들이 이러한 움직임을 주도했다. 이들은 부패한 정치군인들의 추방과 군의 혁신을 주장했다는 점에서 새로

운 의미의 정치군인들이었다. 이들 청년 장교는 대개 민족주의적 열망에 불타고 있었다. 이들은 조국의 경제적 후진성을 안타까워하고, 어떻게 해야 부국강병을 이룩할 수 있는지, 그리고 그것을 위해 가장 근대화된 조직인 군대가 할 역할은 무엇인지를 고민하는 사람들이었다.

이와 아울러 10만의 군대가 60만 이상으로 갑자기 늘어났다. 전쟁이 끝나자 진급 기회가 줄어들었을 뿐만 아니라, 젊은 나이에 장군으로 승진한 고위급 장교들의 인사 적체가 심했고, 그에 따른 부정부패가 만연했다. 김재춘을 비롯한 육사 5기와 김종필을 대표로 하는 육사 8기가 주축이 되어 5·16쿠데타를 일으켰을 때 이들의 계급은 대개 중령이나 대령이었다. 선배들은 이들과 나이가 비슷함에도 이미 대부분 장군이 되어 있었다. 그러나 이들은 인사 적체 때문에 언제 장군으로 진급할지 알 수 없는 상태에서 1960년 8월 27일 장면 정부는 10만 명을 감군한다고 발표했다.

이에 청년 장교들은 장면 정부가 자신들이 요구하는 부패한 고위 장교들에 대한 숙정은 게을리하면서 군대 수만 줄이려 한다는 사실에 분노했다. 당시 박정희는 군부 내의 주요한 두 파벌인 서북파와 동북파 어디에도 속하지 못했다. 그는 북한이 아니라 남한, 그중에서도 경북 출신이었고 남들보다 진급도 늦었다. 그러나 그는 청렴하고 민족주의적인 군인으로 청년 장교들로부터 존경을 받고 있었다. 4·19혁명 이후 사회적 혼란과 그에 대한 장면 정부의 무기력은 군부가 정치에 개입할 수 있는 좋은 명분을 제공했다. 특히 통일 문제에 관해 학생들과 혁신 진영이 내건 혁명적 주장과 요구는 시민들을 불안하게 했고, 미국이 심각하게 우려할 만한 상황을 만들었다. 군부는 이러한 토양에서 반공과 질서의 수호자로 나섰다.

— 김일영, 전게서, pp. 302-305 참조

한편 쿠데타로 집권한 박정희 대통령은 쿠데타 재발에 각별히 신경을 썼다. 그 방법 중 하나로, 나름 세력을 규합할 수 있는 명망이 있는 군 지휘관들을 전역시켜 대사로 임명하여 해외로 내보냈다. 특임 대사 중에 군 출신이 많은 이유다. 대표적인 경우가 월남전에서 혁혁한 공을 세우고 부하들로부터 신망을 한 몸에 받은 채명신 장군이다. 그는 1972년 유신 개헌에 반대했다가 강제로 예편된 후 주스웨덴 대사를 시작으로 주그리스 대사를 거쳐 주브라질 대사를 마친 1982년까지 10년간 해외에 있었다.

그러나 박 대통령은 전두환 전 대통령과 노태우 전 대통령 등 육군사관학교 11기(1951년 입교) 동기들이 중심이 돼 만들어진 육군 내 비밀 사조직인 하나회를 두둔했다. 하나회는 전, 노 전 대통령을 비롯해 소수의 영남권 장교를 중심으로 육사 36기(1976년 입교)까지 기수 별로 10명 정도를 선발했다. 이들은 1973년 강창성 육군 보안사령관이 '윤필용 사건'을 수사하면서 수면 위로 드러났지만, 박 전 대통령은 이들의 처벌에 미온적이었다. 군내 소수 엘리트 집단이 권력 유지에 필요하다는 판단이 작용했던 탓이다.

하나회는 회원들이 뭉쳐 군내 요직을 밀어주는 등 인사를 통해 군

장악력을 높였고, 1979년 10·26 사건으로 국가권력 중심에 공백이 생긴 틈을 이용해 12·12 군사쿠데타를 일으켰다. 전 전 대통령이 집권하는 동안 하나회 회원들은 수도방위사령부 또는 육군본부 인사참모부 등 주요 직책에 배치되었다. 대도시에 주로 배치됐던 하나회 소속 장교들은 같은 시기 야전을 거친 장교들과 비교해 과도한 인사 혜택을 누렸고, 상명하복의 군 지휘체계 또한 변질시켰다.

군을 좌지우지하던 하나회의 권력은 김영삼 전 대통령 취임 11일 만인 1993년 3월 8일 하나회 숙청으로 마침표를 찍었다. 김 전 대통령은 당일 권영해 국방부 장관을 청와대에 불러 하나회 출신인 김진영 육군참모총장과 서완수 기무사령관을 해임하는 대신, 하나회 출신이 아닌 김동진 연합사 부사령관을 육군참모총장으로, 김도윤 기무사 참모장을 기무사령관으로 전격 임명했다. 하나회 수뇌부를 제거한 김 전 대통령은 이후 장성급 인사에서 하나회 출신을 철저히 배제했다. 이후 김대중, 노무현 정부에서 하나회 출신 중 막내급에 대해서는 장성 진급 문을 일부 열었지만, 권력 독점이나 쿠데타는 일어나지 않았다.

박정희 대통령의 조국 근대화

박정희 대통령의 경제 발전 전략과 방식은 많은 국가에 영감을 주었다. 특히 중국의 덩샤오핑은 '중국 특색사회주의'라는 이름 아래 한국식 경제 발전 모델을 채택하여 성공했다. 많은 사람이 박정희 대통령의 경제 발전 모델을 평가하지만, 외국인 저명한 학자가 바라본 박정희 대통령의 경제 발전 모델 중 대니얼 예긴과 조셉 스태니스로가 함께 저술한 『최고 사령부The Commanding Heights』에서 해당 부분을 발췌 기술했다.

박정희 대통령은 독재자로 등장해서 1962년부터 1979년까지 나라를 다스렸다. 엄격하고 독재적이며 경제 발전에 전념한 그는 '한국 주식회사'의 창립회장이었고, 철권을 행사해 그 역할을 다했다. 그는 정열적인 젊은 장교들과 전문적이며 점차 경험을 쌓아가는 관료들, 광범위한 산업 분야의 발전을 위해 국가적으로 헌신한 국민들의 도움을 받았고, 북한의 끊임없는 위협이 이 모든 것을 추진시켰다.

아시아 국가 중 대한민국은 비록 애증이 엇갈리지만 가장 의식적으로 일본 모델을 채택했다. 경제학자 드와이트 퍼킨스에 의하면 수출해야 한다는 규율을 가지고 정부가 적극 개입하는 체제였다. 확실히 한국이 일본에 집중한 것은 아이러니하다. 일본은 그의 지배자였을 뿐만 아니라 한국인들은 일본 지배에 저항한 오랜 역사가 있다. 일본 지배는 잔혹했고 한국인들은 독립 후 오랜 시간이 지났음에도 억울해하고 있다. 그들은 자신들의 나라를 세우고 국가적 정체성을 갖고자 했다.

그러나 일본 점령 결과 그들 중 상당수는 일본어를 쓰는 학교에서 교육받았고 일본 통산성 모델과 일본 문화의 영향을 받았다. 더구나 동해 건너 경제 강국이 너무나 분명하게 등장하는 것을 볼 수 있었다. 일본 육사를 나와 2차대전 전 2년간 만주에서 장교로 복무한 박 대통령은 그의 발전 전략으로서 더욱 가까운 한일 관계를 추구했다. 통산성의 변형이 한국의 급선무에 도움이 되었다.

나라는 너무나 가난했다. 1963년까지 1인당 GNP는 100달러가 되지 않았다. 군사 통치 첫 10년간 미국원조 감소를 보충하기 위해 수출 증진에 주력했다. 처음의 수출 추진제도는 무차별적이었다. 모든 신청자에게 보호와 다양한 보조금과 지원을 제공했다. 그러나 곧 박정희 정부의 정책 입안자들은 광범위한 영향을 미치는 결론을 찾아냈다. 한국이 국제시장에서 경쟁하고 외국 수입품을 견뎌내려면 큰 회사가 필요하다고 확신했다. 그 목적을 달성하기 위해 다양한 산업 그룹을 통제할 수 있는 지주 회사인 재벌이라는 일련의 전국 챔피언을 추진했다. 박정희와 그 팀은 한 분야 예컨대 정미, 부동산 또는 건설에서 성공한 회사를 골랐다. 이들은 전형적으로 자기 확신이 넘쳐나고 의지가 강한 기업인에 의해 운영되고 있었다. 이들 회사는 저리의 정부 대여금, 세금 혜택 등 그들이 크고 강하며 다양한 산업 그룹이 될 수 있는 온갖 혜택으로 육성되었다. 이렇게 해서 태어난 회사들이 세계적으로 유명한 현대, 삼성, 럭키금성, 그리고 대우이다.

1973년 박정희 정부는 향후 한국의 세계적 역할의 기반이 된 중화학공업 정책을 발족하면서 더욱더 개입주의로 가게 되었다. 이것은 주로 안보를 이유로 행해졌다. 북한은 군사 분야에 특화된 군사 머신machine이었고 그 목적이 분명했으므로 남한의 문제는 멸망을 면하는 것이 근본적인 것이었다. 베트남에서 공산주의자들의 승리가 가까워지자, 박정희와 그 주위 사람들은 미군이라는 안보 방패가 철수할 것을 두려워했다. 그리고 한국은 자주국방 채비가 되어 있지 않았다. 2차 대전 때 사용한 대포는 더 이상 사용할 수 없었다. 미국은 예비 부품을 생산하지 않았기 때문이다. 북한의 T-62 탱크를 막을 대전차무기도 없었고 군용창고에는 3일을 버틸 수 있는 무기밖에 없었다. 1976년 카터 미 대통령의 마군 철수 선언으로 한국의 불안감은 더욱 커졌다. 수긍할 만한 설득이 필요했지만, 카터 대통령은 미군 주둔을 인권과 연결함으로써 권위주의적인 박정희 정부와의 괴리를 더욱 키웠다.

정부 관료들은 중화학공업 계획하에서 근본적인 투자 결정을 했고 이를 신용 통제로 집행했다. 그 결과는 정부와 한정된 수의 대기업 간의 강하고 긴밀한 관계에 기초한 집중된 경제 체제였다. 박 대통령 자신이 현장의 CEO로서 회사를 선택하고 진행 과정을 감시하고 기업 또는 관료적 장애를 동원해 협박하고 헬리콥터를 타고 전국을 돌다가 색다른 장소를 발견하면 이를 덮쳐 직접 확인했다. 또한 박정희 대통령은 목표 달성 관리라는 자신만의 까다로운 방식을 가지고 있었다. 매 신년 초 부처를 방문해 목표와 그 달성 방안을 논의했다. 다음 해 초 각 부처에 찾아가 전년도에 한 약속의 이행을 한 문장씩 확인했다. 80%를 달성하지 못한 장관은 물러나야 했다. 누구나 그 의미를 알았고 그들은 박 대통령이 원하는 고도 지속 성장을 이해하고 있었다.

정부는 6개 전략 지원 산업, 곧 철강, 석유 화학, 비철 금속, 조선, 전자 및 기계 산업을 목표로 삼았다. 재벌이 첨단 기술만을 적극 추진하도록 밀어붙였고 규모를 확대했다. 효율성을 높이기 위해 예컨대 자동차 제조공장은 당시 한국이 16만 5,000대의 자동차를 보유한 상태에서 그 능력을 넘어서는 연 30만 대의 자동차 생산을 해야 했다. 그래서 가능한 한 빨리 수출시장을 개척해야 했고 동시에 국내시장도 창출해야 했다. 재벌들은 신용 거래에서 특혜를 받아 신용 대출이 쉬웠고 정부 지원으로 하락세를 면할 수 있었다. 한국 내에서는 해외 경쟁자는 물론 국내 경쟁자들로부터도 보호받았다. 그들은 생산품의 독점 판매 면허를 받았고 신산업 초기 국면에서는 재벌만이 국내시장 판매가 허용되었다. 정부는 재벌들이 그들 분야에서 엄격한 시간표에 따라 그들 상품이 넓은 범위에 걸쳐 국제경쟁력을 갖추도록 했다. 이를 이행하지 않으면 경제적·정치적 제재가 주어졌다.

그 계획은 매우 강력한 노동관을 가지고 추구되었다. 한 경영자가 말한 것처럼 "한국인은 근면과 규율로서 가난을 극복했다." 정부의 노동 규칙은 매우 엄했다. 노동자들은 고도로 훈련되어 대오가 잘 갖추어져 있었고 1주일간의 노동시간 수는 60시간에 가까웠다. 재벌은 많은 혜택을 받았다. 그룹 내의 상호 출자가 그중 하나였다. 재벌 총수들은 엄청나게 부유했으나 그것이 계속 열심히 공격적으로 일하는 것을 막지 않았다. 그러나 누가 보스인지는 의문의 여지가 없었다. 그들은 정기적으로 청와대에 불려 가 국익에 따라 행동하지 않는다고 질책받았다. 그들은 시키는 대로 하게 되어 있었다.

1970년대 말 정부는 매우 개입주의적인 중화학공업 프로그램에서 물러나기 시작했다. 그 이유는 국내 반대 여론의 증가와 박 정권에 대한 불만 때문이었다. 안정화로의 전환은 인플레이션 억제와 산업화 혜택의 확대로 민심을 달래기 위한 것으로 보인다. 분명한 단절은 박 대통령이 1979년 10월 중앙정보부장에 의해 암살되면서 찾아왔다. 그 후 정권을 잡은 전두환 장군은 안정에 훨씬 더 관심이 많았다. 그는 또한 대재벌과 그들의 상당한 영향력에 적대적이었다.

— Daniel Yergin·Joseph Stanislaw, 『The Commanding Heights』, 1998, pp. 168-171

한일 국교 정상화와 베트남 파병으로 대규모 자금조달

미국 정부의 동아시아 관계자들은 기회가 있을 때마다 한일 관계의 조속한 정상화를 바란다는 발언을 반복하면서 한국과 일본 정부에 압력을 가했다. 평소 민주주의와 의회정치를 존중한다고 입버릇처럼 되뇌던 미국이 박정희 정부의 한일회담 반대 시위에 따른 계엄령 선포를 주저 없이 승인한 것은 바로 이러한 국제정치적 배경이 있었다.

이러한 미국의 정책 방향을 잘 알고 있었던 장면과 박정희는 집권하자마자 일본과의 관계 개선을 서둘렀다. 특히 박정희 정부에게는 대일관계의 개선을 서둘러야 하는 나름의 이유가 있었다. 미국의 원조가 급속히 줄어드는 상황에서 정부는 경제개발 5개년계획을 성공적으로 추진하기 위해 외자 도입이 절대적으로 필요했다. 정부는 제1차 경제 개발계획에 드는 약 7억 달러 중 외자로 약 62%인 4억 2,600만 달러를 충당할 계획이었다. 그러나 이 계획에 착수한 지 2년이 지난 1964년 말까지 외자 도입은 목표액의 30%에 불과했다. 결국 당시 정부의 모든 외교적 노력은 외자 도입에 집중될 수밖에 없었는데, 당시 국제정치적 역학 구도에서 특히 미국의 동아시아 정책 구상과 관련지어 보았을 때 가장 손쉬운 외자 도입원은 바로 일본이었다. 이것이 대일관계 개선을 서둘 수밖에 없던 한국의 사정이었다.

1961년 11월 미국을 방문한 박정희는 군사정부에 대한 미국의 지지를 얻는 방안의 하나로 한국군을 베트남에 파견할 용의가 있음을 제안했다. 이 제안은 아직 베트남에 대한 직접적인 군사개입을 유보하고 있던 케네디 정부에 의해 받아들여지지 않았다. 그 후에도 한미 간에는 몇 차례 유사한 제안과 거절이 반복되었다. 그러나 케네디 사망으로 1963년 11월 출범한 존슨 행정부가 인도차이나에 대한 미국의 적극적인 군사적 개입 정책을 고려하기 시작하면서 사정은 변했다. 미국은 베트남에 대한 직접 개입의 명분을 높이기 위해 1964년 4월부터 우방국의 협조와 참전을 요청하는 소위 다국적 동맹 캠페인More Flags Campaign을 벌이기 시작했다. 그런데 이 제안은 다수의 동맹국으로부터 외면당했다. 이에 미국은 한국이 기왕에 제출했던 참전 제안을 더욱 진지하게 고려하기에 이르렀다.

이후 한국은 미국의 동의와 독려 아래 1964년 9월 22일 의무반과 태권도 교관단 약 140명의 파견을 시작으로, 이듬해 3월에 공병, 수송

등의 비전투요원(비둘기 부대) 2,000여 명, 그리고 동년 10월에는 드디어 전투 병력인 해병대(청룡부대)와 육군(맹호부대) 2만여 명을 보내기 시작했다. 참전 기간 한국은 약 5만 명의 전투병을 상주시켰으며, 1973년 철수할 때까지 연인원 32만 명 정도를 참전시켰다.

> 미국은 베트남전에 군사적으로 개입하기로 한 이후 한일 관계 정상화를 더욱 서둘렀다. 베트남전에 전력을 집중해야 하는 미국으로서는 한국에 대한 지원 부담을 조금이라도 덜고 싶었고, 그 방법은 국교회복을 통해 일본이 그 짐의 일부를 맡아주는 길밖에 없다고 생각했다. 한국군의 파병도 한일 관계 회복이라는 전제 위에서 가능한 것이었다. 따라서 1964년 이후 미국에 있어 한일 관계 정상화와 한국군의 베트남 파병은 한 묶음으로 처리돼야 하는 것이었다.
>
> ― 김일영, 전게서, p. 368

한일 관계 정상화 문제와 비교할 때 파병안에 대한 야당의 반대는 그렇게 강하지 않았다. 원내에서 반대토론을 전개한다든지 표결에 불참하는 것이 야당이 보여준 반대의 주종이었다. 그것은 당시 야당이 한일 협정 반대 투쟁에 힘을 집중해야 했고, 야당의 주요 인사들에 대한 미국의 회유와 압력이 주효했기 때문이다.

박정희 정부도 한일 국교 정상화와 한국군의 베트남 파병이 많은 부작용을 초래하고 자신들에게 상당한 정치적 부담을 가져다줄 것이라는 사실을 잘 알고 있었다. 실제로 대일 종속이 심화했고, 지나친 실리 추구로 인해 명분을 잃음으로써 국제사회에서 한국의 외교적 고립을 초래했으며, 명분 없는 전쟁에 무고한 우리의 젊은이들을 내몰아 4,960명이 죽고 1만 6,000명을 다치게 했다는 비난, 전투 수행 과정에서 한국군이 벌인 무리한 행동으로 인해 베트남 국민이 받은 깊은 상처 등 그 부작용과 정치적 부담은 상당히 컸다.

그런데도 정부는 일단 국가의 발전 방향을 대외 개방으로 선회한 이상 그것이 가져올 경제적 및 군사적 이득이 훨씬 크다고 판단했다. 특히 베트남 참전으로 얻은 10억 달러에 달하는 수입과 35억 달러가 넘는 차관, 그리고 한일 관계 정상화로 일본에서 들어오기 시작한 6억 달러의 청구권자금(무상원조 3억, 유상원조 2억, 민간 상업차관 1억) 및 각종 차관이 합쳐져서 정부는 출범 초기 직면했던 만성적 외화 부족 문제를 상당히 해결할 수 있었다. 이 재원은 정부가 추진했던 경제개발계획에 우선 투입됨으로써 경제적 성과를 토대로 정권의 안정과 연속을 기하려는 박정희의 의도를 실현하는 데 이바지했다. 또한 이것은 새로운 정치자금원으로서 정권의 안정화에 공헌하기도 했다.

— 김일영, 전게서, p. 372

제3공화국 정부는 국내 자본을 총동원해 보려고 했으나 그것만으로는 개발에 필요한 자금을 충분히 확보할 수 없었다. 이러한 일을 해결해 준 것이 한일 국교 정상화와 베트남 파병이었다. 이 두 사건을 계기로 막대한 외자가 유입되기 시작했으며, 상품 및 인력 수출의 문 역시 활짝 열리게 되었다.

정경유착의 변화

1950년대 이승만 정부의 경제정책은 원조물자에 기초한 소비재 위주의 수입대체 산업화였다. 당시 정부는 금융통제, 수출입 규제, 원조물자 배정, 귀속재산 불하 등의 정책적 수단을 가지고 경제를 통제했다. 일부 자본가들은 정치권력과 결탁해 이 과정에서 특혜적 이익(지대)을 추구했으며, 그에 대한 반대급부로 정치권력은 정치자금을 우려내는 거래관계가 성립했다.

그런데 미국의 정책 변화로 1957년을 고비로 원조가 급속히 줄기 시작하면서 원조물자에 주로 의존했던 수입대체형 산업화는 흔들리기 시작했다. 더구나 외환 및 무역 부분에 대한 통제의 고삐를 죄던 이승만 정부가 붕괴하고, 이에 기대어 치부하던 사람들이 부정축재자로 몰리면서 위 정경유착은 그 존립 기반을 위협받게 되었다.

주로 환차익, 수입허가나 원조물자 배정에서의 특혜, 정부 재산의 특혜 불하, 그리고 저리 자금의 융자 알선 등의 영역에서 일어났던 1950년대의 정경유착은 1964년 5월 박정희 정부가 외환 제도를 고정환율제에서 단일변동환율제로 바꾸고 기본환율을 130대 1에서 255대 1로 인상하는 환율 현실화 조치를 단행함으로써 그 의미를 잃게 되었다. 수입 허가권을 둘러싼 유착도 주요 수입품의 80~90%가 자동인가 품목으로 설정되는 네거티브 시스템이 도입됨으로써 더 이상 특혜의 원천이 되기 어려웠다. 그리고 원조물자와 정부 재산의 특혜 불하를 둘러싼 유착 역시 미국의 원조 축소와 대부분의 귀속재산 불하가 1950년대에 완료되었다는 점 때문에 그 의미가 퇴색되었다. 다만 저리의 융자를 알선하고 그 반대급부를 챙기는 유착만은 1960년대에도 여전히 지속되었지만, 그 내용과 결과는 판이했다.

1950년대의 소수의 대기업에 의해 특혜적으로 제공된 저리의 융자는 주로 수입과 수요를 충당하는 데 쓰였다. 그러나 박정희 정부하에서의 저리의 융자와 외자는 주로 수출을 통해 성과를 내는 기업에 주어지거나 국가가 필요로 하는 사회기반시설이나 기간산업 분야에 투입되었다. 따라서 똑같이 융자를 둘러싼 특혜의 추구라 할지라도 1950년대의 그것은 소비적이었다면 1960년대의 것은 성과에 따른 보상의 성격을 지녔다는 점에서 보다 생산적이었다.

― 김일영, 전게서, pp. 373-376

민주주의냐 경제개발이냐

개발 독재와 관련하여 제기되는 문제는 독재 없이도, 곧 민주주의하에서도 경제개발이 가능했다는 주장이다. 그래서 5·16쿠데타는 그 정당성이 없어 설사 경제개발과 근대화에 성공했더라도 5·16 혁명으로 승화될 수 없으며 개발 독재로 인한 저임금, 장시간 노동, 정치 체제의 비민주성 등 폐해는 경제개발에 따른 부수적인 것이 아니고 특정 세력에게 이익을 몰아주어 잘못되었다는 비난이다.

1960년대 초 한국은 민주주의와 경제 발전이란 두 가지 선택의 갈림길에 서 있었다. 선택의 결과 남는 것은 그로 인한 한쪽의 희생이었고, 어느 쪽을 택하는 것이 더 희생을 줄일 수 있을지는 아무도 알 수 없었다. 그것은 양적으로 계산될 문제가 아니었다. 박정희 정부의 가치 선택은 민주주의를 유보하고서라도 경제 발전에 두었다. 그 이유는 산업화 초기 단계에서 민주주의를 선택해 경제 발전을 성공한 선례가 없다는 경험적 근거와 민주주의라는 가치가 중요하긴 하지만 민주주의와 굶주림이나 절대 빈곤 중 하나만을 선택해야 한다면 생각이 달라질 수밖에 없기 때문이다. "사흘 굶어 도둑질 안 할 사람이 없다"라는 속담이 말해주듯이 경제 발전 없는 민주주의는 의미가 없어 적어도 산업화 초기 단계에서는 민주주의보다 경제 발전을 선택한 것은 현실적이고 의미가 있었다.

이와 관련하여 김종필 전 총리는 다음과 같이 이야기한다.

"5·16 군사혁명은 오랜 가난에서 벗어나 남에게 도움받지 않고도 잘 살 수 있는 나라를 만들기 위한 것이었습니다. '곳간에서 인심 난다'라는 말이 있습니다. 먹고 살 수 있어야 민주주의도 하고 다른 사람의 심정도 헤아릴 수 있습니다. 자유민주주의가 아무리 좋다고 한들, 목숨을 부지하기 어려울 만큼 가난하고 힘들게 산다면 사람들은 자유보다 빵을 먼저 찾을 것입니다. 자유민주주의를 하려면 경제 발전이 우선돼야 했던 시기였습니다. 배고픈데 무슨 민주주의가 있고 자유가 있겠습니까? 제2차 세계대전 이후 많은 신생국과 독립국, 후진국이 민주화와 경제 발전이라는 두 마리 토끼를 잡고자 했지만 실패했습니다. 그래서 저는 오래전부터 '무항산 무항심(無恒産 無恒心)'을 주장했습니다. '항산'은 일정한 재산이나 생업을 말하고, '항심'은 너그럽고 여유 있는 마음을 일컫습니다. 항산이 없으면 그저 하루 벌어 하루 먹기도 힘드니 마음이 편안하지도 않고 자유로운 생활도 못 합니다. 반면 재산이 있으면 너그러운 마음이 저절로 생기는 법입니다. 먹고 사는 것도 힘들었던 1950년대와 1960년대에는 경제 발전으로 먼저 민생을 안정시킨 다음에 민주주의를 시도해야 한다는 것이 저의 굳은 신념이었습니다. 그리고 지금까지도 그 신념을 후회한 적이 없습니다. 오늘날 우리가 누리는 민주와 복지는 '경제 건설'이라는 항산으로 '민주주의'라는 항심을 일궈낸 결과입니다."

— 김종필, 『남아 있는 그대들에게』, 스노우폭스, 2018, pp. 248-249

이러한 가치 선택에 입각할 때 1960에서 70년대 박정희 정부에서 일어난 경제 발전은 긍정적으로 평가될 수 있고, 그 과정에서 수반된 많은 희생은 가치 선택의 결단에 부수되는 불가피한 손실로 여겨진다.

이런 평가에 대해 많은 비판이 제기될 수 있다. 다른 가치판단에 입각할 때 비판이 충분히 가능할 것이기 때문이다. 그러나 그런

비판이 의미가 있으려면 다음과 같은 문제가 먼저 고려되어야 한다. 우선 만약 우리가 발전이나 산업화 그 자체를 거부하지 않는다면 그 과정에서 필연적으로 초래되는 희생과 부작용도 어느 정도는 감수할 수밖에 없다는 점이다. 지구상의 국가들 대부분은 지난 200년 동안 전통적인 농업사회로부터 근대 산업사회로의 사회변동 과정을 겪었고, 한국에서 이런 산업화가 본격적으로 처음 시작된 것이 바로 박정희 정부 때인 1960 내지 70년대이다.

그렇다면 여기서 당연히 제기되는 의문이 이 시대에 발생한 여러 문제와 부작용들의 원인을 과연 어디로 귀속시켜야 하는가이다. 박정희 정부 탓인가 아니면 산업화의 불가피한 부산물인가? 양자가 공유해야 할 문제다. 당시가 산업화 초기 단계였기 때문에 발생할 수밖에 없었던 문제들, 예컨대 저임금, 장시간 노동, 정치 체제의 비민주성 등이 있었지만, 그것은 당시 한국이 추구했던 독특한 압축형 산업 발전 전략으로 인해 가중되었고, 그 와중에서 자원의 왜곡 배분이나 1인 장기 집권과 같은 현상도 낳았다고 볼 수 있다.

이렇게 산업화 과정의 불가피한 희생의 측면을 고려했다고 해서 박정희 정권에 대한 여러 비판이 의미를 잃는 것은 아니다. 다만 산업화가 좋고 그름의 가치판단을 떠난 피할 수 없는 운명과도 같은 과정이라는 점과 그러한 운명적 과정을 떠맡아 추진한 박정희 정권에게 그 시대의 모든 문제를 귀속시키는 오류를 범해서는 안 된다는 뜻이다.

― 김일영, 『건국과 부국』 pp. 454-456

1972년의 남북한

지금부터 50년 전인 1972년은 남북한의 경제 수준이 비슷한 시기였다. 그동안 남한보다 잘살았던 북한의 경제는 1960년 이후 경제개발이 계획대로 시행되지 않아 계획한 목표를 달성하지 못하고 있었다. 이에 반해 1961년 집권한 박정희 정부는 초기의 실패를 딛고 수출 주도형 경제 발전으로 고도성장기에 접어든 때였다. 그리고 국제적으로는 중소 분쟁이 미 중간의 수교로 이어지는 해빙 분위기였다. 특히 북한은 1968년 이후 군부 강경파들에 의한 대남 무력도발이 성공하지 못한 가운데 이러한 국제적 분위기에 편승해 김일성 1인 체제를 공식화할 필요가 있었고, 남한의 경우 고도성장을 위한 국가적 역량을 더욱 결집하기 위한 개발독재가 필요하다고 생각하던 때였다.

이에 남북한은 해방 이후 처음으로 정부 당국자들 간의 회담을 성사시켰고 7·4 공동성명을 발표했다. 이후 남한은 10월 유신으로 박정희 1인 독재 체제를 만들었고, 북한은 헌법을 개정해 수령제를 도입했다. 공산당이라는 제도는 레닌과 스탈린이 정권을 잡기 위해 원래의 마르크스주의에는 없던 것을 만든 것으로, 정권을 잡은 후에는 그 산하에 행정부와 군을 둔 집단지도체제였다. 따라서 1인이 수령으로서 공산당을 지배하는 구조는 본래의 공산주의 체제와 배치되는 것이었다. 그러나 북한의 김일성은 1955년 남로당의 박헌영을 숙청한 이후 사실상 1인 지배 체제를 유지하다가 헌법에 수령제를 도입해 명실상부한 수령이 된 것이다. 이제 북한 체제는 수령인 김일성의 영도하에 북조선 노동당이 조선 인민민주주의공화국 정부와 군을 장악하는 구조가 되었다.

남한의 경우는 대통령이 대외적으로는 국가 원수이나 대내적으로는 3권분립의 한줄기에 불과했다. 그러나 10월 유신으로 헌법을 개정해 통일주체국민회의에서 대통령을 간선으로 선출하고 대통령이 국회의원 3분의 1을 임명할 수 있도록 함으로써 사실상 대통령 1인 독재 시대를 열었다. 남한이 10월 유신을 단행했을 때 북한의 어느 기관에서도 비난하는 내용의 성명이나 기사를 낸 적이 없었다. 아마도 자신의 수령제 헌법 개정에 대해 가해질 비난을 사전에 봉쇄하고자 함이었던 것으로 추정된다.

문제는 비슷한 시기 모두 1인 독재 체제를 만들었는데 50년 후 두 정부의 차이가 극명하게 달라졌다는 것이다. 북한의 경우 1인 독재 체제가 반대 여론을 완전히 봉쇄하는 방향으로 나아갔기 때문에 국가적 역동성을 상실해 버린 데 반해, 남한의 경우는 독재가 강화될수록 오히려 이에 대한 반발이 커졌고 이러한 반대가 제도화되었다는 데 그 차이가 있다.

북한은 농지개혁도 남한보다 빠르게 1946년 초에 실시해 주민들에게 토지를 무상으로 분배했다. 그때만 해도 주민들의 생산 의욕이 높았다. 그래서 1953년 휴전 후 3년 만에 경제를 전전 상태로 복구했고, 1956년부터 시행한 경제개발 5개년 계획은 4년 만에 달성하기까지 했다. 그러나 휴전 후 협동농장제를 실시해 무상으로 분배했던 농지를 모두 회수해 열심히 일한 자만 손해라는 인식이 팽배해져 경제활동 의욕이 급속히 줄어들었다. 이에 김일성은 천리마 운동을 시행하는 등 유격대식 경제개발에 박차를 가했으나 1961년 이후에는 경제개발 계획마다 기간 내에 목표를 달성하지 못했고 그 상태는 지금까지 계속되고 있다.

한편 정치적으로는 1945년 말 모스크바 3상 회의 결정에 대해 조만식 등 민족주의자들이 신탁 통치에 반대하여 사회주의자들과 연합 정권이 붕괴하고 민주주의자들이 다수 월남했으며, 한국전쟁 과정에서 반체제 인물들이 노출되어 대규모로 탄압받거나 월남하자 북한에는 사회주의 우호 세력만 남게 되었다. 아울러 전쟁 책임 문제로 박헌영 등 남로당 계열이 몰락했다. 1954년 말부터 1956년 사이 대내적으로는 식량 조달의 어려움과 소비 생활의 궁핍, 사회주의 노선 관련 갈등과 대외적으로는 소련의 스탈린 격하 운동으로 인하여 사회주의권이 동요하자 최창익 등 비주류 계열이 김일성 권력에 정면 도전한 1956년 8월 전원회의 사건이 발생했다. 이 사건을 기화로 김일성은 1960년까지 '이색 사상'에 대한 철저하고 강도 높은 진압을 통하여 1인 독주체제를 구축했다.

북한 내부의 갈등 해소는 아이러니하게도 초기의 급격한 역동성을 상실시켜 버렸다. 곧 근대적인 시민의식의 형성과 시장경제 발전, 노동자계급의 성장이라는 토대 없이 사회주의 이상 사회에 하루빨리 도달하려는 조급성으로 인하여 북한 사회의 다양성과 역동성을 해치면서 체제가 급속하게 경직되는 결과를 낳았다. 사회 경제적 토대가 취약한 상태에서 모든 것을 국가가 주도하게 됨으로써 인민의 개별적인 자각보다는 집단적 자각만이 우선시되었다. 이러한 집단적 자각을 불러일으켜 지속시키기 위해서는 국가의 지도력이 인민 개개인의 삶에 깊이 침투해야 했고, 국가는 일사불란한 지도를 위한 당이 필요했으며, 당은 무오류의 탁월한 지도자인 수령이 필요하게 됨으로써 위와 같은 수령체제의 헌법 개정에까지 이르게 되었다. 그러나 개개인의 자율성보다는 집단적 열정을 동원하는 방식은 피로감을 낳고, 권력 집중은 체제 경직화와 역동성 상실을 낳기 마련이다.

— 김성보, 『북한의 역사 1』, 역사비평사, 2019, pp. 248-251

결국 역동성을 상실한 북한의 경제는 정체상태를 면치 못하고 김정일 집권 때 고난의 행군이라 해 수만 명의 아사자를 내었다. 김일성이 쌀밥에 고깃국을 주겠다고 하거나 김정일과 김정은이 이와 비슷한 발언을 할 정도로 북한 경제는 악화했다. 여기에 핵 개발에 나서자 경제 봉쇄로 인해 북한 경제는 극빈 상태를 벗어나지 못하고 있다.

이에 반해 남한은 1972년부터 1979년까지는 박정희 대통령이, 1980년 이후 1987년까지는 전두환 대통령이 독재 정치를 함으로써 15년간의 억눌림이 1987년 민주화를 갈망하는 대다수 국민의 힘으로 폭발했다. 1988년 이후 그동안 억눌렸던 자유를 마음껏 향유하고 해외로 대거 진출함으로써 경제는 물론 정치, 사회 등 모든 분야에서 그야말로 폭발적인 발전을 이루었다. 때마침 소련이 멸망하고 동유럽 공산주의 국가들이 체제를 전환했으며 중국과의 수교 등으로 세계화의 물결을 탄 대한민국 국민이 못 가는 곳은 전 세계에서 북한뿐이었다. 15년의 독재는 오히려 덩샤오핑이 말한 도광양회韜光養晦(자신의 재능이나 명성을 드러내지 않고 참고 기다린다)의 기간이 되었고, 급속한 산업화를 달성함과 동시에 민주화의 씨앗을 뿌리는 시기가 되었다.

1987 체제로 만들어진 제6공화국 헌법은 5년 단임의 직선 대통령제를 채택했다. 5년마다 대통령이 바뀐다고 했으나 사실상 10년 주기로 여야가 교체됨으로써 산업화 세력과 민주화 세력이 공존할 수 있는 터전이 마련되었다. 이렇게 북한에 비해 남한은 정치·경제 분야에서 경쟁이 끊이지 않고 정쟁 또한 그칠 날이 없어 외견상 불안하게 보일지 모르지만, 국가적 역동성은 단군 이래 최대치에 이르렀고 이것이 대한민국을 세계 10대 강국의 반열에 올린 것이다. 이처럼 1972년 수준이 비슷했던 남북한이 50년이 지난 후에 보여준 현주소는 그 시사하는 바가 크다고 할 것이다.

한편 중국의 시진핑 주석이 1972년의 남북한을 그대로 모방하고 있는 것이 흥미롭다. 북한의 수령제와 같은 형식의 집단지도체제가 아닌 1인 독재 체제의 3연임에 들어갔고, 긴급조치와 같은 반간첩법을 시행해 언론의 자유를 억압하는 등 과거 유신체제를 닮아가고 있다. 그의 미래가 북한을 닮아 장기 집권에 성공할지 아니면 유신체제와 같이 비극적 종말을 고할지 궁금하다.

광주민주화운동

1. 역사적 배경

박정희朴正熙 대통령의 장기간 군사독재가 통치 능력을 상실한 일련의 사태가 1979년 10월 이후 연속적으로 발생했다. 10월 4일 김영삼金泳三 신민당 총재가 국회에서 의원직을 제명당하자, 10월 16일부터 10월 20일까지 부산, 마산 등지에서는 부마항쟁釜馬抗爭이 일어났고, 이의 해결을 둘러싼 노선대립으로 10월 26일 중앙정보부장 김재규金載圭가 박 대통령을 시해했다.

10·26 사태의 사후 수습 과정에서 보안사령관 전두환 소장을 중심으로 한 신군부 세력이 부상했고, 이들은 12·12사건의 하극상을 통해 군부를 장악했다. 1980년 2월 29일 김대중 등이 복권되었으나 그해 봄, 신군부는 최규하崔圭夏 과도정부를 유명무실하게 하고 국민이 요구하는 민주주의와 이를 위한 명확한 정치 일정 제시를 거부하면서 권력 기반을 구축하고 있었다.

군부의 재집권에 대한 국민적 저항은 학생운동을 중심으로 다양하게 표출되다가 강원도 사북사태舍北事態(4월 19~24일)로 대표되는 생존권 문제로까지 확산했다. 5월 1일 대학가 학원 문제가 교외로 확산하면서 5월 13일부터 5월 14일에 걸쳐 서울, 부산, 대구, 광주 등 37개 대학에서 계엄철폐를 요구하는 시위가 벌어졌다.

5월 15일에는 서울역에서 시위가 발생하는 등 학생 시위가 서울 시가지를 거의 마비시키는 등 야간까지 지속되어 사태가 절정에 달하면서 신군부 세력을 위협했다. 5월 16일 24개 대학 학생 대표들은 당분간 시국의 추이를 관망하기로 하고 가두시위를 중단하면서 소강상태에 돌입하는 듯했다.

5월 17일 신군부 세력이 배후 조종하는 비상국무회의가 이전까지는 제주도를 제외한 지역에 한정되었던 비상계엄을 전국으로 확대하는 계엄 포고 10호(17일 24시에 발효, 각 대학 휴교령 포함)를 밤 9시 40분에 의결하고, 밤 11시 40분에 발표했다. 밤 11시를 전후해 김대중金大中, 김종필金鍾泌을 연행하는 등 권력형 부정 축재자 및 소요조종 혐의자, 학생 시위 주동자를 체포했다. 광주민주화운동은 이러한 배경 아래 5월 18일부터 시작되었다.

2. 진행 과정

이 운동이 김대중의 배후 조종이나 계획적인 무장봉기에 의해 촉발되었다는 유언비어도 있지만 외부의 지시나 조종으로 이루어졌다고 보기에는 그 발단이 자연발생적이었다. 신군부를 중심으로 한 집권세력이 국민을 억압하려는 상황에서 이루어진 광주에서 공수부대 중심의 무력 진압이 학생과 시민의 분노를 유발했고 진압의 강도가 높아짐에 따라 자연스럽게 시민들의 무력 저항으로 발전했다.

광주의 대학생들은 5월 14일과 15일 길거리에 진출했고, 5월 16일 다른 지역에서는 소강 국면에 접어들었으나 광주에서는 야간에 횃불 시위가 감행되었다. 5월 18일 0시 5분경 정동년鄭東年 등 광주지역의 복적생과 총학생회 간부들이 예비 검속되었으며, 1시경 광주 일원에 공수부대가 투입되고 각 대학에 계엄군이 진주했다.

이런 배경에서 시작된 5월 18일의 학생 시위는 저항의 발단이었다. 휴교령이 내려지면 교문 앞에서 집결한다는 결의에 따라 학생들은 전남대학교 앞에 모였다. 공수부대원들이 전남대 앞 시위를 저지하자 대학생들은 광주역에 재집결해서 시위했다. 시위대가 점차 늘어나면서 공수부대원이 시내에서 시위 진압에 나섰으며 18일 오후 1시부터 무차별 진압 작전이 이루어져 부상자가 속출했다.

군인들이 금남로 등 시내 중심가에서 학생으로 보이는 청년이나 여자를 마구 구타하고 짓밟으며 찌르는 등의 잔혹 행동을 하자 시민들은 놀라움을 금치 못했다. 이에 시위대는 오후 4시 이후 파출소 파괴 등 적극 공세에 나섰다. 계엄군의 과잉 무력 진압은 시위를 해산시키는 데는 성공했으나 오히려 시민들의 반발을 촉발했으며, 결국 19일 시민·학생 연대 시위가 발생하는 계기를 제공했다.

19일 오전에는 일시적 소강상태였으나 오후 들어서 분노한 학생·시민들이 군 경찰과 공방전을 벌이면서 시위는 점차 격화됐다. 시민들은 공포감에서 벗어나 자신의 생존을 위해 적극적으로 가담하면서 단순한 학생 시위에서 시민 궐기라는 새로운 국면으로 전환되었다.

계엄군은 시위대를 포위해 구타했으며 일부 고등학생까지 포함된 시위대는 돌과 화염병으로 저항했고 파출소와 방송국 등에 침입했다. 뒤처진 공수부대를 공격하거나 고립된 차량을 포위하기도 했으며 총과 방패를 빼앗기도 했고, 오후 4시 50분 시민들에게 포위된 계엄군의 장갑차에서 최초의 발포가 있었다.

19일 밤비가 내리는 가운데 시위가 산발적으로 계속되었다. 20일 오전 비가 그치자, 오후부터 대규모 시위가 다시 시작되었다. 20일 오후 6시부터 택시와 버스 운전기사들이 광주역과 무등경기장에 모여 대형 버스와 트럭을 앞세우고 일시에 금남로에 집결하기 시작했다. 이들을 앞세운 시위는 계엄군을 몰아내는 데 중요한 계기를 제공했다.

시위대는 전라남도 도청을 지키는 군경을 포위하고 접전을 계속했으며 시위는 밤까지 계속되었다. 그 과정에서 MBC와 노동청, 세무서 등이 시위대에 의해 불탔다.

도청과 광주역을 제외한 전 지역이 시민의 손에 장악되었으며 시민에 몰린 공수부대는 20일 밤 11시경 시위군중을 향해 집단 발포를 감행했다. 광주역 앞의 시위대는 날이 밝자 이때 사망한 두 구의 시체를 손수레에 싣고 도청으로 향했다.

20일부터 도시빈민과 노동자들도 시위에 참여하기 시작했고 양측에서 사상자가 발생하자 계엄군에게 실탄이 지급되었다. 많은 희생자를 냈던 20일 밤의 충돌로 시민들은 21일 오전 아세아자동차 공장에서 장갑차와 군용차량을 탈취했다.

이에 계엄군은 정오 무렵 도청에서 시위대를 향해 조준사격을 했으며 결국 시민들은 무장을 위해 오후 1시경부터 화순, 해남, 나주 등 광주의 인근 시외지역에 진출해 무기를 탈취했고 농민도 시위에 참여하게 되었다. 결국 오후 3시경부터 시민들에게 무기들이 지급되어 계엄군과 시가전이 벌어졌다. 시민 궐기가 무력투쟁으로 전환되었다.

시민군과 계엄군의 총격전으로 가장 많은 사망자와 부상자가 생겄다. 21일 오후 5시부터 8시 사이에 계엄군은 광주에서 외곽지역으로 퇴각했다. 5월 22일 아침부터 27일까지 광주를 장악한 시민군은 자치활동을 수행했다. 23일 오후부터 매일 오후 2시에 민주 수호 범시민 궐기대회를 개최했고 26일에는 오전 11시 30분과 오후 3시 2차례 개최했다.

22일 오후 도청에서 도청 간부까지 참여해 구성된 수습 대책위원회(수습위)는 광주시민의 요구를 수렴하기보다는 미온적인 태도로 계엄 사령부와 협상하는 과정에서 원상복구와 사태 회복에 주력했다.

무기 회수를 둘러싸고 수습위 내부는 물론 시민들 사이에서도 견해가 크게 엇갈렸다. 일부 시민은 무기를 반납했으며 일부는 끝까지 싸울 것을 주장해 이러한 갈등은 결국 강·온 대립을 낳았다. 이에 강경파 학생들은 범시민 궐기대회를 통해 수습 대책위원회를 비판하고 25일 밤 10시 새로운 투쟁지도부를 자처한 민주시민 투쟁위원회를 구성했다.

자발적인 시민단체들은 시민 자치와 민주주의공동체 구현에 대해 새로운 시도를 하려 했으나 그 기간이 너무 짧았다. 27일 새벽 외곽 도로를 봉쇄하고 탱크 등으로 무장한 2만 5,000여 계엄군의 대대적인 무력 진압이 감행되었다. 도청에 있던 시민군이 오전 5시 22분에 전원 연행됨으로써 광주지역은 계엄군에 넘어갔으며, 아침 7시 30분경부터 밤 10시 50분경까지 가택수색이 이루어져 광주민주화운동 관련자들이 상무대로 연행되었다.

결국 광주민주화운동은 수많은 사상자를 내면서 막을 내렸다. 서울중앙지방검찰청·국방부 검찰부의 1995년 7월 18일 발표에 의하면 그때까지 확인된 사망자는 193명인데 이 중 군인 23명, 경찰 4명, 민간인 166명이다. 부상은 852명으로 확인되었다.

3. 결과

광주에서 일어난 힘의 투쟁의 결과 신군부의 권력은 확고해졌다. 이들은 김대중과 주요 재야인사들, 그리고 광주민주화운동 관련자들을 내란 기도 혐의로 구속했다. 5월 31일 국가보위비상대책위원회가 구성되었고 7월 14일 김대중 일당 내란 음모 사건이 발표되었다.

결국 신군부의 집권은 기정사실이 되었고, 8월 16일 최규하 대통령이 잔여 임기를 채우지 못하고 하야함으로써 전두환은 8월 27일 통일주체국민회의 대의원의 선거에 의해 제11대 대통령으로 취임했다. 이로써 전두환 정부의 공식 출범이 가능하게 되었다.

1993년 문민정부 출범 이후 광주민주화운동의 진압 방법에 대한 법적 논란이 제기되었다. 1994년 5월 13일 정동년 등 광주민주화운동의 관련자들은 전두환·노태우 등 35명을 내란 및 내란 목적 살인 혐의로 고소했으나 1995년 7월 18일 검찰은 "5·18 관련자들에 공소권이 없으므로 불기소 처분을 내린다."라고 발표했다.

그러나 5·18 특별법을 제정하라는 요구가 있고 노태우盧泰愚 전 대통령이 11월 16일 비자금 관련사건으로 구속되면서 11월 24일 김영삼 대통령은 민주자유당에 "5·18 특별법을 제정하라."고 전격적으로 지시했다. 김영삼 대통령은 국민의 요구에 '역사 바로 세우기'라는 구호로 부응했다.

　11월 30일 검찰은 12·12 사건과 5·18 사건 특별수사본부를 구성하고 재수사에 착수했으며 전두환 전 대통령도 반란수괴 등의 혐의로 12월 3일 구속되어 갇혔다. 12월 19일 5·18 특별법이 국회를 통과했으며, 1996년 1년 내내 전두환·노태우 피고인에 대한 12·12 사건 및 5·18 사건, 비자금 사건 관련 공판이 진행되었다.

　재판 과정에서 전두환은 제5공화국 정부는 합헌 정부로서 내란죄로 단죄하는 것은 부당하다고 주장했으며, 노태우는 이 사건이 사법처리의 대상이 되지 않는다고 주장했다. 이에 재판부가 1997년 4월 17일 12·12 사건은 군사 반란이며 5·17 사건과 5·18 사건은 내란 및 내란 목적의 살인 행위였다고 판시했다.

　1996년 12월 16일 항소심에서 전두환은 무기징역, 벌금 2,205억 원 추징을, 노태우는 징역 17년에 벌금 2,628억 원 추징이 선고되었고, 1997년 4월 17일의 상고심에서 위 형이 확정되었으나 김대중 후보의 대통령 당선 직후 김영삼 대통령에 의해 1997년 12월 22일 특별사면으로 석방되었다.

4. 영향

　5·18 광주민주화운동은 1950년 6·25 전쟁 이후 가장 많은 사상자를 낸 정치적 비극이었으며, 한국의 민주화 과정에 있어 가장 큰 사건의 하나였다. 광주민주화운동을 계기로 한국의 사회운동은 1970년대 지식인 중심의 반독재민주화운동에서 1980년대 민중운동으로의 변화

를 가져왔다. 집권 세력에 대항해 최초로 무력 항쟁을 전개했다고는 하지만 1970년대 저항 운동의 수준과 한계에서 크게 벗어난 것은 아니었다.

광주민주화운동은 뚜렷한 지도부와 이념적 프로그램이 결여된 상태에서 일어난 비조직적 군중의 자연발생적인 자구행위였으며, 방어적이고 대중적인 저항이었다는 점에서 1970년대식 반독재 시민 운동과 그 궤를 같이하고 있다고 할 것이다.

또한 광주민주화운동 기간 중 항쟁의 주체들은 당시 작전 지휘권을 가지고 있었던 미국이 진압을 적극적으로 제지하지 않았다고 판단해 이전의 친미적인 민주화운동과는 다른 인식을 하게 되었고, 운동권이 반미주의로 돌아서는 결정적인 계기가 되었다. 이전까지 운동권은 미국에 매우 호의적이었다. 도덕주의를 앞세운 미국의 지미 카터 행정부가 박정희 군사정권과 노골적으로 날을 세우면서 대한민국의 민주화를 지지했기 때문이다. 하지만 정작 5·18 당시에는 고유가 등으로 지미 카터 정부의 지지율이 크게 하락하면서 최근 반세기 동안 미국 민주당의 연임이 최초로 좌절될 위기에 놓이자 적극 개입을 꺼렸다.

특히 미국 제7함대 소속 항공모함 코럴시 함이 5·18 당시 부산에 입항했는데, 이 소식이 알려지자, 광주에 갇힌 시민들은 미국이 민주주의를 응원하고자 항공모함을 파견했다며 기뻐했다. 하지만 코럴시 함은 단지 계엄군이 시민군과 대치하는 사이에 북한군이 남침하지 않을까 우려해서 E-2A 공중 조기경보통제기를 경계 작전에 투입하기 위해 파견된 것뿐이었다.

이러한 미국의 신군부에 대한 유화적인 태도는 직접 피해를 당한 광주시민은 물론, 나중에 5·18 민주화운동을 해외 언론이 보도한 내용을 반입해 비디오로 돌려보면서 파악한 운동권 대학생들에게 큰 충격과 분노를 안겼다. 이는 곧 미국이 광주에서의 학살을 알면서도 막지 않고 묵인했거나, 심지어 적극적으로 승인했다는 설로 커져 나갔다. 특히 당시 미국 사령관의 작전권하에 있던 20사단이 광주로 왔다는 사실 때문에 학생들 사이에서 광범위하게 믿어졌다. 이후 재판 과정에서 외교부 문서가 일부 공개되면서 사실상 용인했던 것으로 드러났다. 미 국무부 비밀문건 첫 확인 이후 1982년 3월 부산 미국문화원 방화 사건, 1985년 5월 서울 미국문화원 점거 농성 사건 등을 시작으로 미국에 대한 분노를 적극 표출하는 행위로 나타나게 되었다.

그러나 광주민주화운동의 가장 큰 영향은 그동안 진행되어 온 독재 체제에 대한 반감을 국민에게 확실히 심어주어 1987년 민주화운동의 기폭제가 되었다는 점이다. 아울러 광주민주화운동을 목격한 중고생 등을 중심으로 386세대가 되어 반공이라는 정체성을 가진 우리 사회에 크나큰 변혁 운동을 일으키는 주체가 되었고, 결국에는 오늘의 586으로 성장하는 밑바탕이 되었다. 국가의 잘못이 얼마나 엉뚱한 결과를 낳게 되는지를 보여준다.

5. 호남 민심의 변화

한편 호남지역은 개발독재로 인한 혜택에서 소외되었다는 차별의식이 강했다. 그런데 광주민주화운동으로 국가로부터 버림받았다는 생각과 함께 그들의 정신적 지주였던 김대중이 사형선고를 받자, 대한민국에 대한 기대를 저버리고 적대감마저 느끼게 되었다. 그 후 김대중이 호남 기반의 평화민주당(평민당)을 창당하자 호남지역 지역구는 모두 평민당 소속이 당선되었다. 평민당 소속은 막대기만 꽂아도 무조건 당선된다는 공식을 만들어 냈다. 이러한 가운데 김대중이 노태우, 김영삼에게 연거푸 고배를 마시다가 마침내 당선됨으로써 호남 민심은 어느 정도 수습될 수 있었다.

이러한 의미에서 보면 김종필 자유민주 연합(자민련) 총재의 결단이 대한민국의 분열을 막은 선견지명이 되었다. 자민련과의 공동정권이 이루어지지 않았다면 김대중은 또다시 낙선했을 것이고, 호남은 돌아올 수 없는 강을 건널 가능성이 컸다.

6. 명칭

5·18 광주민주화운동은 5·18 민주화운동, 5·18 광주항쟁光州抗爭, 광주학살光州虐殺, 광주사태光州事態, 광주민중봉기光州民衆蜂起, 광주시민항쟁光州市民抗爭 등 다양한 이름으로 불리고 있다. '5·18 광주민주화운동'에 대한 명칭은 사건이 한창 진행 중이던 1980년 5월 21일에 계엄사령관 이희성이 "광주에서 소요 사태가 일어나고 있다."라고 군부 발표에서 언급한 것이 처음으로, 이후 신군부와 언론 등에 의해 '광주 소요 사태' 또는 '광주사태' 등으로 보도되면서 일반화되었다. 이는 광주 자유민주화 항쟁을 '불순분자들이 체제 전복을 기도한 사태'로 왜곡한 신군부의 주장에 근거한 호칭으로 제5공화국 기간 내내 사용되었다. 현

재는 당시 호칭에 익숙한 노년층이나 신군부를 지지하는 일부 인사들이 사용하고 있다.

현재의 명칭인 '5·18 광주민주화운동'은 민주화 직후인 1988년 3월 24일 노태우 정부 산하 민주화합추진위원회가 사건을 민주화운동으로 규정하면서 나왔다. 이후 국회 진상조사 특위가 구성될 당시 통일민주당, 평화민주당측에서는 '민주화 투쟁'이라는 명칭을 주장했으나, 노태우 대통령이 총재, 전두환 전 대통령이 명예 총재를 맡고 있던 집권 여당 민주정의당은 '투쟁'이라는 명칭을 사용하면 투쟁의 대상인 신군부의 책임이 불거질 것을 우려해 '민주화운동'이라는 명칭을 주장했다. 결국 이에 통일민주당이 타협하면서 '민주화운동'으로 합의되었다. 이후 문민정부에서 '5·18 광주민주화운동의 계승'을 자처하고 '5·18 민주화운동 등에 관한 특별법'을 제정하는 등 정부에서 '민주화운동'이라는 명칭을 주로 사용함에 따라 공식 명칭으로 자리 잡았다.

한편, 신군부의 군사독재와 폭력에 맞선 민중항쟁을 광주 민중들이 주도했다는 사실을 강조한 '광주민중항쟁' 또는 '광주항쟁'도 지역사회와 5월 단체 등이 중심으로서 1980년대부터 사용됐다. 사건이 일어난 날짜를 딴 '5·18'도 널리 통용되는 명칭이다.

제5공화국

광주를 피로 물들이며 전면에 등장한 신군부의 체제 장악을 위한 핵심 수단은 폭력과 검열이었다. 1980년 5월 31일 '국가보위비상대책위원회(국보위)'를 설치한 전두환 대통령은 그해 11월14일 중앙일간지 7개를 6개로, 지방 신문 14개를 10개로 통폐합했다. 민간방송인 동양방송TBC 등을 강제로 한국방송공사KBS가 흡수하게 했다. 또한 문화공보부가 국가안전기획부(국가정보원의 전신)와 함께 만든 '보도지침'을 매일 모든 신문과 방송사에 내려 보도 방향을 강제했다. KBS와 MBC의 '땡전 뉴스(오후 9시 뉴스 시보가 "땡"하고 울리자마자 "전두환 대통령은"으로 시작되는 뉴스)'는 5공화국 내내 계속되었다.

1980년 8월 1부터 11월 27일까지 소위 '사회악 일소 특별 조치'로 6만여 명을 연행해 이 중 4만여 명을 '삼청교육대'로 보냈다. 여기에는 조직폭력배 및 강력범죄 혐의자 외에 귀가 중이던 직장인과 학생도 많이 포함됐다. 2007년 국방부 과거사진상규명위원회는 이 과정에서 54명이 사망했다고 집계했다. 박정희 정부 시절의 반공법을 통합한 국가보안법은 사상 통제와 민주화운동 억압의 핵심 도구로 사용되어 국가보안법 위반 혐의로 기소된 사람은 1980년 이후 7년 동안 1,535명에 달했다.

그러나 경제 분야에서는 '경제성장'과 '물가안정'을 동시에 이뤄냈다. 전두환 정부는 암울한 경제 여건에서 출범했다. 1980년 국내총생산GDP 성장률은 마이너스 1.6%, 소비자물가 상승률은 28.7%에 달했다. 성장과 물가라는 경제의 두 축이 휘청거렸다. 경상수지는 적자에서 헤어 나오지 못했고 실업률은 5.2%에 달했다. 국가신용도가 낮다 보니 은행에서 신용장 개설이 어렵고 해외에서 차관을 빌리는 것도 힘들었다. 여기에 박정희 정부 시절 중화학공업 집중 투자에 따른 경제 왜곡 현상까지 불거졌다.

이러한 상황에 직면한 5공화국의 경제정책은 두 가지에 초점을 맞추었다. 하나는 고질적 물가 불안의 해소, 다른 하나는 중화학공업의 전면적 구조조정이었다. 성장과 물가라는 두 마리 토끼를 잡기는 쉽지 않은 일이다. 성장을 추구하자면 물가 상승을 용인해야 하고, 물가를 잡으려면 성장을 우선순위에서 배제해야 한다. 이에 5공화국은 성장 대신 물가부터 잡는 안정화를 택하는 승부수를 던졌다. 공권력으로 공산품 가격 인상을 억제했다. 근로자 임금과 추곡 수매가는 묶고, 수입 규제는 풀어 공급 비용이 올라갈 여지를 줄였다. 여기에 예산까지 동결·긴축해 시중에 돈이 더 풀리는 것을 막았다. 독재정권의 '완력'을 동원하긴 했지만, 결과적으로 물가를 잡는 데 성공했다. 소비자 물가 상승률은 1981년 21.4%, 1982년 7.2%로 낮아지더니 1983년 3.4%까지 내려갔다.

이와 함께 박정희 정부 때 과도하게 추진했던 중·화학공업에 대한 과잉, 중복 투자도 정리했다. 당시 주요 중화학 업종의 가동률은 40에서 60% 수준에 머물렀다. 반면에 생산 재원은 중화학에 묶여 있어 다른 분야에서는 활용되지 못하는 등 경제가 심각한 불균형 상태를 유지했다. 그간 성장 속에 가려졌던 거품이 빠지기 시작한 것이다. 부실기업들을 정부 지원으로 지속시킬 것인지, 아니면 정리를 통해 건강한 기업만 남길 것인지 갈림길에서 과감히 구조조정을 단행했다. 여기에는 전 전 대통령의 경제 가정교사로 불린 김재익 당시 청와대 경제수석의 역할이 컸다. 고도 압축성장을 '안정성장'으로 바꾸는 경제정책의 기조 전환을 역설한 인물이다. 전 전 대통령이 그에게 "경제는 당신이 대통령이야."라며 전권을 맡겼다는 일화는 유명하다.

때마침 세계적인 3저 호황(저달러, 저유가, 저금리)까지 겹치면서 한국경제는 1986년부터 1988년까지 매년 10% 넘는 경제성장률을 달성했다. 1986년 아시안게임과 1988년 서울올림픽을 통해 세계 시장을 향한 발판도 마련했다. 전 전 대통령 재임 기간 1인당 GDP는 1980년 1714.1달러에서 1988년 4754.5달러로 2.8배로 늘었고, 만성적 무역적자도 흑자 구조로 바뀌었다. 한국경제는 지속 성장 궤도로 접어들었고, 중산층도 두꺼워졌다. 부가가치가 높은 자동차, 전자, 반도체 같은 첨단산업이 세계적인 경쟁력을 갖추기 시작한 것도 이 무렵이다. 현대자동차는 1986년 엑셀(프레스토)을 처음 미국에 수출한 이래 2022년 1,500만 대를 미국에 수출하게 되었다. 하지만 이런 경제적 성과도 정경유착과 각종 권력형 비리로 결국 빛이 바랬다.

3S 정책은 영상Screen, 스포츠Sports, 성문화Sex의 약칭으로, 전두환 정부의 상징적인 문화정책으로 꼽힌다. 정치에 대한 국민의 관심을 돌리려고 의도적으로 3S 분야의 발달을 지원했다는 지적이 이어졌다. 컬러 TV 보급으로 영상문화에 관해 관심이 커진 가운데 1981년 영화 상영 검열이 파격적으로 완화되면서 저예산 에로 영화가 붐을 이뤘다. 〈애마 부인〉(1982년 2월)이 물꼬를 텄다. 1982년 개봉작 56편 중 35편이 에로 영화였다. 1982년 1월 5일 야간통행금지 폐지로 모텔, 유흥업소 등의 산업이 급팽창했다.

조직폭력배 등도 극성을 부렸다. 악명높은 OB 동재파(이동재), 양은이파(조양은), 서방파(김태촌) 등이 이때 활동했다. 다음 정권인 노태우 정부가 '범죄와의 전쟁'을 기치로 내걸 정도였다. 1982년 프로야구, 1983년 프로축구 슈퍼리그, 농구대잔치, 민속씨름 등의 스포츠 리그를 대거 창설하면서 전 국가적인 스포츠 오락을 만들었다. 특히 지역연고제 프로야구는 인기가 높았다. 쿠데타로 정권을 잡은 만큼 집권의 정당성을 홍보하기 위해 1986년 서울아시안게임을 개최하고 대기업들을 총동원해 88년 서울올림픽 유치에 성공했다. (『중앙일보』, 2021. 11. 24., pp. 4-6)

민간 주도 경제로의 전환

앞서 말한 것처럼 전두환 정부가 집권했을 때 박정희 정부의 중공업 중시와 국가 주도 경제는 더 이상 성장을 멈춘 상태였다. 1980년 GDP 성장률은 마이너스 1.6%, 소비자물가 상승률은 28.7%, 실업률은 5.2%에 이르고 있었다. 이에 전두환 정부는 더 이상의 국가 주도 성장이 어렵다는 것을 깨닫고 시장 순응적 안정으로 방향을 돌렸다. 거시 안정화 정책 수단으로 재정 긴축, 통화 안정, 임금 동결을 채택했다. 그 결과 관료 조직과 공기업에 대한 대대적인 기구 감축이 단행되고, 사회간접자본 투자도 줄어들어 노태우 정부 때 대대적인 사회 간접투자가 불가피할 정도였다. 노동조합법 등 5대 노동 관계법 개정을 통해 임금 상승의 원인이 되는 노사분규도 철저히 막았다. 이를 바탕으로 민간 주도 경제를 확립하고자 했다.

국민경제에 대한 폭넓은 구조 조정을 통해 경제 운용 방식을 시장 지향적으로 바꾸고자 했다. 이를 위해 산업구조와 투자의 재조정, 산업 지원의 기회균등, 경쟁 촉진, 금융 자율화와 시장 개방 등의 정책 수단을 썼다. 과거의 전투 양상은 총사령관이 군대의 가장 뒤에서 망원경으로 전투 상황을 보면서 "1중대 진격", "2중대 진격" 등으로 모두 총사령관의 지시에 따라 움직였다. 그러나 기관총이 발명되면서 과거와 같은 정면 공격은 대규모 살상이 발생하자 우회detour라는 개념이 생겨났고, 그와 아울러 일선 지휘관에게 재량이 부여되었듯이 국가 주도 경제가 한계에 이르자 일선 기업에 그 주도권이 넘어간 것이다. 곧 국가가 퇴각하기 시작한 것이다.

물론 이러한 정책들로 인해 민간 주도 경제가 하루아침에 실질적으로 확립되지는 않았다. 금융(특히 제1금융권)에 대한 국가 통제는 그렇게 쉽게 풀리지 않았다. 국가는 그것을 매개로 여전히 자본에 대해 상당한 영향력을 행사할 수 있었기 때문이다. 그러나 이러한 경제 자유화 조치를 이용해 국가에 대한 자본의 자율성을 점차 높여간 것은 사실이다. 특히 대기업은 공기업 민영화와 제2금융권에 대한 자유화 조치를 이용하여 국가에 대한 자신들의 힘과 자율성을 신장시킬 수 있었다. 이것이 6공화국 이후 민간 주도 경제가 급성장할 수 있었던 배경이다.

한편 전두환 정부는 권위주의적 통치 방식을 놓치지 않았다. 이렇게 정치와 경제 사이에 비대칭성이 발생한 이유는 5공 정부는 정치적이건 경제적이건 상당한 비용이 드는 경제에서의 정책 기조 변화를 단기간에 수행하면서도 비용은 될 수 있는 대로 적게 들이고자 했다. 그래서 그들은 정치는 과거 스타일로 유지하면서 그것을 통해 확보하는 힘과 정치사회적 안정을 토대로 경제에서 급속한 전환을 달성하고자 했다. 국가 주도적 성장전략을 시장 순응적 안정 전략으로 단기간에 전환하기 위해서는 전자의 정책 아래에서의 피해층(기층 민중)은 물론이고 수혜층(대자본가)에 대해서도 일정 부분의 양보를 끌어낼 필요가 있었다. 그것은 자본에 대한 국가의 자율성과 기층 민중에게 계속하여 불이익을 강요할 수 있는 힘이 필요했다. 그런데 바로 그 힘을 보장해 줄 수 있는 것은 권위주의밖에 없었다. 이것이 당시 정치와 경제 사이의 불균형이 발생할 수밖에 없었던 이유다.

— 김일영, 전게서, pp. 426-428

대표적인 것이 자가용My Car 시대를 연 교통사고처리 특례법 시행과 한강의 수해를 근절한 올림픽대로의 개통이었다. 당시 교통사고로 4주 이상의 상해가 발생했을 때 대부분 구속되는 상황에서 자가운전은커녕 운전하는 것 자체가 큰 위험을 안아야 했다. 자동차를 대량생산 판매하는 대기업으로서는 법적 안전 정치가 필요했다. 전두환 정부는 사망이나 중대한 과실로 볼 수 있는 몇 가지 예외 사유를 제외하고는 당사자 간의 합의나 자동차보험에 가입했을 때 공소권이 없도록 하는 교통사고 처리 특례법을 통과시켰다. 이후 자가운전에 대한 위험이 크게 줄어들어 자동차의 내수 판매가 촉진되었으며 자가용 시대를 열었다.

여름 장마가 지면 한강 하류 지역인 마포구 망원동 지역은 상습 침수지역이 되었다. 그리고 서울 동서를 잇는 도로는 차량이 많아지면서 교통체증에 시달렸고 동서 간의 물류 유통이 원활하지 못했다. 그러나 도로 확장은 토지 수용에 많은 저항과 비용이 들었기 때문에 사실상 불가능했다. 전두환 정부는 홍수 피해와 동서 교통 원활을 위한 방안으로 올림픽도로를 건설하면서 한강 변을 정비했다, 이후 김포공항에서 잠실 올림픽 경기장까지 자동차 전용도로가 생겨 인적 물적 교통이 원활해졌고 상습 침수로부터 해방되어 장마 때마다 수해를 입는 일이 없어졌다.

박정희 정부 때의 독재 정치와 국가 주도 경제에서 노태우 정부 때의 민주 정치와 민간 주도 경제로 넘어가는 과정에서 전두환 정부는 독재 정치로 이에 대한 가교 구실을 했다. 그러나 정치와 경제의 불균형 상황이 되자 이러한 불균형을 해소하려는 정치 반격이 시작되었다.

이런 반격은 1984년 전두환 정부가 허용한 유화조치로 상대적으로 넓어진 정치적 활동공간을 배경으로 시작되었다. 여기에는 1985년 2·12 총선으로 다시 정치의 장으로 복귀한 정치인들은 물론이고 노동계급을 중심으로 하는 기층 민중과 학생, 지식인 등 거의 모든 계층과 세력이 참여했다. 이로부터 1987년 6월 항쟁까지의 민주화 투쟁 과정은 정치와 경제 간의 비대칭성을 시정하기 위해 벌인 정치의 반격으로 볼 수 있으며, 노태우 정부부터 진행되는 민주화 과정 역시 양자 간의 균형을 맞추려는 노력으로 볼 수 있다.

이러한 정치적 민주화 과정에서 폭발적으로 시민사회가 분출했다. 자본가 외에 노동자, 농민, 빈민 등 다양한 이익 집단이 제 목소리를 내기 시작했다. 각 부분에서 사회정의를 주장하는 시민 운동단체들도 생겨나기 시작했다. 시민사회의 활성화로 인해 그동안 국가가 시민사회에 대해 누리던 제한 없는 자율성이 제약되기 시작했다. 이제 국가는 정책 과정에서 그동안 상대적으로 등한시했던 시민사회의 목소리를 의식하지 않을 수 없게 되었다. 그동안의 성장지향정책은 수정을 강요받았고 상대적으로 분배와 복지 문제에 신경을 쓰지 않을 수 없게 되었다.

전두환 후반기는 경제적 자유화의 경향과 정치적 비민주성 사이의 충돌이 노골화된 때였다. 다시 말해 정치와 경제 간의 불균형의 시정을 요구하는 정치의 맹렬한 도전이 이뤄졌다. 이때를 기점으로 국가는 경제 자유화 정책에서 기인한 대기업(자본)의 도전과 정치민주화로부터 오는 시민 사회세력의 도전에 직면하게 된 것이다.

— 김일영, 전게서, pp. 428-429

개발 독재의 대가代價

국가 주도로 이루어진 개발 독재는 매우 빠른 속도로 세계에서 가장 빈곤한 국가를 선진국으로 끌어올리는 엄청난 힘을 발휘했다. 그러나 개발 독재의 이면에는 거기에서 소외된 사람들의 많은 희생이 뒤따랐고, 독재의 필연적 결과인 부정부패가 나타났다. 군부에 의한 개발 독재라는 한계 때문에 군부와 독재는 한국인들에게 부정적인 것으로 각인되었다. 심지어 불법 집단으로까지 매도되는 불행한 역사를 가지게 되었다. 이에 대해서는 외국인의 눈에 비친 개발 독재에 대한 대가를 아래와 같이 기술한다.

> 한국은 경제적 성공에 대한 무거운 정치적 불이익을 받아야 했다. 엄청난 국가 개입은 엄청난 부패 기회를 제공했다. 한국 스타일의 산업정책은 국가가 총애하는 기업에 막대한 보조금을 주고 총애받은 기업은 그 대가를 지불해야 한다. "국가와 가깝게 지내지 아니하면 한국 시장에서 살아남을 수 없다. 한국에서 기업을 경영하고자 하는 기업인은 사업을 만드는 데 필요한 자금 흐름을 위한 비공식 규칙, 곧 뇌물을 제공하여야 한다"라고 한 기업인은 설명했다. 1987년 대통령 선거에서 분열된 야당 덕에 전두환 대통령이 엄선한 후계자인 노태우가 당선되었다.
>
> 그러나 대중은 점차 불평등과 부패는 물론 권위주의와 억압에 분노했다. 한국주식회사의 관리자인 장군들과 정치인들은 너무 많은 수익을 챙겼고, 투명성 요구는 더 이상 차단할 수 없었다. 1993년 새로 당선된 김영삼 대통령은 반부패운동에 착수했다. 이는 그 소탕에 있어 포괄적이었고 정치적으로 큰 인기를 얻었다. 그 결과 전·노

두 대통령은 1979년 쿠데타, 1980년 광주민주화운동 시 대학살로 기소되어 유죄판결을 받았다. 동시에 8명의 재벌 총수들도 노 대통령에 대한 뇌물 공여로 징역형을 선고받았다. 노 대통령에 흘러 들어간 비공식 자금은 공소장에 의하면 매우 많은 6억 5,000만 달러였다. 수치스럽게 수갑을 차고 두 손으로 서로 손을 꽉 잡은 두 전직 대통령은 1996년 8월 선고를 들었다. 노태우 대통령은 징역 22년, 전두환 대통령은 사형을 선고받았다.

그 결과는 한국을 세계 경제의 선두로 나가게 한 전체 시스템에 대한 기소였다. "한국의 경제 발전 국면에서 과거에는 정상적이고 필요했던 것들이 이제는 심문받고 있다. 발전의 다음 단계에 들어가는 보다 성숙한 경제는 시장, 정부와 산업화의 재편성이 필요한 것이다."라고 한국 경제 개혁위원회의 한 의원은 견해를 밝혔다.

오랜 기간의 군사독재는 복잡하고 어려운 유산을 남겼다. 그러한 세월이 한국을 경제 강국으로 변화시켰고 생활 수준을 기대 이상으로 향상하게 했다. 또한 북한의 완강한 적대행위와 위협으로부터 확실하게 살아남게 해주었다. 그러나 많은 한국인은 군사정권에 반대하면서 이를 민주주의를 파괴하고 매우 권위주의적인 방식으로 통치한 불법적인 정권으로 여기고 있다. 그러한 과거를 어떻게 다루느냐가 한국이 계속 싸워야 할 대상인 것이다.

— Daniel Yergin·Joseph Stanislaw, 전게서, pp. 172-173

3

정치권력의
교체

제6공화국의 탄생

1945년 8월 15일 일제의 강점기에서 벗어난 우리 민족은 환희와 희망이 넘쳤다. 그러나 항일투쟁 과정에서의 좌우 대립은 미군정 아래서도 3년 동안 계속되었다. 어렵게 1948년 8월 15일 남한에서만이라도 합법정부를 수립했다. 북한도 그해 9월 9일 조선 인민민주주의공화국이라는 공산주의 체제를 만들었다. 그리고 2년도 채 되지 않아 북한의 김일성은 삼국시대 신라의 김유신 이래 처음으로 무력으로 통일을 시도했다. 제1공화국은 1950년 6월 초 농지개혁을 단행한 결과 국민의 애향심과 애국심을 바탕으로 미국의 도움을 받아 김일성의 한반도 적화 야욕을 꺾을 수 있었다. 또한 이승만 대통령의 탁월한 외교력으로 미국 역사상 처음으로 군사동맹을 맺고 미국의 원조로 60만 대군을 양성함으로써 국가안보를 공고히 했다. 전쟁으로 아무것도 남아 있지 않은 나라는 미국의 전폭적인 원조로 조금씩 소생하기 시작했다.

제2공화국은 이승만 대통령의 장기 집권에 대한 국민적 저항에 힘입어 탄생했다. 그래서 민주적인 정치 시스템을 구축하고자 노력했으나 아직 민주주의를 제대로 시행할 물적 기반이나 능력이 없었을 뿐만 아니라 집권 민주당 자체가 신구파로 나뉘면서 제대로 힘을 쓰지 못하고 한국전쟁으로 미국의 선진행정 시스템을 익힌 신진 엘리트 군부에 의해 1년여 만에 붕괴했다.

제3공화국은 군사 쿠데타로 집권했으나 민정 이양 조치를 거쳐 박정희 대통령이 선거에 의해 당선됨으로써 그 정통성을 확보하고 제2공화국에서 시행하려던 경제개발 5개년계획에 착수했다. '우리도 한번 잘 살아보세'라는 구호가 전 국민의 각성을 가져왔다. 외국의 원조에 의존하던 기존의 방식에서 탈피해 자립, 자조, 협동이라는 기치 아래 군사 정변의 이상을 국민혁명으로 승화시키고자 했다. 아무런 자원도 없는 나라, 오직 사람만이 자원인 국가에서 대외무역만이 살 길이라는 신조로 수출입국을 세워 나갔다. 이에 필요한 돈은 베트남 파병으로 인한 특수, 한일 협정으로 받은 대일청구권자금과 독일에 파견된 광부와 간호사들의 임금을 담보로 받은 독일차관 등이었다. 경부고속도로를 세계 고속도로 건설 사상 최단기간 내 최소 비용으로 건설함으로써 산업의 혈관을 만들었고, 많은 사람이 불가능하다고 반대하는 것을 무릅쓰고 산업의 쌀인 포항제철 공장을 건설했다. 벼 수확량에 막

대한 영향을 주고 연례행사가 되다시피 했던 홍수 피해를 막기 위해 산림녹화 사업도 군사 훈련하듯이 해냈다. 이러한 근대화 사업은 민주적인 방식으로는 너무나 더디고 실효성이 없다는 인식하에 사실상의 독재가 용인되었다. 이는 개발독재라는 이름으로 그 후 중국이나 베트남이 따르는 모델이 되었다. 그러나 이 과정에서 민주화를 바라는 많은 사람의 권위주의에 대한 저항이 계속되었다.

제3공화국 정부의 조국 근대화 열정은 '내가 아니면 안 된다'는 사고에서 정권의 연장을 획책했다. 마침 1970년대로 접어들면서 미국은 "아시아의 안보를 더 이상 미국이 보장해 줄 수 없다"는 닉슨 독트린을 선언하고 베트남에서 미군을 철수하고 주한미군 감축을 결정했다. "일본 사람은 지진의 공포에 시달리고 한국인은 전쟁의 공포에 시달린다."라는 말이 있듯이 북한의 도발이 계속되는 상황에서 주한미군 감축은 한국인들에게 큰 불안을 일으켰다. 이에 대해 박정희 정부는 국가안보와 사회 질서 확립을 최우선 과제로 내세우고, 지속적인 경제성장을 위해서는 강력하고 안정된 정부가 필요하다고 역설하면서, 1972년 10월 17일 유신을 선포했다. 헌법을 개정하고(유신헌법이라 불렀다.) 유신체제를 수립했다. 이는 제4공화국으로 불렸다.

유신체제는 의회주의와 삼권분립을 원칙으로 하는 기존의 헌정 체제가 아니었다. 강력한 통치권을 대통령에게 부여하는 권위주의적 통치 체제였다. 명분은 국가 행정 능률을 극대화하고 국력을 한곳으로 모아 사회를 조직화한다는 것이었지만, 실제로는 개인의 자유와 민주주의 정치 활동을 제약하는 독재 체제였다. 대통령을 직선하는 게 아니라, 통일주체국민회의를 신설해 여기에서 대통령을 선출하는 간선제였다. 여기에 국회의원 3분의 1을 대통령이 추천함으로써 장기 집권의 길을 열었다. 통일주체국민회의 대의원들이 체육관에 모여 대통령 선거를 했기 때문에 체육관 선거라는 조롱이 나왔다. 긴급조치 위반으로 많은 사람이 고초를 겪었다. 1979년 10월 부산 마산지역 시위(부마사태라고 불렀다.)가 발생하고 10월 26일 김재규 중앙정보부장이 박 대통령을 시해함으로써 유신체제는 붕괴했다.

박 대통령 타계 후 최규하 국무총리가 대통령 권한대행을 하다가 12월 6일 통일주체국민회의에서 제10대 대통령으로 선출되었다. 며칠 후인 12월 12일 전두환 보안사령관이 주도해 하나회 중심의 신군부 세력이 군사 반란을 일으켜 실권을 장악했다. 신군부는 '서울의 봄'이라고 일컫는 국민의 민주화 요구를 계엄령으로 억누르고 1980년 5월 17일 비상계엄을 전국적으로 확대한 후 5·18 광주민주화운동을 유혈 진압했다. 1980년 5월 31일 전두환 상임위원장의 국가보위비상대책위원회가 설치되어 내각을 장악하고 8월 16일 최규하 대통령을 사임시켰다. 박중훈 국무총리가 대통령 권한대행을 수행하며 8월 27일 통일주체국민회의에서 전두환 상임위원장이 대통령으로 선출되었다. 9월 1일 취임한 전 대통령은 10월 계엄령하에서 국민투표를 실시해 제5공화국 헌법을 확정 공포했다. 1981년 2월 개정된 헌법에 따라 대통령 선거인단의 간접선거에 의해 전 대통령이 선출되어 3월 3일 임기 7년의 단임제인 제12대 대통령으로 취임함으로써 유신체제가 막을 내리고 제5공화국 정부가 출범했다.

제5공화국은 국회의원 3분의 1을 대통령이 추천하게 한 제도를 폐지하고 국회의 권한을 강화했으며, 일반 법관 임명권을 대통령에서 대법원장으로 이양함으로써 사법부의 독립을 강화했다. 경제 분야에서 과거 성장 제일주의 정책에서 벗어나 안정 우선 정책을 추진했다.

　　그러나 5·18을 무력 진압하고 수립된 정권이라는 태생적 한계와 일해재단 등을 통한 부정부패, 민주화운동 탄압, 고문 등 인권 유린 행위로 인해 1987년 6월항쟁을 촉발했고, 6·29 선언으로 대통령 직선제 개헌을 약속할 수밖에 없었다. 1987년 10월 29일 제9차 개정 헌법에 따라 그해 12월 6일 노태우 대통령이 당선되어, 1988년 2월 25일 임기 5년 단임제의 제13대 대통령으로 취임함으로써 제6공화국이 출범했다. 6공화국 출범 전까지 1인당 국민소득을 100달러에서 3,000달러까지 올려놓음으로써 대한민국이 가난과 궁핍에서 벗어나 중산층 중심의 민주국가로 지속 발전할 수 있는 초석을 다졌다.

　　1987년 체제로 현행 헌법인 제6공화국 헌법이 탄생했다. 이를 제도적 민주주의의 완성이라고 부른다. 여기서 민주주의는 단순한 민주주의가 아닌 자유민주주의를 일컫는다. 우리 대한민국은 어떠한 정부를 선택할 것인가의 절차인 민주주의를 이미 시행해 왔던 나라이고, 국가의 목표인 헌법상의 자유주의constitutional liberalism가 그동안 유보되거나 제대로 시행하지 못하다가 제6공화국으로 비로소 자유민주주의를 구현하게 되었기 때문이다. 세계가 대한민국이 산업화와 민주화를 이뤘다고 칭찬하는 것은 자유민주주의를 이루었다는 의미이지 단순히 민주주의를 이루었다는 뜻은 아니다.

그러나 이러한 87 체제가 자리 잡기까지는 많은 진통이 뒤따랐다. 여소야대의 노태우 정부는 끊임없는 반체제, 반정부 시위와 파업에 시달려야 했다.

제6공화국과 검찰

제1공화국은 경찰을 정권 유지의 도구로 활용했고, 박정희 정부는 5·16 군사쿠데타로 집권한 후 18년 동안 군을 동원하여 정권의 위기를 극복했다. 군대 동원에 대한 비판을 의식한 전두환 정부는 군이 아닌 경찰을 동원했다. 경찰이 치안 유지를 하게 되면 범법자들(시국사범 포함)은 법 절차상 검찰과 법원을 통하여 처벌받게 되어 검찰과 법원이 자동으로 개입하게 된다. 제5공화국은 처음에는 김재규 중앙정보부장의 박 대통령 시해 사건 수사를 계기로 중앙정보부보다는 보안사령부(나중에 기무사령부로 바뀌었다.) 중심으로 정보수집 및 국내 사찰을 하다가, 나중에는 중앙정보부를 국가안전기획부(안기부)로 바꾸어 힘을 실어주었다.

시국사건의 경우 보안사와 안기부가 주축이 되고 여기에 경찰을 동원한 정권 유지는 그 정책 결정 과정에 검찰이 관여할 여지는 거의 없었다. 특히 유신정권 때 '유신 사무관'이라 하여 장교들을 행정 공무원으로 특채했지만, 검사나 판사를 대신할 수는 없었고 검사나 판사를 그다지 신뢰하지도 않았다. 따라서 1980년대 재야 운동권의 민주화 투쟁은 그 대상이 보안사, 안기부, 경찰이었지 검찰은 그 대상도 되지 못했다.

1987년 6월 6·29 선언으로 사실상 민주화 투쟁이 승리하고 대통령 직선제 개헌이 이루어지자, 대한민국 정부 수립 이후 지속되었던 기나긴 독재정권은 사실상 그 종언을 고한다. 많은 국민은 민주화 투쟁에 앞장선 YS(김영삼)와 DJ(김대중)이 화합하여 진정한 민주 정부가 수립되기를 희망했으나, YS와 DJ가 대결하고 여기에 노태우 대통령과 JP(김종필)까지 가세한 대통령 선거에서 노태우 대통령이 당선됨으로써 그 희망은 열매를 맺지 못했다.

노태우 정부는 독재정권에서 민주 정부로 넘어가는 과도기에서 그 역할을 기대 이상으로 해냈다. 기존의 산업화 세력과 민주화 운동 세력이 공존하면서 큰 충돌 없이 정권교체가 가능했기 때문이다. 그러나 급진 좌파 운동권들은 이것에 대해 반발했다. 해방 이후 처음으로 소위 민중민주 세력을 총 규합하여 노태우 대통령의 중간평가 공약을 지키라면서 매주 말 대학로에서 집회를 열었다. 당시 1만여 명이 매주 말 모였으니 그 규모나 영향력이 대단히 컸다.

노태우 정부는 1988년 집권 후 5공화국 비리 수사로 전두환 대통령을 백담사로 보낸 뒤라 재야의 요구에 커다란 위기의식을 느꼈다. 새로운 헌법에 따라 수립된 첫 민주 정부의 붕괴에 대하여 대다수 국민도 불안해했다. 이런 상황에 이르자 기존에 치안 유지를 담당했던 경찰, 안기부 등은 소위 양다리를 걸치는 행태를 보였다. 관계기관 대책 회의만 할 뿐 구체적인 방안이나 대책이 없었다.

이러한 때 첫 2년 임기제 검찰총장이 된 김기춘 총장이 전면에 나섰다. 1989년 초 '전국민족민주운동연합(전민련)'에 대한 수사에 착수한 것이다. 전민련 대표인 이부영 등이 판문점에서 북한과 자의적으로 접촉하려는 것을 계기로 그해 4월 3일 '공안합동수사본부'를 발족했다. 이재오 전민련 조국 통일위원장과 고은 민족문학작가회의(민문작) 의장을 국가보안법 위반으로 구속한 것을 시작으로 이부영 상임대표 등 전민련 관련자를 속속 구속함으로써 전민련이 사실상 해체되고 대학로 집회도 차츰 소멸했다.

김기춘 총장은 '화염병 시위 엄단'이라는 기치를 내세워 여론의 전폭적인 지지를 받았다. 그는 폭력시위 근절에 총력을 기울여 '미스터 법질서'라는 애칭을 얻었다. 이 때문에 청와대 국무회의에 검찰총장이 참여하게 되었다. 국무회의에서는 국무위원들이 모두 검찰총장 얼굴만을 쳐다보았다는 일화가 있을 정도로 정부 내에서의 검찰의 위상은 높아졌다. 노 대통령은 공안 유공 검사들을 초청하여 오찬 행사를 할 정도로 검찰에 신뢰를 보냈다.

5공화국 때는 단순히 송치된 시국사건의 뒤치다꺼리에 머물렀지만, 검찰은 그 과정에서 공안사건에 대한 전문성을 확보하게 되었고, 6공화국에서는 명실상부하게 경찰을 지휘하며 각종 공안사건의 주재자로서 등장하게 되었다. 공안사건은 화염병 시위 외에도 노사분규, 선거사범 등을 포함하여 전국적으로 처리해야 하는 통일된 기준이 필요했다. 경찰이나 노동부의 능력으로는 이를 감당할 수 없었다.

특히 검찰에는 이러한 기획력과 추진력을 갖춘 인재들이 많았다.

대표적인 인물이 이용문 장군의 아들인 이건개 검사장이었다. 그는 김기춘 검찰에서 대검찰청 공안부장으로서 전민련 해체, 노사분규의 사법처리, 특히 선거사범 처리에 대한 전국적 일반 기준을 수립하는 등 노태우 정부에서의 과도기적 혼란상을 수습하는데 빼어난 실력을 보였다. 그 결과 서울중앙지방검찰청 검사장으로 영전한다. 과거 박정희 정부 당시 30세의 나이로 최연소 서울시 경찰국장을 역임한 까닭에 경찰과의 관계도 원만하여 경찰이 검찰의 지휘를 큰 거부감없이 받아들였다.

이러한 검찰의 위상은 그 후 상당 기간 지속되었다. 검찰은 국법질서 확립이라는 목표를 향해 일로매진했지만, 국민의 눈에는 또 하나의 권력기관이 탄생한 것이다. 공안사건 처리의 대상에는 우리 사회의 약자가 대부분이다. 따라서 검찰은 약자의 편이 아닌 권력을 편드는 조직으로 비치기 시작했다. 집권 여당은 이러한 검찰을 활용하여 정적을 제거하는 데 활용하고자 했다. 정치적 음모를 알았든 몰랐든 간에 검찰은 법대로 범법자를 처리했지만, 국민은 좋은 시선으로 보지 않았다. 검찰 수뇌부가 좀 더 지혜로웠다면 집권층과 어느 정도 긴장 관계를 유지했어야 했다. 그러나 대부분 검찰총장은 그러한 용기와 지혜를 보여주지 못했다. 그 조직에 소속된 검사들도 대부분 이러한 국민의 시선을 제대로 읽지 못했다. 주어진 현실에 안주한 것이다.

검찰의 힘이 세다고 느껴질수록 검찰은 국민으로부터 멀어져 갔다. 정치적 중립이 검찰의 최대 목표라고 외쳤지만, 현실은 그러하지 못했다. 정치적인 사건일수록 더 신중하고 중립적인 처신을 해야 했다. 가능하면 정치적 사건은 특별검사에게 넘기고 검찰은 민생사범의 수사 지휘에 전념했어야 했다. 직접 수사는 경찰에 맡기고 경찰이 제대로 치안과 범죄 수사에 매진하도록 독려했어야 했다. 결국 문재인 정부에 이르러 검찰은 공수처 설치와 경찰에 대한 수사지휘권 박탈이라는 최악의 순간을 맞이하게 된다.

재야 운동권의 제도 정치권 진입

이승만, 박정희, 전두환 세 대통령의 독재가 종식될 때마다 그동안 억눌렸던 민주화 요구가 빗발쳤다. 4·19 혁명 후 제2공화국에서는 각종 시위가 그치지 않았고 10·26 박정희 대통령 시해 이후에는 '서울의 봄'이라고 일컫는 대규모 민주화 요구 시위가 잇따랐다. 그러나 5·16 군부 쿠데타와 12·12 군사 반란으로 집권한 신군부에 의해 민주화를 요구하는 재야의 목소리는 사라졌다.

6·29 선언과 제6공화국 출범 이후 학생과 재야 운동권은 노태우 정부를 독재정권으로 규정하고 이를 타도하자고 외쳤으나, 이미 민주적인 헌법에 의해 직선제로 당선된 노태우 정부를 독재정권으로 타도하자는 외침은 국민적 호응을 받지 못했다. 이에 이슈를 통일 문제를 전환하여 황석영 작가, 문익환 목사, 임수경 양 등의 밀입북과 남북 학생회담 개최 등을 시도했다. 그러나 노태우 정부의 북방정책과 남북 동시 유엔 가입 등 선제적인 통일 정책에 의해 이마저 명분을 잃었다.

특히 화염병과 돌 등을 사용한 폭력 시위에 대한 국민적 우려가 커지고, 민주화와 함께 강력한 국민적 지지를 받은 검찰의 대대적인 단속으로 많은 재야 인사들과 학생들이 상당 기간 구속되자 그 활동의 구심점과 동력이 급속히 떨어졌다.

해방 이후 처음으로 재야 단체들이 총집결한 전민련이 사실상 해체된 후 구심점을 잃은 재야 인사들은 자신들의 추구하는 정치, 경제, 사회의 개혁을 이루기 위해서는 제도 정치권(기존의 규범이나 정치 제도를 벗어나지 아니하는, 정치하는 사람들의 영역)으로 들어가야 한다고 생각하게 되었다. 그래서 이우재, 장기표, 이재오, 김문수 등 재야 핵심 세력들은 단순히 재야 단체 수준을 벗어나 진보적인 민중당을 창당하게 되었고, 그후 이재오, 김문수, 이부영 등은 김영삼 대통령의 권유에 따라 민중당의 이념적 대척점에 있는 보수정당에 입당하여 국회의원에 당선되었다. 이렇게 검찰 수사는 재야 운동권의 제도 정치권 진입에 결정적 계기를 제공했다.

한편 학생운동권은 1991년 6월 외국어대 정원식 총리 계란 투척 사건을 계기로 학생 운동권의 도덕성에 대한 비판과 공안기관의 수사가 이어지고, 1993년 김영삼 대통령의 문민정부 출범으로 인한 군부 세력 집권 종식과 개혁 드라이브로 인하여 학생 운동은 급격히 위축되어 2000년 이후 사실상 소멸되었다. 김대중 대통령이 취임한 후 '젊은 피 수혈'을 내세우며 386 운동권 출신 이인영, 오영식, 우상호, 송영길, 임종석 등을 영입하고, 노무현 대통령 탄핵 역풍으로 2004년 김태년, 김현미, 우상호, 유시민, 윤호중, 이인영, 오영식, 최재성 등이 국회의원에 당선되는 등 그 후에도 계속하여 학생 운동권 출신들이 제도 정치권에 진입했다.

그 결과 제도 정치권을 독재 체제라고 비난하면서 반체제 활동을 하던 재야 인사들과 학생 운동권 출신들이 선거의 자유와 언론의 자유가 보장되는 민주주의의 체제로 바뀌자 기존의 반체제 활동에서 벗어나 체제를 받아들이고 제도 정치권에 들어오게 되었다. 이로써 제6공화국에서는 재야 운동권까지 참여하는 실질적인 여야의 평화적 정권 교체가 이루어지게 된 것이다. 이제는 화염병과 최루탄이 난무하는 제도권 밖이 아닌 제도권 내에서 모든 갈등을 평화롭고 민주적으로 해결할 수 있게 되었다. 산업화 세력과 민주화 세력이 국회와 정당이라는 제도 정치권 내에서 서로 경쟁하고 협조하면서 대한민국의 번영을 이끌게 된 것이다.

이는 조선조 말기와 일제 강점을 거치면서 쌓인 국가에 대한 불신을 상당 부분 해소하고 갈등을 넘어 화합으로 가는 계기가 되었다고 할 수 있다. 그리고 구성원 선출 과정이 비민주적인 경찰, 검찰, 법원 등 헌법기관이 자유민주주의를 지켜주고 있음을 보여주었다.

여야 권력의 교체

6공화국에 들어오면서 그동안 여당에 독점되었던 권력은 여소야대로 축소되었다. 그러면서 경제민주화 요구가 늘어났고, 그에 대한 재벌의 반발로 3당 합당이 이루어졌다. 이후 분배를 요구하는 경제민주화는 후퇴했으나 이는 오래 가지 못했다. 권력 독점의 축이었던 하나회는 해체되었고 부정부패를 초래하는 검은돈의 흐름은 금융실명제로 차단되었다. 그리고 OECD에도 가입했다. 그러나 외환위기를 맞아 그동안 방만하게 운영되던 대기업들의 부실 경영이 드러났다. IMF 사태를 맞아 뼈를 깎는 구조조정이 이루어졌고, 그 가운데서도 국민은 금 모으기 운동으로 환란 극복의 시기를 앞당겼다.

6공화국은 여야가 교대로 집권해 권력을 나누는 형태를 띠었다. 이는 서로 간의 당파적 경쟁을 유발하는 모양이 되었다. 당파적 경쟁 및 감시와 아울러 금융실명제 실시와 함께 부정부패도 급속히 줄어들었다. 전두환. 노태우 대통령의 천문학적 뇌물 액수에 비하면 김영삼. 김대중 대통령 자제들의 뇌물 액수는 현저히 작았다.

조선왕조가 500여 년 지속될 수 있었던 이유 중 하나는 붕당정치에 있었다. 성종 대에 이르면 『경국대전』의 완성과 더불어 사실상 조선의 유교문화가 최고로 꽃을 피우게 된다. 이때를 기점으로 국력이 쇠퇴할 조짐을 보인다. 성종 다음 왕이 연산군이고 그의 학정에 반발한 중종반정, 그리고 명종 대에 이르면 문정왕후의 섭정과 그 동생들인 윤원형 등이 대윤과 소윤으로 나뉘어 싸우는 등 외척이 득세한다. 이러한 때 선조가 즉위하면서 조선조의 명유인 이황과 이이를 중심으로 붕당정치가 시작된다. 붕당정치는 정치에 새로운 활력을 불어넣고 붕당 간의 경쟁으로 부패가 줄어들었을 뿐만 아니라 외척의 국정 개입이 차단됨으로써 도덕성을 회복해 조선이 지속 가능하게 해 주었다.

그러나 영조와 정조의 탕평책으로 붕당정치가 사라지고 탕평당이라는 일당 독재가 나타났고, 이어 세도 정치가 시작됨으로써 붕당정치는 노론에 의한 독재 정치로 바뀌었다. 독재 정치는 처음에는 국력을 결집해 크게 발전시킬 수 있으나 독재자나 독재 세력에 대한 줄 세우기로 인해 매관매직이 횡행하고 도덕성이 상실되면서 국가의 동력을 급격히 떨어뜨리게 되어 있다. 1801년 순조 즉위 이후 시작된 세도 정치는 도덕성 상실은 물론 지배계층 내의 분열과 백성들에 대한 가렴주구로 이어져, 결국 1910년 일본에 합방됨으로써 조선은 지구상에서 사라져 버렸다.

이처럼 여야 정권교체의 가장 큰 장점은 부패 방지에 있다. 일당독재가 계속되면 독재는 줄 세우기를 강요하게 되고 여기에는 반드시 부패가 싹트게 되어 있다. 정권교체가 되지 않았을 경우 사장될 수 있는 부패의 고리가 정권교체로 드러나게 되고 국가는 도덕성을 확보함으로써 국민통합이 가능하다. 최근 직전 여당의 대통령 후보가 부패 혐의로 재판을 받고 있다. 이렇게 법정에 서게 된 것을 정치 보복이라고 볼 수도 있겠지만 그보다는 정권교체의 부패 방지 기능을 보여준 것이라고 할 것이다.

5년마다 교체되는 대통령마다 자신만의 업적과 색깔을 강조하다 보니 요즘 제6공화국이라고 칭하는 학자도, 정치인도 거의 없다. 그러나 우리 대한민국 역사상 가장 오랜 기간 존속한 헌법은 제9차 헌법 개정으로 탄생한 현행 제6공화국 헌법이다. 이 헌법의 단점으로는 대통령 권한이 너무 크고 광범위하다는 것과 대통령 임기 3에서 4년 차에

레임덕 현상이 와서 지속적이고 장기적인 정책 시행이 어렵다는 것이다. 그 때문에 헌법 개정 움직임이 계속되고 있다.

노태우 대통령

제13대 대통령을 지낸 노태우 전 대통령이 2021년 10월 26일 89세를 일기로 영욕이 교차했던 삶을 뒤로하고 영면했다. 이로써 김대중 전 대통령(2009년), 김영삼 전 대통령(2015년), 김종필 전 국무총리(2018년)와 함께 '1987년 체제'의 또 다른 이름이었던 '1노 3김' 시대도 마침내 역사의 뒤안길로 사라졌다. 노 전 대통령이 재임했던 시기 1988년부터 1993년까지는 국내적으로 권위주의에서 민주주의로, 군부정권에서 문민정부로 이동하는 격변기였다. 세계적으로는 사회주의권 붕괴로 40여 년 만에 탈냉전이라는 대변혁을 겪고 있었다. 그러나 우리 한민족에게는 향후 동족상잔의 비극이 되풀이되지 않는 한 1894년 청일전쟁에서 시작되어 냉전까지 100년의 전쟁 기간이 사실상 끝나는 시기였다.

신군부의 이인자라는 태생적 한계를 가지고 있었지만, 6·29 선언이라는 교두보를 발판으로 '1987년 체제'의 기틀을 마련하고, 국내외 대전환기를 맞아 위기를 기회로 만든 공적이 크다. 민주주의를 열망하는 국민에게 굴복한 것이기는 하지만 6·29 선언으로 더 이상 피를 흘리지 않고 자유민주주의로 전환할 수 있었다. 여소야대를 극복하기 위해 1990년 김영삼, 김종필과 손잡고 3당 합당을 성사했지만, 지역구도 정치를 고착하는 부작용을 낳았다.

그러나 국회 5공 비리 조사특위, 광주민주화운동 진상조사 특위를 가동해 전두환 시대의 청산에 나서면서 오랜 군사정권의 잔재를 청산하는 물꼬를 텄다. '물태우'라며 유약한 리더십 비판도 들었지만, 야당 대표와도 가장 많이 만나고, 분출하는 사회적 요구에 대해 극단적인 조치 없이 상황을 관리했다. 경부고속철도와 인천국제공항 건설을 밀어붙이고, 분당·일산 등 5개 신도시 200만 호 건설로 주택시장의 안정에 이바지했다. 서울올림픽 개최와 북방외교 성공으로 세계화의 기틀을 마련했다. 하지만 12·12 주역임은 물론 기업으로부터 2,628억 원의 비자금을 조성한 것으로 구속 기소되어 2년여 수감생활을 했다. 그러나 추징금을 모두 완납했고, "저의 잘못들에 대한 깊은 용서를 바란다."라는 유언을 남겼다.

북방정책

탈냉전은 냉전체제하에서 분단 상황을 겪고 있던 대한민국에 거대한 변화의 기회를 가져다주었다. 탈냉전의 소용돌이 속에서 노태우 정부는 대외적으로 북방정책을 추진할 수 있었고, 한반도 내에서는 남북기본합의서와 남북 비핵화 합의를 끌어냈다. 그동안 냉전체제는 한국이 나아갈 수 있는 무대를 제한했고, 한국이 대륙에 붙어 있는 반도가 아니라 섬이 되도록 했다.

　그러나 이러한 지정학적 조건은 한국이 냉전 시기에 산업화와 민주화를 이룩할 수 있는 여건을 마련해 주었고, 산업화와 민주화 달성은 탈냉전의 시작과 함께 세계화의 물결에 쉽게 적응할 수 있는 기반이 되었다. 민주화로 한국 사회는 내적 동력을 극대화할 수 있었고, 탈냉전으로 세계의 정보가 한국 사회로 흘러 들어왔기 때문에 무역 의존도가 높은 한국은 세계화와 북방정책을 시행하면서 파이를 키울 수 있었다. 탈냉전의 기회를 활용할 수 있었던 것은 역설적으로 냉전이 가져다준 축복이었다. 냉전 기간이 대한민국에는 덩샤오핑이 말한 '도광양회'를 할 수 있는 절호의 기회가 되었기 때문이다.

　1988년 2월 노태우 대통령은 취임사에서 "우리와 교류가 없던 저 대륙 국가에도 국제협력의 통로를 넓게 할 것입니다."라고 하면서, 한국 외교의 다변화를 추구하는 북방외교를 정부의 핵심과제로 내세웠다. 소련, 중국을 비롯한 사회주의권 국가들과 수교를 통해 세계의 중심국으로 우뚝 서겠다는 포부를 밝힌 것이다. 노 대통령은 임기 5년 동안 총 39개국과 수교했다.

　노 대통령은 회고록 『전환기의 대전략』에서 북방정책을 추진하는 데 있어서 당면 목표는 남북통일이고, 최종 목표는 우리의 생활, 문화권을 북방으로 넓히는 것이고, 생활, 문화권을 넓히면 우리는 동북아의 변방국이 아니라 명실공히 중심국으로서의 위상을 갖출 수 있다고 밝혔다. 당시 한반도가 냉전의 최전선이었기 때문에 북방외교는 생각지도 못한 터였다. 노 대통령은 1988년 '7·7 선언(민족자존과 통일 번영을 위한 특별선언)'에서 남북 상호교류 확대, 이산가족 생사 확인 및 상호 방문, 남북교역, 문화개방 등 남북 관계 개선을 위한 대북정책을 발표했다. 아울러 남북 모두가 적극적으로 외부와 개방, 협력하는 것이 통일의 기폭제가 될 수 있다고 생각해, 북한은 미국·일본 등 서방국들과, 한국은 소련·중국 등 사회주의 국가들과 상호 관계를 개선하자는 획기적인 방안을 제시했다.

한국은 1988년 서울올림픽을 이러한 기회로 활용했다. 앞서 1979년 소련의 아프가니스탄 침공에 대한 항의로 서방 진영이 대거 불참한 1980년 모스크바 올림픽에 이어, 1984년 로스앤젤레스 올림픽도 사회주의 진영의 보복 불참으로 반쪽 올림픽이 되었다. 하지만 서울올림픽엔 동서양 진영의 160여 국가가 대거 참여해 동서 화합의 장이 되도록 했다.

북방외교는 헝가리와의 수교로부터 시작되었다. 서울올림픽 4개월 뒤인 1989년 2월 1일 헝가리의 호른 줄러 외무담당 국무장관이 방한해 양국 수교의정서가 체결되었고, 같은 해 3월 헝가리에 서울무역사무소가 설치되었다. 노태우 정부는 1억 2,500만 달러의 은행 차관을 제공하는 등 총력전을 벌인 끝에 1989년 1월 헝가리와 수교함으로써 사회주의권과 외교관계 수립의 물꼬를 텄다. 이어 같은 해 11월 폴란드, 같은 해 12월 유고슬라비아에 이어 다음 해인 1990년 3월엔 체코슬로바키아, 불가리아, 몽골과 줄이어 수교했다.

북방외교의 최대 과제는 사회주의권 종주국인 소련과의 수교였다. 소련에 대한 설득 작업은 1990년 2월 본격적으로 시작되었다. 노 대통령은 당시 주모스크바 영사사무처장으로 부임할 예정이었던 공로명 전 외무부 장관에게 임명장을 주며 "연내에 모스크바 구경 좀 시켜달라."고 말하며, 대소련 수교에 대한 강력한 의지를 보였다. 끈질긴 설득 끝에 같은 해 5월 미하일 고르바초프 당시 소련 대통령의 수석 외교 보좌관 아나톨리 도브리닌이 방한했고, 한 달 뒤인 1990년 6월 노 대통령은 미국 샌프란시스코에서 고르바초프 소련 공산당 서기장과 첫 한소정상회담을 가졌다. 같은 해 9월 최호중 당시 외무부 장관이 뉴욕 유엔본부에서 소련의 예두아르트 셰바르드나제 외무장관과 만나 양국 대사급 외교관계 수립을 공식화했다.

다음은 중국이었다. 노 대통령은 사회주의권에서 중국과의 국교 수립이 가장 수월할 것으로 예상했다. 그러나 1989년 6월 천안문 사태가 터지고 이를 무력 진압한 중국 지도부가 인권과 민주주의를 강조하는 미국을 비롯한 서방권과 충돌하면서 수교 작업이 중단될 상황이 됐다. 이는 중국의 한국에 대한 경계심이 커졌고 한국은 중국이 수교 조건으로 요구하는 '하나의 중국' 원칙 때문에 전통적 우방국인 타이완과 단교해야 했기 때문이다.

수교 협상 당시 노태우 정부는 임기가 1년도 채 남지 않았기 때문에 청와대 측은 협상을 가능한 한 조속히 끝내려고 했다. 중국은 1989년 천안문 사태로 서방의 경제제재를 받고 있었고, 덩샤오핑은 1992년 초 개혁 개방의 불씨를 살리기 위해 남순강화南巡講話에 나섰으며, 그해 10월에 장쩌민의 총서기 연임을 위한 14차 당대회를 앞두고 있었기 때문에 조기에 한중 수교를 성사해 타이완에 타격을 주고 국제적 고립을 탈피하기 위한 돌파구가 절실한 상황이었다.

무엇보다 두 나라가 한국전쟁에서의 상대였다는 점과 한국과 미국의 동맹관계, 그리고 중국과 북한의 특수 관계, 나아가 한국과 타이완의 관계까지 고려할 때 당시 한국과 중국 지도자들의 비상한 결단과 돌파가 절실했다. 한국과 중국은 천안문 사태 3년 뒤인 1992년 8월에야 대사급 외교관계를 맺으면서 한중 교류 협력의 시대를 열었다. 수교 한 달 뒤, 당시 노 대통령은 베이징을 찾아 중국의 양상쿤 국가주석과 첫 한중정상회담을 개최하고 양국 관계 증진과 동북아 평화 협력 방안을 논의했다.

북방정책의 의미

당시 소련과 중국과의 대사급 수교는 소련과 중국이 정치 경제적으로 어려운 상황이었기 때문에 가능했다. 그때 시기를 놓쳤더라면 설사 수교를 했더라도 곧바로 대사급 수교는 사실상 어려웠을 것이다. 오늘날의 중국과 러시아의 정치 경제적 위상을 고려하면 노태우 대통령의 북방외교는 그 내용은 물론 그 시기도 적절했음을 알 수 있다.

북방외교는 최종 목표였던 남북통일에까지 이르진 못했지만, 동서 냉전 속에서 남북 긴장 완화에 크게 이바지했다. 노 대통령은 1989년 9월 '한민족 공동체 통일방안'을 발표해 자주, 평화, 민주 등 통일 3원칙을 제시하고, 1990년 남북고위급회담을 두 차례 열었고,

1991년 9월에는 냉전 종식이라는 세계사적 기류 속에서 '남북한 유엔 동시 가입'이라는 역사적인 업적을 이루어 냈다. 1991년 12월 남북 양측이 처음으로 주권국으로서 상호 실체를 인정한 '남북기본합의서'에 최종 합의한 것도 주요한 성과 중 하나다.

이처럼 노태우 대통령의 북방정책은 탈냉전의 흐름을 제대로 읽은 전환기 외교의 전범이라고 할 수 있다. '민족자존과 통일 번영을 위한 대통령 특별선언(7·7 선언)', 한민족 공동체 통일방안, 소련, 중국 등 공산권 국가를 포함한 39개국과의 수교, 남북한 동시 유엔 가입, 남북기본합의서, 한반도 비핵화 공동선언 등 지구의 반쪽에 갇혀 있던 외교와 경제 영토를 대한민국 스스로의 힘으로 전 세계로 넓힌 것이다.

한국이 공산권과 손잡는 과정에서 가장 큰 도움을 준 나라는 미국이었다. 미국은 한소 수교 3개월 전인 1990년 6월 노태우 대통령과 고르바초프 소련 공산당 서기장의 위 샌프란시스코 회담을 주선했다. 도널드 그레그 전 주한 미국대사는 "매우 정교한 외교를 펼쳤다"라고 평가했다. 미·중 대결의 전환기에 북한에 끌려다니느라 주도적 외교 전략을 제시하지 못했던 문재인 정부와는 사뭇 달랐다. 적대적 모순을 비적대적인 공존의 에너지로 전환한 유연하고 냉철한 결단이 없었다면 북방정책은 생명을 얻지 못했을 것이다. (이하경, 「노태우 대통령과 미토콘드리아의 기적」, 『중앙일보』, 2021.11.1., p. 31)

언론 자유의 신장과 K-Pop

국가 생활을 하는 인류에게 무조건적인 자유는 없다. 국가란 일종의
규범 속박이기 때문이다. 개인의 생활이 국법에 속박되는 것은 자유
있는 나라나 자유 없는 나라나 마찬가지다. 자유와 자유 아님이 갈
리는 것은 개인의 자유를 속박하는 법이 어디서 오느냐에 달려 있
다. 자유 있는 나라의 법은 국민의 자유로운 의사에서 오고, 자유 없
는 나라의 법은 국민 중의 어떤 일 개인 또는 일 계급에서 온다. 일
개인에서 오는 것을 전제 또는 독재라 하고, 일 계급에서 오는 것을
계급 독재라 하고 통칭 파쇼라고 한다.

독재 중에서 가장 무서운 독재는 어떤 주의, 즉 철학을 기초로
하는 계급 독재다.

우리나라의 양반 정치도 일종의 계급 독재이거니와 이것을 수
백 년 동안 계속해 왔다. 수백 년 동안 조선에서 행해 온 계급 독재는
유교 중에서도 주자학파의 철학을 기초로 한 것이어서 단지 정치에
있어서만 독재가 아니라 사상, 학문, 사회생활, 가정생활, 개인 생활
까지도 규정하는 독재였다. 이 독재 정치 밑에서 우리 민족의 문화
는 소멸하고 원기는 마멸된 것이다. 주자학 이외의 학문은 발달하지
못하니 이 영향은 예술, 경제, 산업에까지 미치었다. 우리나라가 망
하고 민력이 쇠잔하게 된 가장 큰 원인이 실로 여기에 있었다. 왜 그
런가 하면 국민의 머릿속에 아무리 좋은 사상과 경륜이 생기더라도
그가 집권 계급의 사람이 아닌 이상, 또 그것이 '사문난적'이라는 범

주 밖에 나지 않는 이상, 이 세상에 발표되지 못하기 때문이다. 이 때문에 싹이 트려다가 눌려 죽은 새 사상, 싹도 트지 못하고 밟혀버린 경륜이 얼마나 많았을까. 언론의 자유가 얼마나 중요한 것임을 통감하지 아니할 수 없다. 오직 언론의 자유가 있는 나라에만 진보가 있는 것이다.

공산당이 주장하는 소련식 민주주의라는 것은 이러한 독재 정치 중에서도 가장 철저한 것이어서, 독재 정치의 모든 특징을 극단으로 발휘하고 있다. 즉 헤겔에게서 받은 변증법, 포이에르바하의 유물론, 이 두 가지와 애덤 스미스의 노동가치론을 가미한 마르크스의 학설을 최후인 것으로 믿어, 공산당과 소련의 법률과 군대와 경찰의 힘을 한데 모아서 마르크스 학설에 일점일획이라도 반대는 고사하고 비판만 하는 것도 엄금하며 이에 위반한 자는 죽음의 숙청으로 대하니, 이는 옛날에 조선의 사문난적에 대한 것 이상이다.

어느 한 학설을 표준으로 해서 국민의 사상을 속박하는 것은 어느 한 종교를 국교로 정해서 국민의 신앙을 강조하는 것과 마찬가지로 옳지 아니 한 일이다."

이상은 지금부터 76년 전인 1947년 음력 10월 3일 개천절을 맞이해 백범 김구 선생이 발표한 〈나의 소원〉 중 한 부분이다. 국가의 흥망성쇠가 언론의 자유에 있다고 설파한 부분을 발췌했다. 본인 스스로 독재가 아닌 민주국가를 바라면서 그 기초에 언론의 자유를 필수적인 것으로 주장하고, 특히 하나의 이데올로기를 지키기 위해 언론의 자유를 억압하는 것을 통렬히 비난하고 있다.

무릇 민주국가인지 아닌지는 첫째 선거의 자유가 보장되어 있는가, 둘째 사법부가 독립되어 있는가, 셋째 언론의 자유가 보장되어 있는가로 판단한다.

제6공화국 헌법, 소위 87 체제는 언론의 자유를 실질적으로 보장했다. 제헌 헌법 제13조 '모든 국민은 법률에 따르지 아니하고는 언론 출판 집회 결사의 자유를 제한받지 아니한다'의 규정은, 현행 헌법 제21조에서 '①모든 국민은 언론 출판의 자유와 집회 결사의 자유를 가진다. ②언론 출판에 대한 허가나 검열과 집회 결사에 대한 허가는 인정되지 아니한다. ③통신 방송의 시설 기준과 신문의 기능을 보장하기 위해, 필요한 사항은 법률로 정한다. ④언론 출판은 타인의 명예나 권리 또는 공중도덕이나 사회 윤리를 침해해서는 안 된다. 언론 출판이 타인의 명예나 권리를 침해한 때에는 피해자는 이에 대한 피해의 배상을 청구할 수 있다.'로 보다 상세하게 규정하는 형태로 바뀌었다.

우리 헌법상 언론의 자유를 본질적으로 보장하고 있다는 점에서는 제헌 헌법 이후 큰 변화가 없다. 그러나 그 실제적 운영에 있어서는 현행 헌법 제정 과정에 이르기까지 많은 우여곡절을 겪어왔다. 특히 유신정권과 5공화국을 거치면서 많은 국민이 국가의 언론 통제에 대한 우려와 저항을 표시해 왔고, 실제 우리의 모든 생활에서 상당 부분 언로가 막혀 있었던 것도 사실이다.

현행 헌법 제정 후에도 과거 5공의 잔재가 아직 남아 있는 가운데 실질적인 언론의 자유를 확보하고자 하는 노력의 대표적인 것이 『한겨레신문』의 창간이다. 『한겨레신문』은 1988년 5월 15일 『동아일보』
와 『조선일보』 해직 언론 기자들을 중심으로 주식을 공모해 모금된 자
본금으로 창간되었다. 1975년 『동아일보』와 『조선일보』에 근무했던
자유언론 수호 투쟁 해직 기자들과 1980년 정부의 통폐합 조치로 강제
해직된 기자들이 창간 준비 작업에 나섰다. '나라의 민주적 질서 확립
과 민족의 통일을 목표로 국민에 바탕을 둔 자유롭고 책임 있는 언론
정립'을 설립 목적으로 한 대중적 정론지를 표방했다. 중도좌파적 성
향의 이 신문은 그간의 기존 언론과는 다른 시각에서 기사를 게재함으
로써 언론의 자유 신장의 상징으로 여겨졌다.

그러나 언론의 자유가 제대로 그 기능을 발휘하기까지에는 많은
시간이 필요했다. 1998년 2월 4·19 혁명(1960년) 이후 처음으로 야당으
로 정권교체가 이루어져서야 언론들이 각자의 목소리를 제대로 내기
시작했다. 물론 김대중 정부에서도 『조선일보』 사주 등에 대한 수사가
있었지만, 여야정권 교체는 언론의 자유가 또 한 번 신장할 수 있는 커
다란 계기가 되었다.

언론의 자유에 대한 억압은 역설적으로 한류드라마의 획기적 발
전을 가져왔다. 정치를 소재로 한 드라마 제작이 사실상 어려웠으므로
대다수 작가들은 정치와 무관한 서민들의 일상이나 재벌들의 행태 등
을 소재로 누구나 쉽게 공감할 수 있는 내용으로 드라마를 만들었다.
이러한 내용의 드라마는 민주국가나 독재국가를 불문하고 아무 거리
낌 없이 받아들여졌다. 특히 아직 공산독재의 잔재가 남아 있는 체제
전환국의 경우에는 정치적 색채가 거의 없는 한류드라마를 더욱 부담

없이 수입할 수 있었다. 그 결과 지금의 한국 문화의 선봉장으로서의 한류드라마는 아시아는 물론 전 세계에 대거 진출할 수 있었다.

그 후 언론의 자유가 더욱 확대되면서 모든 분야를 소재로 한 다양한 내용들이 영화, 드라마는 물론 노래에 이르기까지 파고듦으로써 한류는 이제 세계적인 문화로 성장하게 된 것이다. 여기에는 한국인 특유의 정서와 예술적 창의성이 그 중심에 있었던 것은 물론이다. 최근 부산영화제에 참석한 세계적인 반중 홍콩 배우 저우룬파는 "한국 영화의 가장 큰 경쟁력은 (창작의) 자유에 있다고 생각한다. 이런 이야기까지 다룰 수 있다니"라며 감탄한 바 있다.

「방탄소년단에서 오징어게임까지 한국은 어떻게 문화 거물이 됐나(From BTS to 'Squid Game': How South Korea Became a Cultural Juggernaut)」, 뉴욕타임스가 2021년 11월 3일(현지 시각) 홈페이지 하단에 크게 전한 기사의 제목이다. 방탄소년단의 인기는 물론 이후 봉준호 감독 〈기생충〉의 아카데미상 수상, 넷플릭스 〈오징어게임〉의 전 세계적 신드롬으로 이어진 K-콘텐츠 현상을 문화 거물에 빗댄 것이다.

뉴욕타임스는 "현대나 삼성이 자동차와 스마트폰을 만들기 위해 미국, 일본 기술을 벤치마킹했듯 한국의 콘텐츠 제작자들은 미국 할리우드와 선진 엔터테인먼트를 공부하며 그걸 도입하고 정리한 후 한국만의 터치를 더했다."라면서 "넷플릭스와 같은 온라인 동영상 서비스 OTT가 지리적 장벽을 허물자, 한국은 서구 문화의 소비자에게 엔터테인먼트의 거물이자 문화수출국으로 변신했다."라고 분석했다.

그러나 이러한 성공은 하루아침에 이뤄진 것이 아니라는 점에 주목했다. 이 매체는 "〈방탄소년단〉과 〈오징어게임〉 훨씬 이전에 〈겨울연가〉, 〈빅뱅〉, 〈소녀시대〉가 아시아 시장을 정복했다."라며 〈불가살〉 서재원 작가의 말을 인용했다. 서 작가는 "우리 세대는 〈600만 불의 사나이〉, 〈마이애미 바이스〉 등을 보며 기본을 배웠고, 한국적 색채를 더해 다양한 실험을 했다. 넷플릭스가 도래했을 때 우리는 이미 경쟁할 준비가 돼 있었다."라고 강조했다.

K-콘텐츠 성공의 원인으로 대략 세 가지를 꼽았다. OTT와 독립 스튜디오가 성장하면서 기존 방송사 시스템과 달리 자금과 창작의 자유를 확보했다는 점, 감정적으로 풍부한 상호작용, 소위 '신파'가 넘쳐나지만 모든 캐릭터가 '인간 냄새'가 난다는 점, 그리고 한국이 전쟁, 독재, 민주화 및 급속한 경제성장을 거치며 사람들이 원하는 것에 대한 '예리한 코(감각)'를 개발했으며 그 바탕에는 대부분 소득 불평등과 계급 갈등 같은 사회적 문제의식이 깔려있다는 것이다. 뉴욕 타임스는 『K를 생각한다』의 저자 임명묵의 말을 빌려 "한국 콘텐츠의 두드러진 점 중 하나는 전투력이다. 이것은 상향 이동에 대한 사람들의 좌절된 욕구, 분노 및 대중 운동에 대한 동기를 전달한다. 펜데믹(세계적 대유행 중인 코로나 바이러스)으로 집에 갇혀 있는 시간이 늘어나면서 전 세계 관객들은 어느 때보다 이런 주제를 더 잘 받아들일 수 있게 되었다."라고 분석했다.

언론의 자유 문제는 국가의 통제에서 벗어나고자 하는 과정에서 시작되었지만, 대기업이나 재벌의 언론 장악이 새롭게 문제가 되고 있다. 요즈음은 IT기술의 발달에 따라 기존 언론기관보다는 새로운 미디어를 통한 각종 보도나 YouTube 등의 내용이 대량으로 배포되는 가운데, 그중 가짜 뉴스로 판명되거나 타인의 명예를 훼손하는 사례가 빈번하게 발생하는 등 언론의 자유가 또 한 번의 시련을 겪고 있다. 특히 그 내용을 반박하기보다는 그 발표자에 대한 집단적 인식 공격은 커다란 사회문제가 되고 있다. 더구나 일부 정치인들이 이를 정치적으로 이용할 때 언론의 자유는 그 기능을 상실해 가는 모습을 보여준다.

그러나 이를 국가가 다시 통제하려 들면 오히려 부작용만 나올 뿐이다. 과거의 경험이 이를 말해주고 있다. 그렇다고 이를 악의적인 집단 따돌림에 그냥 맡겨둘 수도 없다. 헌법 제21조 제④항에서 '언론 출판은 타인을 명예나 권리 또는 공중도덕이나 사회 윤리를 침해해서는 안 된다. 언론 출판이 타인의 명예나 권리를 침해한 때에는 피해자는 이에 대한 배상을 청구할 수 있다'고 규정하고 있다. 이러한 헌법정신에 따른 각종 제도적 방안의 마련이 더욱 확충되어야 한다.

무엇보다 정치권이 솔선수범해 이러한 가짜 뉴스나 집단적인 인신공격에 적극 대응해 나가야 한다. 여기에 편승하는 일부 정치인들을 마땅히 퇴출하는 것은 유권자들의 몫이다. 민주주의 발전의 초석인 언론의 자유를 지키는 것은 결국 양식 있는 국민의 결집한 목소리라고 하겠다. 사회지도층들은 이러한 목소리가 나오지 않도록 사전에 스스로 경계하고 희생하는 모습을 보여주어야 할 것이다.

3당 합당

　　노태우 대통령의 민정당은 1988년 4·26 총선에서 불과 125석을 건지며 헌정사상 첫 여소야대의 시련을 맞았다. 1987년 대선에서 3위에 머물렀던 김대중의 평민당은 호남과 수도권 일부를 차지하며 70석을 얻어 제1야당이 되었고, 김영삼의 민주당은 부산 경남을 근거지로 59석을 얻는 데 그쳐 제2야당으로 쪼그라들었다. 그 후 노 대통령에겐 시련의 연속이었다. 김대중과 김영삼은 5공 청산 등을 내걸고 집권 세력을 협공했다. 노 대통령은 돌파구를 모색했고, 결국 김영삼, 김종필과 손을 잡고 1990년 1월 22일 216석의 거대 여당 '민주자유당(민자당)'을 만들었다.

　　노태우 정부 초기의 권력 구도는 여소야대였다. 따라서 이 시기에는 경제민주화 논리가 민간 주도 경제의 논리에 대해 우위를 점할 수 있었다. 이 당시의 경제력 집중 억제 시책, 금융실명제 준비와 토지공개념 관련 법안의 추진, 대규모 주택단지 조성 등은 경제민주화를 위한 개혁 시도로 볼 수 있다. 이러한 개혁적 움직임에 조직적으로 대응하기 위해 자본은 6개의 전국 자본가단체가 모여 '경제단체협의회'라는 연합조직을 결성하는 한편 정치권에 대해서는 안정적인 보수연합을 결성할 것을 요구했다. 그들은 만약 그렇지 않을 때 집권당에 더 이상 정치자금을 지원하지 않겠다는 위협도 가했다. 3당 합당은 이러한 맥락에서 이루어진 것이다. 합당으로 집권 세력이 원내 다수 의석을 점하게 되자 국가는 그동안 추진하던 경제민주화 조치를 후퇴시키고 다시 친자본 정책으로 복귀하게 되었다.

그러나 3당 합당은 한국 현대 정치사의 물줄기를 바꾸어 놓았다. 전통 야권세력의 절반이 떨어져 나와 군부 세력과 합친 것이다. 지역적으로는 영남 충청이 합쳐 호남을 압박했다. 일종의 호남 고립 구도였다. 이후 내각제 각서 파동 등을 거치며 1992년 김영삼은 대통령에 당선되었다. 그 후 김종필이 김영삼에게서 떨어져 나왔다. 1997년 대선에서 다시 내각제 개헌을 매개로 '김대중 대통령-김종필 총리' 시대를 열었다. YS(김영삼)의 측근인 고 이원종 청와대 정무수석은 "역사적 가정이지만, 3당 합당이 없었다면 DJP(김대중, 김종필)연합도 없었을 것"이라고 말했다.

한편 3당 합당을 앞두고 열린 5공 청문회(1989년 12월)에 전두환 전 대통령이 국회에 증언하러 나왔다. 그때 증인석을 향해 명패를 던지며 강렬한 인상을 남긴 사람이 노무현 당시 통일민주당 의원이었다. 노무현 전 대통령은 3당 합당에 끝까지 반발해 소신이 있는 정치인이라는 평가를 얻었다. 만약 3당 합당이 없었다면 김영삼-김대중-노무현 대통령으로 이어지는 권력의 변화는 전혀 다른 궤도로 흘러갔을지도 모른다.

김영삼 대통령의 민주화 투쟁과 집권

김영삼과 김대중은 대한민국이 정치적 동력을 상실해 갈 무렵 그

동력을 살려냈다는 점에서 높이 평가받고 있다. 박 대통령은 군부 쿠데타로 집권했지만, 대한민국을 수출주도 국가로 크게 발전시켰다. 그러나 이를 근거로 정치적 동력을 없애는 장기 집권에 들어갈 무렵, 이들은 목숨을 걸고 도전해 꺼져가는 정치적 동력을 살려냈고 이것이 대한민국의 역동성으로 나타나게 한 공로가 무엇보다 크다. 한때 다이내믹 코리아라고 자랑스럽게 외쳐대면서도 왜 역동적으로 되었는지에 대해서는 묻지 않았다. 그저 한국인들의 한과 흥이 어우러져 나타난 것으로, 곧 타고난 힘인 양 주장했다. 그러나 이 주장은 수천 년간 하나의 민족으로 살아온 북한 주민이 역동적이지 않은 이유에 관해 설명하지 않는다.

현재 대한민국과 북한의 차이는 자유민주주의와 사유재산제라는 제도의 차이와 함께 정치적인 면에서는 여야의 대립이라는 갈등 구조의 유무에 의해 나타난다. 북한은 목숨을 걸고 용감하게 정권에 도전하는 인물이 없었고, 대한민국은 그러한 인물을 가졌다는 것이 이러한 엄청난 차이를 만들었다.

그러한 관점에서 우선 김영삼 대통령의 대여 투쟁은 대한민국 민주화 투쟁의 역사이므로 이에 관해 기술한다. 그의 민주화 투쟁은 김대중 대통령과의 지속적인 연대와 경쟁 속에서 이루어졌음을 보여준다.

김영삼(1927년 12월 21일~2015년 11월 22일)은 대한민국 역대 최연소인 만 25세의 나이로 국회의원에 당선되어 9선 의원을 지내면서 김대중과 함께 오랫동안 민주 진영의 지도자로 활동했다. 경상남도 거제도 출생으로 김대중과 같이 섬 출신이다. 1954년 거제에서 만 25세로 제 3대 민의원 선거에 출마해 당선되어 역대 최연소 국회의원이 되었다. 9선 국회의원을 지내며 유신정권의 야당 지도자로서 민주당 원내총무, 민주당 대변인, 신민당 원내총무로 활동하며 민주화운동을 이끌었다.

대통령 재임 기간 중 1993년 8월 12일 금융실명제를 도입하고 차명 부정 계좌를 단속 처벌했으며, 지방자치제를 전면 실시했다. 대한민국임시정부 법통 명문화 등 역사바로세우기 정책의 하나로 옛 조선총독부 건물을 폭파 철거했고, 국군 내 사조직인 하나회를 척결했다. 또한 전두환, 노태우 전 두 전직 대통령의 비자금을 수사해 처벌했고, 군사 반란과 5·17 쿠데타 및 5·18 민주화 운동 진압의 책임을 물어 군사정권 관계자들을 사법처리했다. 1997년 외환위기로 IMF에 구제금융을 요청했다.

1978년부터 김대중을 가택 연금했던 박정희 정권은 YH 사건을 계기로 김영삼마저 처리하기로 마음먹었다. 김영삼이 신민당 총재직에 있으면서 뉴욕 타임스를 통해 미국에 대해 "박정희 정권에 대한 지지를 철회할 것"을 요구하자 1979년 9월 공화당과 유신정우회(유정회)는 9월 16일 자 뉴욕 타임스에 실린 김영삼 총재의 회견 기사가 "헌정을 부정하고 사대주의 발언을 했다."라고 비판했다. 김영삼이 "미국이 우리에 대해 원조 제공을 중단하고 정부에 대해 민주화 조처를 하도록 압력을 가하라"고 촉구하고, 사대주의적 발상이라는 비난 여론에 대해 "미국은 우리에게 압력을 가할 수 있는 위치에 있는 나라"라고 인터뷰를 했다는 것이다. 그해 10월 4일 공화당과 유정회 주도로 "국회의원으로서 본분을 일탈해 반국가적인 언동을 함으로써 국회의 위신과 국회의원의 품위를 손상했다."며 김영삼의 국회의원직 제명을 요구했고, 국회에서 여당 단독으로 신민당 김영삼 총재의 의원직 박탈을 의결했다.

김영삼의 제명은 부마항쟁을 촉발했고, 이는 유신 정권 종식의 계기가 되었다. 또한 유신 후반기에 그가 "닭의 모가지를 비틀어도 새벽은 반드시 온다."라고 한 말은 10·26 사태 이후 널리 회자했다. 1979년 10월 26일 박정희가 암살당하고 그의 빈소가 마련되자, 측근들의 반대에도 불구하고 10월 28일 측근들을 대동하고 청와대로 가서 박정희의 빈소에 애도의 뜻을 표했다. 그는 박정희의 빈소 참배를 강행했으나 박정희를 용서하지 않았고, 박정희의 독재와 인권탄압, 장기 집권에 늘 부정적이고 비판적 시각을 고수했다.

1980년 5월 17일 오전 10시 김영삼은 신군부 군인들에 의해 가택 연금을 당했다.

1980년 9월 출범한 전두환의 제5공화국 정권에서도 계속된 가택 연금과 정치적 탄압에 항의하며 장기간의 단식투쟁을 단행하며 세계의 주목을 받았다. 같은 해 10월 김영삼은 보안사 대공처장 이학봉의 강요로 정계 은퇴 선언을 발표했다.

1981년 5월 연금에서 해제된 김영삼은 이민우, 김동영, 최형우, 김덕룡 등 정치 활동 규제에 묶여 있는 재야인사들과 함께 등산 모임을 조직하고 '민주산악회'를 출범시켰다.

1983년 5월 18일 광주민주화운동 3주기를 맞이해 자택에서 무기한 자택 단식농성에 돌입하자 함석헌 신부, 문익환 목사 등이 그의 상도동 자택을 찾아 위문했다. 5월 25일 단식으로 심신이 쇠약해지자 서울대학교 병원에 입원했다. 훗날 2003년 최병렬이 단식투쟁을 했을 때 김영삼은 "굶으면 학실히(확실히의 김영삼식 사투리) 죽는다."면서 말리기도 했다.

5·18 민주화운동 4주년인 1984년 5월 18일에 '민주화추진협의회(민추협)'를 발족시켰다. 그해 이민우, 김대중 등과 신한민주당(신민당)을 창당했다.

김영삼은 1987년 6월 항쟁 이후 대통령 직선제로 시행된 제13대 대통령 선거 경선에 출마, 유세를 다니며 군정 종식과 문민 통치 확립을 선거 공약으로 내세웠다. 8월 6일에는 김대중을 만나 그의 통일민주당 입당에 합의한 후 8월 8일 김대중의 통일민주당 재입당을 끌어냈다.

이후 9월 29일 김영삼 총재, 김대중 고문 간 후보 단일화 회담을 했으나 견해차를 좁히지 못하고 실패했다. 다음날인 9월 30일 김영삼은 김대중과 야당 후보 단일화 협상을 벌였으나 양자 간의 시각 차이만 확인하고 결렬되었다. 야당 후보자들의 단일화를 촉구하던 재야인사들은 이를 적전 분열이라며 강도 높게 질타했다.

10월 10일 통일민주당을 장악한 김영삼은 대통령 선거 출마를 발표하고 나서자, 당내 경선에서 절대적으로 불리한 위치에 놓여 있던 김대중은 10월 18일 통일민주당을 탈당하고 11월 평화민주당(평민당)을 창당했다. 김대중이 평화민주당 후보로 출마한 제13대 대통령 선거에서 김영삼은 2위로 28%의 득표율을 얻고 민주정의당의 노태우에게 패배했다. 나중에 그는 김대중의 탈당에 대해 천추의 한이라고 했다.

1992년 5월 19일 김영삼은 드디어 민자당 대통령 후보로 선출되었다. "호랑이 굴에 들어가 호랑이에게 잡아먹힐 것"이라고 김영삼을 조롱했던 사람들의 입에서 탄성이 흘러나왔다. 노태우, 김종필 등과의 3당 합당 과정에는 내각제 이면 합의가 있었으나 김영삼은 노태우를 압박해 이를 백지화했고, 김윤환을 자기편으로 끌어들임으로써 다른 경쟁자들을 물리쳤으며, 노태우가 박철언을 후계자로 삼으려 하자 강하게 반발해 무산시켰다. 그 후 일부 민정계와 공화계 의원들의 반발을 누르고 민자당의 대통령 후보가 되었으며 5월 18일에 민자당 대표 최고위원회에 재취임하고 결국 제14대 대통령 선거에 출마했다.

지역감정을 부추기는 초원복집 사건에 대한 폭로가 오히려 영남 표를 결집하는 역풍을 일으켰다. 이에 김영삼을 못마땅해하던 대구, 경북 출신 인사인 정호영 등이 같은 경상도임을 내세워 지지를 호소해 일부 군사정권 인사들의 반발에도 불구하고 군사정권 출신 인사들의 표를 분산시켰다. 12월 18일 14대 대선에서 김대중을 193만 표 차로 꺾고 대통령이 되었다.

대통령 김영삼

김영삼 대통령은 강력한 국민적 지지를 바탕으로 개혁의 칼을 들어 정치, 경제, 사회 체제의 구조적 모순을 일거에 쇄신하고자 했다. 1993년 2월 27일 자신과 가족들의 재산을 전격 공개했고, 총액수는 17억 7,822만 원이었다. 그리고 이것이 '역사를 바꾸는 명예혁명'이라며 공직자들의 재산 공개를 종용했고, 그 결과 삼부 요인과 고위공무원들이 연이어 재산을 공개하게 되었다.

3월 13일 언론에 위안부 문제에 대해 물질적 보상을 일본 측에 요구하지 않을 방침이라고 밝히고, 그에 대한 보상은 내년부터 정부 예산으로 추진하라고 지시했다. 이어 위안부 문제에 대해 일본 측에서 진실을 밝히는 것이 중요하며, 물질적 보상 문제는 필요하지 않다면서, 그런 점에서 도덕적 우위를 가지고 새로운 한일 관계 정립에 접근할 수 있다고 강조했다.

1993년 5월 13일 특별 담화에서 문민정부는 5·18 광주민주화운동의 연장선에 있는 정부라고 선언했다.

1993년 6월 22일에는 경제부총리 이경식을 불러 금융실명제를 빨리 진행하라고 지시해 8월 12일에 '금융실명거래 및 비밀보장에 관한 긴급명령'을 통해 모든 금융거래를 실명으로 해야 한다는 금융실명제를 도입했다. 이로써 경제 비리와 부패의 온상인 금융 차명이나 재산 은닉이 불가능하게 되었다. 아울러 토지거래 실명제를 시행해 부동산 가격의 안정과 과도한 토지 겸병을 방지하는 데 이바지했다. 그의 정부가 아니고는 할 수 없는 조치였다. 이헌재 전 부총리는 이후 어느 정부도 이처럼 획기적인 국가정책을 시행한 바 없다고 평가했다.

취임 직후부터 김 대통령은 정통성 확립에 중점을 두었고 대한민국의 정통성을 임시정부에서 찾으려 했다. 이 때문에 보수 인사들로부터 이승만, 박정희를 건너뛰었다는 반발도 있었다. 그러나 대한민국의 정통성은 임시정부에 있음을 명시했고, 1993년 8월부터 중화인민공화국에 있는 임정 요인들의 유해를 환국하는 사업을 추진했다. 8월 5일 국립묘지에 임정 요인 묘소를 신설하게 하고, 1993년 8월부터는 문화관광부와 국립중앙박물관에 조선총독부 철거 지시를 내렸다. 조선총독부는 1995년 8월 15일 광복 50주년 경축식에서 총독부 청사 중앙 돔 랜턴의 해체를 시작으로 철거에 들어갔다.

예술가와 작가들의 반정부성 작품과 사회비판을 허용했고, 언론의 사회비판 역시 전면 허용했다. 1994년 군사정권에 의해 수감되었던 시인 김남주와 노동 시인 박노해를 석방했다. 또한 군사정권에 의해 음란죄로 기소된 마광수 역시 무죄 판결을 받아 활동이 보장되었다.

1994년 이재오, 김문수, 안상수 등 시민사회운동가와 노동운동가들을 영입해 민자당에 입당시켰다. 이후 군사정권과 관련 없는 홍준표, 오세훈 등의 신진 관료 출신과 법관 출신들을 등용했다. 1994년 4월 15일에는 3대 정치개혁법안(공직선거 및 선거 부정 방지법, 정치자금법 개정안, 지방자치법 개정안)에 서명함으로써 대한민국의 민주주의를 공고화하기 위한 제도 구축의 전기를 마련했다.

1994년 여름 미국의 빌 클린턴 행정부가 북한의 영변 원자로 시설에 대한 정밀 폭격을 검토하자 이에 대한 강경한 반대 견해를 펴 저지했다. 1993년 3월에 일어난 1차 북핵 위기는 파국으로 치달았다. 미국의 빌 클린턴 행정부는 최후의 수단으로 북한 폭격을 검토하기 시작했다. 미국은 한국에 살고 있는 자국민을 한반도 밖으로 **빼내는** 계획을 세웠고 이 소문이 퍼지면서 남한에서는 전쟁이 발생할지도 모른다는 두려움에서 잠시 쌀, 라면 사재기가 벌어지기도 했다.

그러나 지미 카터 전 미국 대통령이 특사 자격으로 1994년 6월 15일부터 6월 18일까지 북한에 머무르며 김일성 주석과 담판을 벌였고, 김 주석이 궁극적으로 한반도 평화를 바란다는 얘기를 솔직하게 하면서 무력 충돌로 치닫던 북핵 문제는 삽시간에 대화로 전환되었다. 이때 지미 카터 전 대통령은 김일성 주석의 요청으로 김영삼 대통령과 김일성 주석의 정상회담을 주선했다. 김영삼 대통령이 이를 수락해 역사상 최초로 남북정상회담이 열릴 예정이었다. 그러나 그로부터 한 달도 되기 전인 7월 8일 김일성 주석이 갑자기 사망하면서 남북정상회담은 무산되었다.

하나회 해체의 의미 - 군부 쿠데타 원천 봉쇄

하나회 해체는 향후 대한민국에서 군부 쿠데타의 싹을 잘라냈을 뿐만 아니라 앞으로 군부에 의한 쿠데타 시도도 하지 못하게 하는 상징성을 갖는다. 이것은 남미 국가들에서의 연속적인 군부 쿠데타, 곧

정권교체가 민주적 절차가 아닌 군부 쿠데타에 의해 시도될 수 있는 길을 원천적으로 봉쇄한 것에 큰 의미를 둘 수 있다. 김영삼 대통령은 취임하자마자 하나회를 해체함으로써 민주헌정질서가 군부에 의해 파괴될 수 없도록 했다. 당시 국방부 장관 권영해가 육군참모총장과 기무사령관을 하나회 출신에서 비 하나회 출신으로 전격으로 교체하게 하고, 나머지 하나회 출신 장성들을 강제 퇴역시키거나 군대를 직접 지휘할 수 없는 자리로 이동시켰으며 하나회 출신 장교들의 장성진급도 막았다.

군대는 상명하복이 무엇보다 우선시되는 조직이다. 이 상명하복을 위해 하극상을 군법으로 엄히 처벌하고 있을 뿐만 아니라 그들이 소지하거나 보유하고 있는 가공할 무기 때문에 지휘관이 마음만 먹으면 1개 사단이나 1개 여단으로도 충분히 쿠데타를 성공시킬 수 있었다. 박정희 대통령은 불과 3,000여 명의 군대로 5·16 쿠데타를 일으킬 수 있었고, 전두환 대통령도 당시 노태우 대통령이 사단장으로 있는 보병 제9사단 병력으로 12·12 군사 반란을 성공시킬 수 있었다.

김대중 대통령과 노무현 대통령은 이러한 군부 쿠데타가 원천 봉쇄된 가운데 이후 민주화 개혁을 군부의 조직적 반발 없이 밟을 수 있었고, 막내급 하나회 출신을 장성으로 진급시킴으로써 군대 내 TK 지역 출신 장교들의 불만을 잠재울 수 있었던 것도 김영삼 대통령의 하나회 척결의 바탕 위에서 가능한 일이었다.

그래서 김 대통령을 가장 높게 평가할 부분은 군부 권위주의 유산의 극복이었다. 민주화로의 물결이 다시는 역진되지 않도록 돌아올 수 없는 지점을 확실히 통과한 것이다. 정치 군부의 전격적인 제거와 쿠데타 세력 처벌을 통한 나라의 문민화, 즉 탈 군부 개혁은 김영삼 문민 정부 최대 업적이었다. 민주화의 임계점과 회귀 불능 점을 확고부동하게 넘은 것이다. 라틴아메리카, 동남아, 중앙아시아, 중동, 북아프리카의 많은 나라에서 민주화 이후 극도의 정치 불안정에 빠져들거나 만성 소요 사태, 또는 군부의 재집권을 허용한 민주주의의 역진 경로를 밟은 사례들과 비교할 때 한국의 철저한 군부 유산 극복과 병영으로의 복귀는 놀라운 것이었다.

군부의 긴 정치 참여와 집권 경험, 거대한 규모와 정보력, 분단과 남북 대치 상황에도 불구하고 김 대통령을 군부가 다시는 정치개입을 상상할 수조차 없도록 국가수호에만 전념하게 완전히 탈바꿈시켰다. 게다가 군부 출신 대통령이 이끄는 정부들의 경제 발전 업적이 절대 작지 않았던 한국에서 그것을 안고 넘어 정치로부터 군부를 퇴출해 군 본연의 위상과 역할을 회복한 것이다.

금융실명제 실시

우리 경제는 1997년 현재 지난 30년간 압축성장을 이룩하는 과정에서 많은 문제점을 안게 되었다. 개발을 위한 내자 동원을 극대화하는 과정에서 가명 무기명 금융거래 등 잘못된 금융 관행이 묵인되어 음성 불로 소득이 널리 퍼진 소위 지하경제가 번창했다.

이에 따라 계층 간 소득과 조세부담의 불균형이 심화했으며, 재산의 형성 및 축적에 대한 불신이 팽배해져 우리 사회의 화합과 지속적인 경제성장의 장애요인이 되고 있었다. 또한 비실명 거래를 통해 부정한 자금이 불법 정치자금, 뇌물수수, 부동산투기 등 각종 비리와 부정부패의 온상이 되기도 했다. 이에 따라 일반 국민 사이에 위화감이 조성되었으며, 대다수 국민의 근로의욕을 약화하는 요인이 되었다.

이처럼 비실명 금융거래의 오랜 관행에서 발생하는 폐해가 널리 번짐에 따라 우리 경제가 더 나은 경제로 진입하기 위해서는 금융실명제를 도입해 금융거래를 정상화할 필요가 절실해졌으며, 그러한 요구가 사회단체를 중심으로 격렬하게 제기되었다.

이에 문민정부는 과거 정권에서 부작용을 우려해 시행을 유보했던 금융실명제를 과감하게 도입했다. 금융실명제는 모든 금융거래를 실제의 명의實名로 하도록 함으로써 금융거래와 부정부패 부조리를 연결하는 고리를 차단해 깨끗하고 정의로운 사회를 구현하고자 하는 데 뜻이 있다.

노태우 정부에서 잠시 유보되었던 금융실명제는 김영삼 정부가 들어선 해인 1993년 8월 12일 20시를 기해 '대통령 긴급명령' 형식으로 전격 실시되었다.

금융실명제가 실시되면서 모든 금융거래 시에는 금융기관이 거래자의 실명 확인 증표를 확인하도록 바뀌었다. 처리 과정에서 극심한 혼란이 있을 것이라는 예상대로 초반 며칠 동안은 혼란이 많았다. 총 주가가 700포인트도 안 되던 상황에서 첫날 30포인트, 다음날 다시 30포인트가 하락하는 폭락 장이 이어졌고 1천여 개 종목이 하한가를 쳤다. 사채시장이나 조세 포탈, 비리의 용도로 과열되었던 고액 골동품이나 미술품 시장은 그야말로 얼어붙었다. 전국의 모든 금융기관은 실명으로 전환하려는 고객들로 넘쳤고 금융기관 영업점 출입문 앞에서는 실명전환을 해야 하나 말아야 하나를 고민하는 고위공직자, 정치인, 사채업자들이 머리를 싸맸다. 또 차명계좌를 빌려줬던 명의자가 대포통장에 있던 3억 원을 모두 인출하고 해외로 도피해 피해자가 고소하는 사건 등 명의자가 돈을 가져가 버리는 사건이 몇몇 있었지만, 돈이 명의자의 것이라고 볼 수 있다고 해 무죄 판결을 받기도 했다.

하지만 생각보다는 빨리 각종 혼란이 수습되기 시작했다. 경제전문가들은 예상할 수 있는 범위이므로 정부에서 빨리 수습할 것이라는 긍정적 전망을 앞다퉈 냈으며, 상당수 기업도 무반응 혹은 외견적으로는 긍정적인 모습을 보이고 있었다. 그래서 주식시장의 동요는 처음 이틀을 정점으로 해서 사그라들었고, 어느 정도는 지하자금이 양성화되는 계기가 되었다.

특히 이전과 달리 제도 시행 이후 정, 관계 고위급 인사들의 비리 규모가 외려 80년대, 90년대 초반보다 줄어든 모습도 나타났다. 1993년부터 시행된 금융실명제로 차명계좌 개설이 어렵게 된 때문이다. 일례로 전두환 전 대통령이 1995년 구설에 오른 액수가 9천억 원, 노태우 전 대통령이 1995년 구설에 오른 '통치 자금(당시 기자회견 때 노대통령이 쓴 표현)' 액수가 4천여억 원이었던 반면 김영삼 대통령의 최측근 중 1인이었던 장학로 비서관이 1997년에 문제가 된 액수는 37억 원,

후임인 김대중 대통령의 아들 3인이 2002년에 문제가 된 액수의 총액이 37억 원으로, 정치자금 비리 규모가 크게 줄어든 것이다. 그 사이의 원화 가치 변화를 비교해 보면 더욱 극적이다.

한편 금융실명제가 1997년 외환위기의 원인이 되었다는 주장도 있다. 실제로 금융실명제 시행으로 일부 부자들이 재산을 해외로 빼돌리거나 기업들이 세탁한 검은돈이 드러나면서 돈의 흐름이 끊기는 부작용도 있었다. 하지만 금융실명제가 외환위기의 원인이 되었다고 볼 수 없고, 오히려 금융실명제가 아니었으면 가뜩이나 나빠지고 있던 한국경제가 더 크게 망했으리라는 평가를 받는다. 외환위기 자체가 한국경제의 안 좋은 부분들이 어떤 계기로 일순간 터져 나온 것이라 금융실명제를 범인인 양 원인으로 몰아가기는 무리이다.

김영삼 대통령과 김대중 대통령

평생 민주화 정치투쟁으로 일관한 김영삼 대통령과 김대중 대통령은 민주화 투쟁 과정에서 지역을 초월하여 서로 경쟁하면서 협조했듯이 대통령 취임 후에도 지역을 초월한 정책을 시행했다.

김영삼 대통령은 취임 직후 자신의 문민정부는 5·18 광주민주화운동의 연장선에 있다고 선언하고, 5·18 특별법 제정으로 광주민주화운동의 성격과 위상을 확고히 했다. 그동안 이기심과 각자도생에 익숙한 한국 사회에 포용과 연대의 가치를 환기시켰다. 이어 하나회 숙청과 12·12 쿠데타 단죄로 영남 TK를 기반으로 하는 정치 군부를 퇴출하고 전두환, 노태우 두 전직 대통령을 처벌했다. 이는 광주에서의 시민 학살 책임에 대한 단죄와 함께 김대중 대통령의 강력한 비토 세력을 제거하는 의미가 있었다. 아울러 1987년 대통령 선거 직전에 터진 검찰의 김대중 후보에 대한 비자금 사건 수사 요구를 수용하지 않음으로써 평화적 정권교체의 길을 열었다.

호남에 대한 포용과 연대 분위기 조성, 김대중 비토 세력의 제거, 김대중 비자금 사건 수사 중단 등은 김대중이 대통령으로 선출될 수 있는 길을 열어주었고, 호남이 대한민국으로부터 소외되어 이탈하지 않고 다시 한번 전 국민이 한마음으로 '대한민국'을 연호할 수 있게 했다.

김대중 대통령은 대통령에 당선된 뒤 자신을 사형에 처한 전두환 대통령과 노태우 전 대통령에 대한 사면에 동의하고 대통령 취임식과 청와대 만찬에 두 대통령을 초청했을 뿐만 아니라 국제회의나 회담 결과를 보고했다. 그리고 비서실장에 영남 TK 출신 김중권을 임명하는 등 그 지역에 관한 관심과 배려를 소홀히 하지 않았다.

지역 균형 발전을 위한 예산과 자원 배분에서도 김영삼 대통령과 김대중 대통령은 뜻을 같이했다. 김영삼 대통령은 호남을 차별하지 않았다. 지역 총생산 기준 호남지역 성장률은 김영삼 정부 5년 동안 전국 평균보다 19.82%가 높았다. 반면 영남 지역은 전국 평균보다 2% 높았고 호남지역보다 17.81%가 낮았다. 김대중 대통령도 호남 편중

예산을 편성하지 않았다. 당시 호남은 전국 평균보다 9.3%가 낮았다. 반면 영남은 전국 평균보다 7.7%가 낮았고 호남보다는 1.66%가 높았다.

이처럼 김영삼 정부에서 영남 편중과 호남 홀대가 없었고 김대중 정부에서 호남 편중과 영남 홀대도 없었다. 영남과 호남을 대표하는 두 정치 지도자의 보편적 민주주의 가치와 정책 실현으로 지역 대결 정치가 점차 사라지게 되었다.

— 박명림, 「문민정부 30주년을 맞아」, 『중앙일보』, 2023. 2. 16., pp. 26-27

또한 두 대통령은 읍참마속을 통한 청렴과 부패 청산 노력에서도 유사하다. 김영삼 대통령은 임기 중 자식을 구속한 첫 번째 대통령이었고 김대중 대통령은 자식 둘을 구속함으로써 독재 시대 줄서기에 의한 부정부패가 민주 사회에 더 이상 지속되지 않는다는 모습을 보여주었다. 김영삼 대통령의 공직자 재산 등록, 금융 실명제 시행, 전직 대통령의 부패 처벌 등은 독재 시대가 가고 민주 시대가 도래했음을 상징적으로 보여주는 계기가 되었고, 그러한 정신은 김대중 대통령에게 그대로 이어졌다.

이러한 지역화합과 부패 척결 노력이 국가로부터 수탈받은 과거 악몽 때문에 이기심과 각자도생에 익숙한 국민이 국가를 믿고 국가를 위해 희생할 수 있는 마음을 끌어냈다. 곧 지역화합은 상생의 길이었고 이러한 아픈 과거의 치유였다.

외환위기

1990년대 들어오면서 한국을 둘러싼 국제 경제질서도 근본적으로 변하기 시작했다. 대표적인 예가 GATT(관세 무역 일반협정) 체제의 종언과 WTO(세계무역기구) 체제의 등장이다. GATT 체제하에서는 그래도 한국을 비롯한 개발도상국들은 국제무역 거래의 많은 점에서 예외를 인정받을 수 있었다. 그러나 WTO 체제하에서는 이러한 예외가 더 이상 허용되지 않았다. 이것은 신자유주의 구호 아래 모든 시장에 대한 무조건적인 개방을 원칙으로 삼는 무역체제였다.

이 체제 아래에서 한국은 더 이상 어떤 특혜도 누릴 수 없게 되었다. 이제 한국 기업은 다른 국가들과 같은 조건 위에서 무한 경쟁에 뛰어들 수밖에 없게 되었고, 국가는 갖가지 정책 수단을 동원해 시장에 개입하는 것이 어렵게 되었다. 이제 한국은 국내적으로는 경제 자유화와 정치 민주화의 물결 속에서 자본가계급과 시민 사회세력이 국가의 개입을 제약했으며, 국제적으로는 탈냉전과 세계화의 물결 속에서 신자유주의적인 무역 질서가 국가정책을 바꿀 것을 강요했다.

1993년 등장한 김영삼 정부는 규제철폐와 경제 자유화를 주된 내용으로 하는 개혁에 착수했다. 이것은 국내외적으로 도전에 직면한 국가 주도 경제를 보다 시장 지향적인 경제로 전환하려는 노력이었다. 이 과정에서 한국 고도성장의 상징인 경제기획원이 해체되고 경제개발 5개년계획도 없어지게 되었다.

— 김일영, 전게서, pp. 432-433

아울러 냉전이 종식되면서 세계는 지역주의적 경향이 확대되었다. 외교 안보적 성격이 강했던 1960년대의 지역주의와는 달리 1990년대에 불기 시작한 지역주의는 경제적 색채가 짙었다.

한국 정부는 1989년 느슨한 형태의 경쟁통합체라고 할 수 있는 아시아 태평양 경제협력체APEC에 참여했고 아세안 확대 외무부 장관회의ASEAN ARF, 아시아 유럽 정상회의ASEM 등을 통해 지역적 협력을 도모했으나 자유무역협정 혹은 지역 통합에 관한 구체적인 청사진이나 로드맵은 아직 없었다.

정부의 개입을 골자로 하는 종래의 무역 관련 법들이 1987년 하나의 대외무역법으로 통합되었고, 무역 금융지원, 대기업 수출설비 자금 지원 및 관세징수 유예제도 등이 약 10년에 걸쳐 점차 폐지되었다. 정부는 1988년 이후 개방한 영화, 광고, 해운, 무역업을 필두로 1993년에는 통신 시장에 이어 지식재산권 보호와 통관 절차의 간소화, 기술 표준과 인증제도의 개선, 원산지 표시제의 완화 등 우루과이 라운드의 타결에 맞추어 각종 관련 제도의 개혁을 추진했다. 1995년까지 총 24개 국내법을 개정함으로써 국내 제도를 WTO 협정에 일치시켰다. 이 같은 변화는 1980년대 중반 이후 정부가 채택한 제조업 중심의 시장개방 확대와 관세율 인하라는 양적 자유화를 넘어선 질적 제도적 변화를 수반한 것으로 평가되었다. 그 결과 1990년대 초 공산품은 수입 자유화율이 거의 100%에 달했으며 우루과이 라운드 협정 이전 20%를 웃돌던 평균 관세율은 1989년에는 12.7%, 1994년에는 7.9%로 떨어지게 된다. 이와 함께 자본거래, 경상거래, 외환거래도 이 기간 상당 폭으로 규제가 완화되었다.

한국의 자본 자유화는 1980년대부터 4단계 계획에 따라 추진되었다. 1980년대 후반 외국인에 대한 간접투자 허용, 국내 금융회사의 해외투자 허용 등의 점진적인 개방이 이뤄졌다. 1992년 1월에는 외국인이 국내 상장주식을 직접 취득할 수 있도록 허용했고, 같은 해 9월에는 경상거래에 대한 규제를 소극적인 시스템으로 개편했다. 거주자의 외화예금과 신용제공은 1995년 2월 처음으로 허용되었고, 1996년 4월에는 일반투자자의 해외증권투자가 대폭 자유화되었다. 이 같은 움직임은 임기 내에 OECD(경제협력개발기구) 가입을 추진하려 했던 김영삼 정부에 의해 가속화되었다. 그 결과 1996년 10월 한국 정부는 OECD에 가입하게 되었지만, 이는 외환위기의 실마리를 제공하게 되었다.

이 같은 정책 기조의 변화는 보호와 통제라는 종래의 한국식 산업 정책이 효과 면에서 그 한계를 드러냈을 뿐만 아니라 WTO 체제하에서 이러한 정책이 더 이상 허용되기 어려웠기 때문이다. 특히 만성적인 무역적자에 시달리던 미국이 1980년대에 접어들면서 쌍무주의에 따라 한국 정부에 대해 개방 압력을 공격적으로 행사하자 한국 정부는 무역자유화라는 큰 방향성에 동의해 미국의 요구를 적극 수용하게 되었다. 전방위적인 개방정책의 추진은 1980년대 중반에 실현된 무역수지 흑자 행진과 높은 경제성장률, 서울올림픽의 성공적인 개최에 따른 한국경제의 자신감, 그리고 김영삼 정부의 OECD 가입 추진 정책 등이 반영된 것이다.

그러나 김영삼 정부하에서의 개혁 작업은 그다지 성공적이지 못했다. 경제기획원은 표면적으로는 해체되었지만, 사실은 재무부와 통합되어 재정경제원이란 보다 거대한 조직으로 되살아났다. 기타 정부 조직개편 작업에서도 이와 유사한 현상이 발생했다. 따라서 작은 정부를 만든다는 본래의 목표는 달성하지 못했다. 그리고 규제철폐 작업도 생각만큼 잘 진척되지 못했다. 오히려 관료들은 기존의 각종 규제에서 발생하는 정경유착에 기대어 관성적으로 지대를 추구했고, 정치인들은 무용한 정쟁만을 일삼았다.

탈냉전 전후 정부의 재벌 규제는 더욱 강화되었다. 여신관리제도를 수정해 비업무용 부동산 규제를 강화하는 동시에 재벌의 무분별한 사업 다각화를 지양하고, 안정된 자원을 전문 분야에 집중함으로써 재벌들이 세계적 기업들과 경쟁할 수 있도록 한다는 취지에서 업종전문화 시책을 추진했다.

당시 정부는 여러 산업의 진출을 통해 위험을 분산하는 것보다 주력산업을 육성함으로써 세계적인 전문 대기업의 형성을 목표로 이를 추진했다. 이에 각 재벌은 계열기업의 분리와 통합을 통해 사업구조를 재구축하려는 자구노력을 세웠지만 이 제도 자체가 경쟁을 제한하는 등 부작용을 초래했다. 실제 주력 기업의 선정이 재벌들의 자율에 맡겨짐으로써 업종전문화 정책은 과잉 중복 투자를 오히려 부추겼고 재벌의 평균 부채비율도 증가했다. (허윤, 『탈냉전사의 인식』, 한길사, p. 348)

한편 정부가 장기적 산업정책을 포기하고 규제 혁파를 단행함으로써 재벌은 더욱 그 힘을 신장시킬 수 있게 되었지만, 한국의 재벌은 커진 몸집에 걸맞은 행동양식을 배우는 데는 게을렀다. 그들은 여전히 차입을 통해 거머쥔 재원을 가지고 문어발식 확장과 무분별한 투자에 열을 올렸고, 기술개발과 군살 빼기는 외면했다. 김영삼 정부 하의 민간 주도 경제로의 개혁 작업은 그다지 성공적이지 못했다. 그리고 민주화가 시작된 노태우 정부로까지 소급할 경우, 우리는 이와 관련해 잃어버린 10년을 살았다고 할 수 있다. 1997년 말 한국이 맞은 금융위기는 이러한 맥락에서 이해할 수 있다.

― 김일영, 전게서, p. 433

호남의 한

노령의 큰 산줄기 타고 내려와/ 그림 같은 산과 들에 열린 고을들/ 오랜 전통 빛난 문화 실린 그대로/ 여기서 나고 자란 정든 내 고장/ 뭉치자 세우자 힘차게 살자/ 이 땅은 물려받은 우리의 낙원/

위 가사는 1975년 중앙일보 주최 대통령 배 쟁탈 고교야구 결승전에서 광주제일고등학교(광주일고)가 대구 경북고등학교를 이기고 우승할 때 동대문야구장(지금은 동대문디자인플라자DDP가 되었다)에 울려 퍼진 '전남도민의 노래'다.

맑은 날 지리산 천왕봉에 올라 서쪽을 바라보면 멀리 광주 무등산과 영암 월출산이 우뚝 솟아 있고, 이를 제외하고는 구릉 같은 산과 논밭이 그림같이 펼쳐져 있다. 산이 70%를 차지하는 한반도에서 호남지역은 대부분 넓은 평야로 이루어져 있어 농경시대 온 국민의 젖줄과 같았다. 그래서 고려시대 처음 만들어진 도가 전라도였다. 왕건은 호남의 호족 나주 오씨의 도움으로 견훤을 물리치고 목포 출신 장화왕후 오씨와의 사이에 태어난 장자를 태자로 삼았다. 그가 고려 제2대 왕인 혜종이다.

보릿고개라고 불리던 춘궁기가 되면 다른 지역 사람들이 전라도로 대거 이주했다. 춘궁기가 되면 굶주림을 면하기 위해서 전라도 지방으로 이주해 살다가 춘궁기가 끝나면 고향으로 돌아갔다. 그중에는 호남에 정착한 사람이 상당수 되었다. 7년간의 임진왜란을 이겨낼 수 있었던 것도 호남의 곡창을 지켰기 때문이다. 그래서 이순신 장군은 "호남이 없었다면 국가는 없었다若無湖南是無國家"라고 했다. 이는 호남 사람들이 긍지로 삼는 표어가 되었다.

조선조 말 부정부패와 가렴주구가 가장 심했던 것도 호남의 곡창지대였다. 동학운동을 촉발한 고부군(지금의 정읍) 군수 조병갑(영의정을 지낸 조두순의 조카였다)은 고부 군수를 마치고 경상도 지역 군수로 갔다가 재차 고부 군수로 부임해 가렴주구를 계속한 결과 고창 출신 녹두장군 전봉준이 주도한 동학운동을 일으켰다. 전봉준은 키가 152cm로 작다고 해서 녹두장군으로 불렸다.

호남은 불교보다는 기독교가 발달한 곳이다. 그래서 호남에 있는 사찰은 대부분 영남지역 사찰의 말사로 있다. 광주와 전주에 기독교계 학교와 병원이 많이 있다. 그 이유에 대해서 홍사종 교수는 호남지역은 가렴주구와 동학운동이라는 시련을 겪었고 한국전쟁 때 인민군 치하에서 곤욕을 치렀으나, 영남은 동학운동 같은 혁명기를 거치지 않았고 6·25 때도 북한 치하에 들어가지 않았기 때문에 전통 불교가 잘 보존되었다고 설명한다. 핍박과 시련이 많을수록 기독교에 매료됐다는 의미다.

일제하에서는 쌀 수출항인 목포나 군산이 크게 번창해 온갖 산업과 문물이 그곳으로 모아졌다. 군산과 목포에는 상업고등학교가 설립되었고, 전국에서 인재들이 입학해 해방 후 우리 사회의 지도층으로 성장했다. 김대중 대통령도 목포상고 출신이다.

비록 소수 지주 아래 수많은 사람이 소작인으로서 먹고살았으나 다른 지역보다는 풍요로웠다. 그래서 향토 문화가 크게 발달했다. 예컨대 서편제 등 예술이나 음식문화를 선도해 많은 예술인이 탄생했고 전라도 음식은 가장 선호하는 음식이 되었다. 타지방과 달리 광주의 찻집(다방)에는 각종 동양화와 서양화가 4방 벽을 가득 채우고 있어 그 문화 수준이 상당했음을 보여준다. 또한 이 지역은 해방 후 농지개혁으로 소작인 위치에서 벗어나 자작농이 되면서 농촌경제가 발달했고 수산업도 번창했다. 특히 완도군은 일제 강점기 때부터 김 생산과 김 수출로 경제력이 좋았다. 일본 유학생들이 많았고 "개도 만 원짜리 아니면 물지 않는다."는 우스갯소리가 있을 정도로 생활 수준이 높았다.

이러한 이유로 호남지역 주민들의 타도他道에 대한 자부심과 긍지가 컸다. 지역감정이 없었던 때라 호남 출신이 대구에서 국회의원으로 당선되기도 했다. 그러나 농업 경제 시대가 끝나고 산업화가 진행되면서, 특히 중화학공업 육성으로 특정 재벌 중심의 경제로 재편되면서 호남지역은 소외되기 시작했다. 여기에 호남 출신 김대중 후보가 1971년 대통령 선거에서 영남 출신 박정희 대통령에게 540만 표(45.25%)를 얻고서도 95만 표 차이로 낙선하자 그때부터 영호남 간의 갈등이 시작되었다.

서울에서 호남 차별의 한 원인은 한국전쟁이 끝난 후 호남에서 대거 상경한 고아들의 불법적인 행위가 한 부분을 차지했다. 그러나 그들 모두가 호남지역에서 태어난 아이들은 아니었다. 한국전쟁 당시 미국과 한국 정부는 한반도의 전쟁 상황이 지극히 불안정하고 다시 공산 치하로 넘어가게 되면 고아들을 해외로 빼돌릴 생각으로 남쪽 해안 끝인 목포나 해남 등지에 보육원을 설립해 운영하도록 했다. 약 10만 명 정도의 고아들이 한반도 남쪽 끝에 있는 보육원에 분산 수용되었고, 그들은 전국에서 발생한 고아들이었다. 이들이 전쟁이 끝나자 먹고 살기 위해 상경해 서울역 부근에서 소매치기 등으로 붙잡혀 경찰 조사 때 "집이 어디냐"고 물으면 자신이 있었던 보육원을 제 집처럼 이야기했다. 경찰이 보육원에 확인하면 보육원 원장은 고아들로부터 대부분 아버지라고 불렸기 때문에 자식이 맞냐고 물으면 그렇다고 해 모두 호남 출신 범법자가 되었다. 또한 이들은 가정부(당시에는 식모라고 불렀다)로 살아가는 경우도 많았다. 이들 모두 전라도 사투리를 쓰는 경우가 많아 모든 호남 출신은 가정부나 범법자로 인식되었다. 그래서 한동안 TV나 라디오 연속극에서 가정부는 모두 전라도 사투리를 쓰는 것으로 묘사되었다.

이렇게 호남에 대한 지역 차별은 영호남 사이에 그치지 않고 전국적으로 확산했다. 더구나 10월 유신을 거치면서 주요 고위 공직에 호남 출신을 기용하는 경우가 많지 않았다. 그래서 지역 민원을 해결할 방법은 호남에 와서 근무하고 간 다른 지역 출신이 고위직에 임명되었을 때 찾아가 탄원하는 방법이 가장 효율적이었다. 그 대표적인 기관이 검찰이었다. 광주지방검찰청이나 광주고등검찰청에서 근무한 검찰 고위 간부들이 나중에 안기부장, 청와대 민정수석 등으로 발탁되면 그들을 통해 지역 현안을 해결할 수 있었다. 그래서 다른 지역 출신 공무원에 대해서는 극진히 대우했기 때문에 "광주는 울고 왔다가 울고 떠나는 곳"이 되었다. 임지가 광주로 발령이 나면 크게 실망했으나 근무를 마치고 이임할 때는 떠나기가 서운할 정도가 되었다는 뜻이다.

　　한때 긍지와 자부심이 넘쳤던 까닭에 경제 발전과 공직 임용에서 소외되자 지역에서 느끼는 소외감은 훨씬 컸다. 이러한 분위기 속에서 광주민주화운동이 일어난 것이다. 그렇지 않아도 민심이 돌아서고 있는 상황에 불을 지핀 결과가 되었다. 그동안은 지역 차별이라고 해서 직접 피부로 느끼기보다는 간접적 체험에 그쳤으나 국군의 살상 행위는 직접적인 위해였고 현실적인 차별이었다. 산업화 이전에 품고 있던 국가 발전에 크게 이바지했다는 자부심과 긍지는 분노와 좌절로 바뀌어 갔다. 특히 호남 차별이라는 이야기를 듣고 자란 중고생들이 국군의 잔혹 행위를 목격한 충격은 상상 이상이었다. 이들은 광주시민을 학살하고 제5공화국을 세운 주체들이 모두 영남인 대구 경북 출신이라는 사실에 분개했다. 그래서 영남이 주도하는 민정당부터 그를 이은 지금의 '국민의힘'까지 무조건 싫은 것이다. 이들은 서울에 있는 대학에 입학해 386 운동권의 핵심이 되었고, 이한열 열사가 되었다. 그 밖에 수많은 학생이 분신자살을 서슴지 않았다.

한편 광주시민을 비롯한 호남 주민들은 국가의 위법 부당한 불법행위에 대항했을 뿐이고, 이는 정의로운 일이었음에도 국가에 의해 폭도로 매도되고 있는 사실에 격분했다. 그 후 5공화국 정부에서 동서 화합 목적으로 대구와 광주를 잇는 88고속도로를 개통하고 광주와 전남 지역에 많은 재정을 투입했지만, 그 상처는 쉽게 치유되지 않았다. 이는 동학운동으로 상처받은 당시 조선인들이 느끼는 심정과 비슷했다.

김대중 대통령의 당선으로 이러한 소외감은 상당 부분 해소되었으나 대통령 자제들의 불법행위와 일부 호남 출신 고위공무원들의 부도덕한 행위가 합쳐져서 다른 지역으로부터 경원시되었다. 그 후 노무현 대통령이 호남표의 결집으로 당선되자 386 운동권들은 광주 전라남북도의 정치의식에 관심을 기울이기 시작했다. 그때부터 광주의 아픈 상처와 소외감을 해소하기보다는 이를 이용해 집권하려는 방법으로 포퓰리즘을 확대해 갔다. 이제 호남지역은 하나의 정치세력, 그것도 영남 특히 대구 경북지역에 대한 반감으로 뭉치게 되었고 이것은 운동권들의 인기영합주의에 따라 확대 재생산되었다. 그래서 국민의힘은 최근 몇십 년 동안 아무리 호남에 구애해도 광주 전남지역에서 이정현 의원을 제외하고는 국회의원이나 지방자치단체장을 당선시키지 못하는 기록을 세웠다.

더구나 이러한 호남의 특정 정당에 대한 편중된 정치 성향은 그 정당에 과도한 자신감과 오만을 불어 넣었다. 호남의 진정한 발전보다는 선거 때마다 지역감정을 부추기고 현 정부에 대해 무조건 반대하는 쪽으로 몰고 갔다. 호남이라는 텃밭이 있으니까 어떤 정책이나 행동도 할 수 있다는 자신감에 과도한 입법 활동이나 아전인수식 파렴치한 행동을 서슴지 않고 있다. 한때 안철수 의원의 국민의당이 광주와 전남을 석권했으나 호남의 반영남 정서를 바꾸지 못했고 민주당의 포퓰리즘적 행동에 묻혀 버렸다. 이렇게 국가에 대한 서운함과 거기서 나타나는 소외감은 민심을 이반시켜 우리 사회를 왜곡시키고 있다.

조선 왕조 말과 일제하에서 생긴 소외감을 벗어나기 위해 항상 외부나 외국의 눈치를 보는 버릇이 생겼다. 내부 평가나 국내에서의 평가보다 외부의 평가를 우선시하고 외국에서 칭찬해 주면 우쭐하고 외국에서 비난하면 이를 침소봉대해 과장하는 경향이 나타났다. 이는 소외감이 자신감의 상실에서 비롯되기 때문이다. 이와 비슷한 생각에서 광주민주화운동과 직접 관련이 없음에도 광주민주화운동을 칭찬하거나 관련 입법에 관여한 사람들을 광주민주화운동 유공자로 포상함으로써 유공자의 진위에 대한 논란을 일으켰다.

여기에는 호남 출신 출향 인사들의 탓도 크다. 그들은 호남에서 자라 중앙으로 진출해 출세한 후에는 과거 선비들처럼 낙향해 후진을 양성하고 주변의 모범이 되어야 했다. 그러나 호남 출신 출향 인사 중 일부만 국회의원이나 지방자치단체장 등 지방의 공사직을 맡기 위해 귀향했다가 그 보직이 끝나면 서울로 돌아가 버린다. 그래서 지방에서 느끼는 소외감도 커지고, 남아서 고향을 지키는 사람들에게 새로운 비전과 희망을 주지 못하고 있다.

우리 스스로 우뚝 서서 우리가 옳다고 생각하는 길을 묵묵히 걸어가는 자세는 조선의 선비들이 추구했던 목표다. 우리에게는 아직 그런 유전자가 살아 있다고 본다. 이제는 소외감이나 콤플렉스를 벗어날 때가 되었다. 특히 호남이 그렇다. 그래서 호남의 문제를 푸는 것이 대한민국의 문제를 푸는 것이다.

중세 때부터 "지식은 힘이다."라는 말에는 반드시 "힘에는 책임이 따른다."라는 말이 함께 있었다. 지식이 함부로 남용되면 수많은 사람에게 해악을 끼치기 때문이다. 모든 힘에는 거기에 부수되는 책임과 의무가 있어야 한다는 격언은 누구에게나 해당한다. 이미 세 번이나 호남이 지지했던 대통령이 나왔다. 그리고 지금도 호남이 지지하는 정당이 국회를 압도적으로 장악하고 있다. 그렇게 힘이 있으면 반드시 그에 대한 책임이 뒤따른다. 국가 공동체의 이익을 위한다는 공적 의무를 잊어서는 안 된다. 그러한 공적 의무를 제대로 이행하지 않으면 많은 후유증을 낳고 그 힘도 결코 오래갈 수 없다. 이제는 바뀌어야 한다.

4

포퓰리즘의
등장

포퓰리즘의 의미

포퓰리즘populism(대중영합주의)의 어원은 인민이나 대중 또는 민중을 뜻하는 라틴어 '포풀루스populus'에서 유래했다. 대중주의大衆主義 또는 민중주의民衆主義, 인민주의人民主義라고도 한다. 포퓰리즘에 대한 정의를 정확하게 규정하기는 어렵지만 일반적으로 대중의 견해와 바람을 대변하고자 하는 정치사상 및 활동을 가리키며, 소수의 엘리트가 다수의 대중을 지배하는 엘리트주의에 상대하는 개념으로 간주한다. 포퓰리즘은 역사적으로나 지역적으로 다양한 양상을 띠지만, '대중에 대한 호소'와 '엘리트에 대한 불신'이라는 공통된 속성을 지니고 있다. 나로드니키 운동과 미국의 포퓰리스트 운동을 포함해 20세기 초의 멕

시코혁명과 유럽의 파시즘, 중국 공산당의 마오쩌둥, 쿠바의 피델 카스트로, 아르헨티나의 후안 도밍고 페론, 인도의 인디라 간디, 미국의 조지프 매카시와 매카시즘, 프랑스의 장 마리 르펜을 위시한 서유럽의 신극우주의 세력, 일본의 고이즈미 준이치로, 베네수엘라의 우고 차베스 등 이질적 현상 또는 인물들이 모두 포퓰리즘 또는 포퓰리스트의 범주로 거론된다.

대중에게 호소해서 다수를 위한 정책을 수립하고 다수의 지지를 얻어내기 위해 노력한다는 점, 다수의 지배를 강조하고 직접적인 정치 참여를 강조한다는 점에서 포퓰리즘은 민주주의와 맥을 같이한다. 즉, 기득권 정치세력과는 달리 대중의 눈높이에서 그들의 목소리를 직설적으로 표출하고 진정한 민주주의를 위해 현실을 타개한다는 것이다.

브라질의 루이스 이나시우 룰라 다 시우바 대통령이 추진한 기아 퇴치 및 실용주의 노선은 대표적인 포퓰리즘 성공 사례로 꼽힌다. 룰라 대통령은 월 소득액이 최저생계비에 미치지 못하는 가구에 정부가 현금을 지원하는 보우사 파밀리아Bolsa Familia 정책을 시행해, 국가 재정을 고려하지 않은 선심성 정책이라는 비난을 받았으나, 임기 동안 빈곤율을 10% 이상 떨어뜨리고 급속한 경제성장을 이룩하는 성과를 거두었다.

이에 반해 포퓰리즘에 대해 대중의 인기만을 쫓는 대중추수주의 또는 대중영합주의로 보는 부정적 시각도 뚜렷이 존재한다. 제2차 세계대전 후 노동자층의 지지를 얻어 대통령에 당선된 아르헨티나의 페론 정권이 대표적 사례로 꼽힌다. 페론은 노조의 과도한 임금 인상을 수용하는 등 무분별한 선심성 복지정책으로 민중의 지지를 얻고 이를 바탕으로 독재 정치를 펼쳐 아르헨티나의 경제를 악화시켰다는 비판을 받는다.

이처럼 부정적 시각에서는 정치 지도자들이 정치적 편의나 기회주의적 생각으로 포퓰리즘을 활용하면서, 실제로는 비민주적 행태와 독재 권력을 공고히 한다고 비판한다. 즉, 권력과 대중의 정치적 지지를 얻기 위해 비현실적인 정책을 내세울 뿐이며, 국가와 국민이 아니라 특정 집단의 정치적 목적을 위한 수단으로 악용될 수 있다는 점을 지적하고 있다.

586 정치 엘리트의 성장 배경

586의 성향에 대해서는 민경우 대안 연대 상임대표의 견해를 원용한다.

"1980년대 주체사상파(주사파)학생들은 북한의 사주를 받고 혁명을 지향했다. 그들은 정치인, 교수, 종교인으로 성장했지만, 그들의 무의식 속에는 80년대 나라를 통째로 뒤엎고자 하는 위험한 사조가 흐르고 있다. 직접민주주의, 반외세 친북, 민중과 평등의 과도한 강조, 공안기관에 대한 지나친 적대감 등이 그러하다. 그중 하나가 반일이다. 운동권 급진주의의 핵심은 반미였다. 그러나 반미는 대중적으로 잘 통하지 않자, 반미로 가는 다양한 우회로를 개척했는데, 그중 하나가 역사이고 다른 하나가 일본이다.

김일성의 교시에 갓끈 전술이라는 것이 있다. 갓의 두 갈래 끈 중 하나를 끊으면 갓이 벗겨진다는 내용이다. 즉 반미가 어려운 조건에서 반일을 통해 갓의 일본 경로를 끊으면 결국 한·미·일 삼각동맹이 와해하면서 반미가 될 수 있다는 것이다. 최근 벌어지고 있는 반일 운동의 뿌리가 그러하다. 야권은 한미일 협력의 약한 고리인 일본 문제를 공략했다. 물론 반일 운동의 시원은 다양하고 그 규모도 훨씬 크다. 그럼에도 반일 운동의 경로 중 하나가 80~90년대 반미 운동의 우회로를 열고자 했던 운동권 급진주의 주사파에 있음은 명백하다.

반국가적 성향과 문화의 잔재는 그저 머릿속에 유제로만 남아 있는 것이 아니라 질기게 살아남아 현실 정치에 영향을 준다. 더 위험한 것은 80~90년대 급진주의의 전성기에 태동한 반국가적 유산들이 여전히 중년 세대를 중심으로 강고하게 형성되어 있다. 반국가세력을 정치 조직적 수준에서 암약하는 간첩 세력으로 한정하는 것은 상황을 너무 안이하게 보는 것이다."

(민 대표는 1984년 서울대 국사학과에 입학해 1987년 서울대 인문대 학생회장을 지냈다. 1995~2005년 주사파를 상징하는 조직인 조국 통일 범민주 연합 남측본부의 사무처장을 맡았고, 2019년 조국 사태 이후 입장을 선회해 보수성향의 시민단체 운동을 하고 있다. (『중앙일보』, 2021. 9. 1., p. 25))

586이 성장해 주류 정치세력으로 부상하게 된 과정과 성향은 저널리스트 강양구, 권경애 변호사, 김경률 회계사, 서민, 진중권 교수 등이 공동 저술한 『한 번도 경험해 보지 못한 나라』에서 다음과 같이 설명하고 있다.

1970년대 운동권들이 지향했던 바는 미국식 민주주의 모델이었다. 그래서 70년대 운동가요도 〈홀라 송〉이라든지 〈흔들리지 않게〉, 〈우리 승리하리라〉 등 미국 노래였다. 그러나 1980년 광주를 거치면서 386 운동권들이 급진 좌경화하면서 운동권에 NL(민족해방)과 PD(민중민주)의 두 흐름이 형성되었다. 이들은 모두 기본적으로 '부르주아 민주주의'에 대해 비판적이었다. 국가를 부르주아들의 이익조정 기구라고 여겼고 민중민주주의와 민주집중제를 논했다. 우리가 아는 민주주의와는 완전히 성격이 다른 공산주의 내지는 사회주의였다. 이들은 소련과 동구권이 무너졌을 때, 곧 현실 사회주의가 무너졌을 때 자기의 생각을 수정할 수 없었다. 사회민주주의나 민주사회주의와 같은 이념의 수정 과정 없이 바로 제도 정치권으로 들어갔다.

PD 그룹은 계급의식이 강해 정치권으로 많이 나가지 않았지만 NL 그룹은 사회주의자들이기보다는 민족주의적 색채가 강했다. 전술적으로 연합, 통일전선의 성격이 강했다. 많은 사람을 포섭해야 했으므로 대중성이 무엇보다 중요했고 그에 대한 훈련과 경험이 많았다. '통일'이니 '해방'이니 하는 이념은 정치권에 들어가면서 내다 버리고, 사라진 이념 대신 혁명적 의리론으로 뭉쳐서 서로 이익을 챙겨주는 관계가 되었다. 주사파는 예전 통진당, 지금의 민중당이나 남아 있고, 586 정치인들은 과거부터 의장님으로 불리면서 꽃가마 타는 데 익숙한 사람들이다. 이들이 갖고 있는 대중선동 노하우,

대중조직 노하우, 이를 기반으로 한 선거 노하우는 보수가 따라잡지 못한다.

김대중, 노무현 정부 10년 동안 새로운 정치인들이 수혈되었는데 그 핵심들이 386이었다. 노무현 정부 때 이들은 30대 중후반이었는데, 자본주의가 어떻게 돌아가는지, 국가와 사회는 어떻게 작동하는지에 대한 지식과 노하우가 없었다. 당시 386들은 정치 공학을 염두에 두고서 권력 경쟁의 판을 짜고 선거 캠페인에 능한 사람들이었지 실제로 한 국가 공동체를 어떤 식으로 운영할지에 대한 비전도 능력도 없었다. 게다가 자신에게 도움을 줄 만한 실력을 갖춘 사람들과의 네트워크도 협소했다. 그런 무능한 사람들이 권력을 잡은 것, 이것이 사실 노무현 정부 실패의 주요한 원인 중 하나였다.

노무현 대통령은 복지 국가 건설이라는 꿈이 있었다. 참여정부가 실패했다고 스스로 생각했기 때문에 퇴임 이후 자신을 반성하면서 진보를 지원하는 역할을 하다가 서거했다. 서거 이후 친노 정치인들과 지지자들에게 이러한 노무현의 꿈을 계승하겠다는 의식은 사라지고 우리가 약해서 당했다는 복수심만 남았던 것 같다.

한때 '폐족'이라고 불렸던 친노가 '친문'으로 변신해 문재인을 대통령으로 만들어 자기들의 기득권을 재창출하려고 했다. 그리고 운 좋게 탄핵 사태를 만나 멋지게 성공해 버렸다. 따라서 이들은 민주주의 공부를 제대로 할 기회가 없었다. 그리고 "도덕적인 가치를 우리에게만 강하게 적용하면 저렇게 당한다. 저들이랑 똑같이 해 주자" 같은 이런 원한 감정과 피해의식 속에서 기득권 유지, 정권 유지에만 집착함으로써 노무현의 꿈은 사라져 버렸다.

2016년 총선부터 내리 네 번의 선거 승리를 통해 한국 사회의 주류가 산업화 세력에서 민주화 세력으로 교체되었다. 586세대가 주류 세력이 되었다는 것은 곧 그 세대를 대표하는 엘리트 계층이 사회, 경제, 정치적 기득권층이 되었다는 것을 의미한다. 조국 사태는 그들이 그동안 구축한 특권과 기득권을 2세에게 대물림하는 단계에 이르렀음을 보여준다.

586세대는 중상위층으로서 사회의 헤게모니를 잡고 정치도 경제도 점점 장악하고 있다. 학생운동 출신들은 정치로 갔고, 이에 공감하던 이들은 벤처, 인터넷 기업, 대기업 IT 분야에서 활동하고 있다. 이들이 새로운 생산의 주체이자 소비의 주체가 되었다. 광고 시장에서 구매력을 갖는 사람들이 20에서 50대인데 이들이 주류가 되니 미디어에서도 그들을 표적으로 전략을 짜면서 언론에서도 헤게모니가 생겼다. 학계, 문화계 등에서도 그렇게 되었다. 과거에 콘크리트 지지층이 있고 여기에 10%만 붙이면 늘 이기는 선거를 보수에서 해왔듯이 이러한 구도가 민주당으로 넘어간 것이다.

이처럼 586세대는 사실상 새로운 보수 세력이 되었다. 지금 한겨레 신문과 진보적 시민단체에서 하는 짓은 과거 조선일보와 우익 관변 단체가 했던 모습이다. 이는 보수집단 내에서 세대교체가 이루어졌다는 것을 의미한다. 아울러 부패도 빠르게 진행되고 있다.

비록 허위의식이 있었다고 해도 과거 386은 노동자 농민을 대변한다는 자의식이 있었고, 그것 자체가 운동과 결합해 있었다. 지금 586 정치 엘리트들은 강남에 아파트를 가지고 있거나 목동에 아파트를 가지고 있는 사람들로서 이들의 물질적 기반은 과거 보수와 다르지 않고 그 자리에 도달하기 위해 그들과 같은 방법을 썼다. 그리고 조국의 반칙이 그들에게는 반칙으로 여겨지지 않는다. 조국을 옹호할 때 그들은 실은 자신을 옹호하고 있었던 것이다.

— 강양구 외, 『한 번도 경험해 보지 못한 나라』, 천년의 세상, 2022,
pp.248-266, pp.298-300 참조

586 주도의 하향 민주주의

광주민주화운동이 일어난 지 43년이 지났다. 우리 사회의 큰 획을 그은 사건이고 그 여파는 지금도 진행 중이다. 국군의 임무가 자국민을 보호하고 지키는 일이었는데 그 국군이 그에게 그 권한과 의무를 부여한 국민을 살상한 것은 대한민국 국군의 위상은 물론 대한민국의 정체성에 대한 심각한 문제를 일으켰다. 광주민주화운동을 직접 겪거나 이를 보고 자란 젊은 세대들은 대한민국 정부에 대한 반대, 곧 반정부에 그치지 않고 대한민국 자체의 정당성에 대한 의문을 제기하는 혁명적 사고를 갖게 되었다.

이들은 당시 군부독재에 대한 반대 논거를 쿠바의 체 게바라 등의 반미 활동에서 근거를 찾다가 북한의 대남전략인 '민족해방인민민주주의 혁명론NLPDR'을 현 정부 전복 내지는 대한민국 체제 전복의 이론

으로 채택했다. 그들은 자신들이 말하는 대중선동과 선전 방식으로 위 민족해방인민민주주의의 인민을 민중으로 대체해 '민족해방민중민주 주의 혁명'이라는 말로 바꾸고 김일성과 김정일을 '위수김동(위대한 수 령 김일성 동지)'과 '친지김동(친애하는 지도자 김정일 동지)'라고 호칭하며 민 주집중제라는 독재 정치를 민주주의의 한 태양인 양 호도했다.

이 혁명론은 한국 사회의 성격('사회구성체론', 줄여서 '사구체'라고 불렀 다)을 미일 제국주의에 지배받는 식민지 반봉건(半자본주의) 사회로 규정 하고, 한국 사회의 주요 모순을 한국 민중과 제국주의 및 그 예속을 받 는 재벌, 관료 간의 모순으로 보았다. 이러한 민족적 계급적 모순을 극 복하기 위해서는 노동자, 농민, 진보 지식인, 학생 등 민중이 주체가 되어 합법, 반半합법, 불법 등 모든 수단을 동원해 민중 민주주의 혁명 정부를 수립하는 1단계를 거쳐, 2단계인 사회주의 혁명으로 이행하면 서, 이미 사회주의 혁명이 완수된 북한과의 통일도 자연스럽게 이루어 진다는 것이다.

외세와의 민족적 모순을 강조하는 분파(자민투)와 재벌이나 관료 등 지배계급과의 투쟁(계급적 모순)을 강조하는 민민투로 나누어져 사상 투쟁을 벌이기도 했지만, 기본골격은 폭력 혁명을 지향하고 있는 북한 의 남조선 혁명론이다. 1980년대 광주 5·18과 전두환 대통령 집권 과정 과 연결되어 학생운동권에 널리 전파되었다. 5·18 때 미 7함대가 부산 으로 입항해 광주를 구해줄 것이라는 기대를 저버리고 미국이 오히려 신군부를 용인했다는 이유로 반제국주의 투쟁의 명분으로 삼았다.

특히 그들의 사회구성체론은 식민지 상태와 독재 권력에 의한 민중 수탈을 기반으로 하고 있으므로 미국과 일본의 식민지와 관계된 반미나 항일 관련 역사나 5공화국의 쿠데타 집권에 의한 정권 장악 등 독재를 크게 부각했고, 마치 지금도 우리 대한민국이 식민지 상태에 있는 독재국가인 양 호도하면서 반일과 독재라는 말을 일상적으로 사용하고 있다.

이들은 1980년대 이 혁명 이론에 따라 대외적으로는 '반독재 민주화'를 내세워 군부독재를 반대하는 대다수 국민의 호응을 얻고, 광주민주화운동 당시 미국이 광주시민을 구출해 내기는커녕 오히려 군사독재정권을 인정하고 옹호했다는 이유로 '반미자주화'를 내세워 진정한 민주화를 바라는 많은 시민을 자신들의 논리로 끌어들였다. 특히 젊은 학생들이 군부독재에 맞서 신병 구속 등에 위축되지 않는 모습에서 많은 사람이 심적으로 동조했다. 급기야 연세대 이한열 군이 시위 도중 최루탄에 맞아 숨지고 서울대 박종철 군이 경찰 조사를 받던 중 사망하기에 이르자 소위 '넥타이 부대'라고 불린 회사원들 등 중산층이 대거 이들의 시위에 동참함으로써 군부독재 정권은 26년 만에 막을 내리게 되었다.

이들은 당시 30대이고 1980년대 대학 입학생으로서 1960년대 출생자가 주축이어서 386세대라고 불렸다. 이들은 대학 4년 동안 소위 운동권으로서 활동하느라 자신의 전공이나 학업에 전념하기보다는 주로 현장에서 곧 반정부 집회나 시위, 야학 등을 통한 의식화 학습, 위장취업 등으로 체제 전복 내지는 반정부 활동에 매진했다. 이들은 이러한 활동에 치중하다가 재학 중 구속되거나 제적되어 대학을 제대로 마치지 못했거나 군대에 강제 입영되었고, 취업이 제한되기도 했다.

취업이 제한된 일부 운동권 출신들은 대치동 등 학원가에 취업해 당시 대학 입학시험의 주요 과목인 논술시험의 강사로서 고등학생이나 재수생을 상대로 비판적 시각을 키워준다는 핑계로 자연스럽게 반정부, 반체제 의식을 심어주었다. 당시 우리 사회의 주요 담론이었던 반공은 잘못된 것이고, 평생 항일투쟁을 해 온 이승만 전 대통령과 우리나라를 부국으로 만든 박정희 전 대통령이 친일파라고 가르쳤다. 일본의 식민 지배나 소련과 미군정의 실상을 제대로 알지 못하고, 대한민국을 얼마나 어렵게 수립했는지 모를 뿐만 아니라, 북한 공산주의자들의 6·25 남침과 끊임없는 도발을 이겨내고 선진국으로 도약한 대한민국에 대한 자긍심과 이를 수호할 의식 기반이 아직 충분히 갖춰지지 않는 학생들에게 북한의 입장을 주입하는 교육은 한국 사회에 뿌리 깊은 화근을 심어놓은 결과가 되었다.

특히 이들의 논리는 북한의 대남 선전용으로서 이분법에 근거해 지극히 단순한 논리 구조로 이루어졌기 때문에 쉽게 배우고 쉽게 전파할 수 있었다. 이를 가르치는 386세대 스스로 이에 관한 철저한 연구 없이 맹목적으로 받아들였으므로 이들로부터 배운 사람들도 그 이론을 따지거나 비판하는 것이 금기시되었다. 일종의 신앙처럼 되어 버렸다.

실제 사교육계와 '86 운동권'의 관계는 오래됐다. 전두환 정부 때의 과외 및 학원 수강 금지가 1991년 해제되자 86 운동권의 사교육 시장 진출은 활발했다. 학생운동을 하다가 취업 시기를 놓치거나 구속 경력 등으로 일반 직장 취직이 어려운 점 등이 작용했다. 86 운동권 출신 정치권 관계자는 "초기만 해도 생계형 목적의 진출이 많았는데, 천문학적인 돈벌이가 된다는 걸 알고 운동권 선후배들이 경쟁적으로 사교육 시장을 키워나갔다"고 말했다.

윤 대통령을 연일 비난하는 정청래(건국대 85학번) 최고위원 역시 학원장 출신이다. 1989년 서울 주한미국대사관 점거 사건으로 2년간 복역 후 출소한 뒤 자주민주 통일(전대협 모태)을 이끌던 양태회(고려대 85) 씨와 서울 마포에서 〈길잡이 학원〉을 차려 큰 성공을 거뒀다. 이외에도 〈박정 어학원〉의 창립자인 박정(서울대 81) 의원, 〈외대어학원〉을 운영한 정봉주(한국외대 80) 전 의원 등도 있다.

정치권에 오지 않았더라도 86 운동권은 여전히 사교육계의 큰손이다. 정 최고위원과 동업했던 양 씨는 이후 〈비상교육〉을 차려 사교육 출판계에서 입지가 탄탄하다. 고려대 총학생회 집행위원장 출신 조동기(고려대 85) 〈조동기국어논술 학원〉 대표, 노동운동가 출신 손주은(서울대 81) 메가스터디 회장 등도 대표적인 86 운동권 출신 학원 재벌이다.

국민의힘은 소위 '1타 강사'로 불리는 젊은 강사도 86 운동권의 영향을 받았다고 의심하고 있다. 지난 대선 과정에서 유명 역사 강사 황현필 씨는 당시 민주당 후보였던 이재명 대표를 공개 지지하며 윤 대통령을 원균에게 빗대기도 했다. 국민의힘 관계자는 "지난해 초·중·고 사교육비가 25조 원을 넘겼다"며 "민주당과 사교육 업계는 카르텔 지키기를 멈추고 비정상의 정상화에 협조해야 한다"고 말했다.

―『중앙일보』 2023. 6. 22., p. 3

한편 386세대들은 보수적인 정치인이었던 김대중 전 대통령이 3당 합당 이후 자신의 세력을 키우기 위해 이들을 영입함으로써 정계에 진출하게 되었다. 이들은 김대중이라는 거목 아래서는 자신의 목소리를 내지 못하다가 민주당이 차기 대통령 선거를 치르는 과정에서 후보로 선출된 노무현 전 대통령을 인정하지 않자, 민주당이 아닌 선거대책위원회(선대위) 체제로 대선을 치르게 되었고, 여기에 386세대들이 많이 참여했으며, 노 전 대통령에 대한 탄핵소추 후 치러진 총선에서 대거 당선됨으로써 이후 한국 대한민국 정계의 주도 세력으로 진입했다.

노무현 전 대통령은 한미 FTA 체결과 이라크 파병에서 보듯이 보수적인 정책을 추진했다. 그러나 경제에서 실패함으로써 386의 무능함이 국민에게 적나라하게 알려졌다. 그 결과 이명박 전 대통령이 역사상 가장 큰 표 차로서 민주당 정동영 후보를 누르고 당선되었다. 그리고 이후 선거마다 민주당은 연속적으로 패배했고 급기야 박근혜 전 대통령 당선으로 이어졌다.

이러한 분위기 속에서 386이 기사회생할 수 있었던 것은 노무현 전 대통령의 죽음이었다. 재임 때 받은 뇌물 혐의로 수사를 받다가 스스로 목숨을 버리자 노 전 대통령이 정치를 해서는 안 된다고 했던 문재인 전 대통령이 노 전 대통령의 후광에 힘입어 탄핵정국을 이용해 당선되었다. 보수정권이라고 칭하는 이명박 전 대통령과 박근혜 전 대통령은 처음부터 끝까지 대립하고 정쟁을 이어 나간 끝에 보수정권에 대한 환멸을 국민에게 심어줘 반대 세력인 민주당과 386세력에게 정권을 갖다 바친 결과가 되었다.

문재인 정부 5년은 386세대가 당시 30대에서 이제 중년인 50대가 되어 586으로 불리게 되었고, 마침내 자신들의 본색을 드러낸 시기였다. 외형상 한미동맹을 유지한다고 하면서 실질적으로는 미국과 사사건건 대립했다. 동맹이라는 말이 무색할 지경이 되었다. 미국과 동맹한다면서 북한 편을 들거나 중국과 가까워지는 정책을 서슴지 않고 시행했다. 일본과는 친일파 척결이라는 해방 직후 북한이 대남 적화의 구실로 내세운 슬로건으로 반일 감정을 부추겼다. 일본과의 위안부 합의도 걷어차고 징용 배상 문제는 해결하지 않았다. 오히려 이를 지지층 결집에 활용했다. 경제는 소득주도성장이라는 이미 실패한 정책을 가져와 시행함으로써 스스로 쓰라린 실패를 맛보았다. 이에 따라 공무원만 양산해 차기 정부와 국민에게 큰 부담을 안겨주었다.

여기에 국민을 위한다기보다는 과거 자신들을 국가보안법 위반으로 단죄한 검찰에 대해 자신들의 과거 범법행위를 합리화시키겠다는 생각과 노무현 전 대통령 타계에 대한 책임을 묻는다는 차원에서 '검찰 수사권 완전 박탈(검수완박)'을 주장하고 이를 군사 작전하듯이 관철했다. 그 과정에서 386의 현주소인 강남좌파(자신은 보수적인 생활방식에 따르면서 진보적인 주장을 하는 그룹)의 민낯을 그대로 드러냈다.

조국 전 서울대 교수를 민정수석으로 내세워 법무 검찰 인사를 좌지우지하다가 급기야 법무부 장관으로 임명했다. 그리고 박근혜 정부때 항명 소동을 벌인 윤석열 현 대통령을 검찰의 핵심 요직인 서울중앙지방검찰청의 검사장으로 기수를 파괴하면서까지 기용한 후 다시 검찰총장으로 발탁했다. 자신들이 가장 공정하다고 칭찬하며 임명한윤 총장이 조국 법무부 장관의 강남 좌파적 민낯을 드러내는 수사를 개시하자, 추미애, 박범계 법무부 장관을 차례로 내세워 온갖 수단과 방법을 동원해 수모를 준 뒤 사퇴시켰다.

그런 가운데 북한은 문재인 정부가 공들여 성사한 싱가포르 회담에 이은 판문점 회담에 응하다가 하노이 회담으로 자신들의 요구사항이 받아들여지지 않자, 한때 칭찬해 마지않던 문재인 대통령을 비난하거나 비하하고 남북공동연락사무소를 폭파하는 등 그들의 본색을 드러냈다.

이런 일련의 일들은 그동안 보수와 진보 정부가 10년마다 교체됐던 주기를 5년으로 단축하는 결과를 낳았다. 비록 0.75% 차이지만 문재인 전 대통령은 자신이 출세시킨 사람을 야당 후보로 만들어 주고 당선까지 시켜준 것이다.

현재 386이 주도가 된 정치권이 보여주고 있는 모습은 지난 30여 년간 진행된 민주화가 하향 민주화했음을 여실히 보여주고 있다. 이제와서 양반과 상인(상놈)으로 나누면 지금이 언제인데 아직도 구시대 타령이냐는 책망을 들을 수 있다. 그러나 조선시대 전 인구의 10%에 불과한 양반 계급이 500년 이상 조선을 통치할 수 있었던 근본적인 힘은 교육과 공적 정신이었다. 이 둘은 양반과 상인을 나누는 척도가 되었다. 그래서 교육에서 배제된 대다수 조선인은 개화기와 일제 치하를 거치면서 교육에 대한 한恨을 풀고자 했다. 그들이 바라는 것은 교육 그 자체가 아니라 교육을 통한 양반으로의 신분 상승이 궁극의 목적이었다.

미군정과 대한민국 수립 이후 교육에 대한 열정이 더욱 커져 우리가 산업화와 민주화를 짧은 시간 내에 이루어 낼 수 있는 원동력이 되었지만, 양반의 공적 정신은 제대로 계승되지 않았다. 일제 치하에서 일본인들도 양반에 대해서는 함부로 대하지 못했다. 그들의 충효 사상과 인의예지신仁義禮智信을 우선시하는 생활 태도 때문이었다. 조선 말기 부패와 가렴주구로 많이 퇴색되었지만, 일부 양반들의 국가와 사회에 대한 인식, 수신제가치국평천하修身齊家治國平天下의 자세는 모든 사람의 귀감이 되었다. 특히 남에게 신세를 지거나 폐를 끼쳤을 때 창피하거나 부끄러움을 아는 것을 염치廉恥라 한다. 그들은 이 염치를 중요시했고 염치를 모르는 인간을 파렴치破廉恥하거나 몰염치沒廉恥하다고 여기는 사회 풍조를 만들어 사회 기강을 확립했다.

해방 후 미군정과 6·25 전쟁을 겪으면서도 이러한 양반에 대한 경외심은 남아 있었다. 일제하 교육도 수신修身의 점에서는 조선왕조와 크게 다르지 않아 일제하 교육을 받은 사람들이 후세 교육에 큰 영향을 미쳤다. 그렇게 교육받은 사람들이 현재 60대 이상이라고 할 수 있다.

그러나 386들은 근본적으로 대한민국 체제 자체를 부정한 결과 기성세대에 대한 반발이 자신들의 혁명 과업이라고 생각해 기존의 공적 정신을 반민족적인 친일 또는 반공이라고 매도하면서 이를 무시했다. 그리고 이를 대신할 새로운 공적 정신을 창안하거나 그 대안을 만들지 못하고 자신들이 학습한 북한의 주체사상에 따라 대한민국의 자유민주주의를 부수기만 할 뿐, 새로운 사회 운용 시스템을 만들어 낼 생각을 하지 않았고 그럴 능력도 없었다. 그래서 가장 쉽게 접할 수 있는 포퓰리즘을 동원해 사회를 이분법적 사고로 분할하고, 저급한 용어와 소위 문자 폭탄으로 여론몰이식 치졸하고 저급한 정치를 했다. 이는 정치를 희화화해 많은 사람이 정치와 정치인을 혐오하게 함으로써 공적 정신을 구축할 기회를 상실시켰다.

그들은 우리 사회가 독재로부터 벗어나 민주적인 사회로 탈바꿈하는 데는 이바지했으나 헌법상 자유민주주의의 기본질서에 깔린 사익보다 공익을 앞세우는 노블레스 오블리주는 강남좌파들이 보여주듯이 깡그리 무시했다. 자기편만을 위한 사고와 정책 수립은 이 사회에 커다란 문제를 만들었을 뿐만 아니라 민주화가 모든 사람이 양반같이 되는 사회, 곧 모두가 잘사는 공적 정신이 충만한 민주사회가 아니라 기존의 양반마저 상놈으로 만드는 민주화로 나아간 것이다.

그러니 모두가 자신들의 잇속을 위해 수단과 방법을 가리지 않게 되었고, 이를 창피하게 생각하지도 않았다. 그러면서 외양은 공을 앞세우다 보니 내로남불이 일상화가 되었다. 내가 하면 로맨스요 남이 하면 불륜이다. 고상하고 이상적인 염치는 남에게만 적용하고 자신이 저지른 일에 대해서는 염치를 모르는 것이다. 이러한 행태가 개인에 그칠 때는 주위 사람들의 질책이나 멸시 때문에 그 장본인은 물론 나무라는 사람들도 스스로 경계하는 계기가 되어 사회 전체가 염치가 있게 된다. 그러나 그게 집단화되고 또한 지속될 때, 마치 그게 잘한 일인 양 그 사회를 양분시키는 촉매제로 작용한다.

586의 역사 왜곡

586들은 일제 침략과 친일파를 북한처럼 정치적 목적으로 과도하게 강조하다 보니 자연히 그 피해자라고 할 수 있는 조선왕조를 두둔하는 분위기를 조성했다. 명성황후를 미화하고 있는 현실은 명성황후가 우유부단한 고종을 앞세워 국정 농단을 해 사실상 조선왕조를 망하게 한 주된 원인을 제공한 사실을 감추어 버렸다. 명성황후는 청나라를 망하게 한 원인을 제공한 서西태후와 비견되기도 한 사실을 기억에서 지워버리는 결과를 낳았다.

이러한 시각에 의하면 우리는 일제의 강점에 대항한 독립운동 정신으로 민주국가인 대한민국을 새로이 만들었고, 일제 강점에 격분해 밤을 낮 삼아 일해 세계 선진국이 되었다는 논리로 귀결된다. 그러면 같은 일제 치하를 지내고 일제하에서 중공업이 발달해 남한보다 훨씬 잘살았던 북한이 오늘날 세계 최빈국으로 전락한 것에 대한 해답이 나오지 않는다.

그러나 현실은 그렇지 않다. 조선왕조 말기의 부정부패와 가렴주구, 외국 군대를 동원한 학살 등으로 조선왕조에 대한 원망과 분노가 솟구치던 때 조선왕조가 망하고 조선인에 의한 새로운 왕조나 국가가 요구될 무렵 일제의 대륙 침략에 의한 조선 강점이 이루어진 것이다. 그리고 부정부패와 가렴주구는 온 백성을 지극히 이기적이고 각자도생하게 했다.

그러나 조선왕조의 실정과 일본의 식민지 지배의 결과 생겨난 좌절과 분노와 함께 이기심과 각자도생식 생활방식을 훌륭한 지도자들이 국민적 동력으로 한데 묶어내어 오늘날의 대한민국을 만들어 냈다. 다행히 우리는 냉전의 소용돌이 속에서 자유민주 체제와 사유재산제를 바탕으로 한 자본주의를 받아들일 수 있어 우리가 가진 한을 마음껏 풀 수 있었지만, 북한은 프롤레타리아 일당 독재와 협동 농장으로 대표되는 공산주의 체제하에서 신음하고 있다.

우리가 1988년 이후 어렵사리 확보한 자유민주주의가 1980년 광주민주화운동의 후유증으로 크게 위협받고 있다. 김대중 대통령의 당선으로 국가가 나누어지는 위기를 극복하고 지속 성장할 수 있었으나, 광주민주화운동을 계기로 성장해 우리 사회의 주류가 된 386 운동권들이 자신들이 추종했던 공산주의 방식에 따라 민주집중제와 대중영합주의populism로 우리 사회의 지속 가능한 발전을 약화시키고 있기 때문이다.

우리가 세운 자유민주주의와 사유재산제에 대한 확고한 신념과 재정비를 서둘러야 할 시점이다. 역사적으로 민주집중제 등 독재 방식은 처음에는 급속 발전이라는 반짝 효과를 내지만 곧 줄서기가 나타나 부정부패로 이어지고 그 체제의 도덕성을 상실시켜 버린다. 물론 강압적으로 체제를 일정 기간 유지할 수는 있으나 그 후유증으로 수많은 희생과 함께 국가 쇠망이라는 불운을 겪게 되기 때문에 이를 철저히 막아야 한다.

이를 위해서 필요한 것이 선거의 자유, 사법권 독립, 그리고 언론의 자유 보장이다. 이는 민주국가인지 아닌지를 판단하는 척도이기도 하다. 아울러 민주국가가 지속 발전하기 위해서는 그 사회를 위해 헌신하는 엘리트 계층이 필요하다. 이들이 바로 인기영합주의를 차단해 민주주의를 지켜주기 때문이다. 그뿐만 아니라 가장 비민주적인 조직인 군, 경찰, 검찰, 법원 등 자유를 제약하지만, 법을 지키는 헌법기관이 제 역할을 제대로 해야 한다. 이를 위한 국민적 감시와 격려가 필요한 시점이다.

일제하 친일의 진상

33인의 3·1 독립선언서는 비무장 비폭력 독립운동의 전형을 보여주었다. 전국에 걸쳐 수많은 사람이 남녀노소를 불문하고 독립선언 운동에 참여했다. 일제는 헌병을 동원해 평화적인 집회와 시위를 가혹하게 탄압했다. 3·1 운동은 한일합방 후 10년 동안 무단 정치로 숨죽이고 있던 조선인들의 폭발적인 응집력과 용기를 보여주었다.

1894년 동학운동 이후 전 국민이 호응한 이 운동은 그동안 좌절과 분노에 빠져 있던 조선인들에게 독립에 대한 희망과 자신감을 가져다주었다. 이를 계기로 만주와 상해 등지에 새로운 나라를 세우고자 하는 열망이 나타났고, 이는 상해 임시정부 수립으로 귀결되었다.

3·1 독립선언서에서 조선왕조를 되살리자는 주장은 나오지 않는다. 이는 조선왕조의 부도덕성과 가렴주구 등으로 국리민복 기능이 상실되었기 때문이었다. 그리고 3·1 운동 때 기미독립선언서에 서명한 33인은 개신교 인사 16명, 천도교 인사 15명, 불교 인사 2명이었고, 조선왕조의 사대부 출신은 거의 없었다. 조선왕조의 멸망과 일제 강점을 겪으면서 조선에는 새로운 지도 세력이 나타났음을 의미한다.

1876년 개항과 더불어 조선왕조 자체가 가지고 있던 구조적 모순이 드러나기 시작했다. 곧 유교적 종법 제도에 기초한 신분제는 새로운 시대 환경에 부응할 수 없게 되었다. 기존의 성리학 근본주의에 빠져 구제도를 고수하려는 주류의 양반들과는 다른 새로운 전문가들이 필요하게 되었다. 특히 외교와 통상이 중시되자 과거 중인 계급의 전유물이었던 통역관과 문서 작성관이 대거 필요하게 되었다. 중인 계급이 사회적 상부구조로 올라갈 기회가 부여된 것이다.

그동안 조선의 신분제를 아래에서 뒷받침한 향리들은 수 세기에 걸쳐 각 지방에 뿌리내리면서 양반과 같은 학문적 소양과 함께 부도 축적할 수 있었다. 그들은 새로운 시대에서는 해외 유학이 필수적인 것을 간파하고 자제들을 일본 등지에 유학 보냈다. 해외 유학이나 견학의 길을 튼 것은 양반들이었으나, 그때 함께 간 중인들이나 향리들이 해외 유학의 필요성과 효용성을 절감했다. 대부분 양반은 "왜놈들한테 배울 게 무엇이 있느냐"며 새로운 학문에 대해 강한 거부감을 나타내지만 향리, 중인, 그동안 과거시험을 치를 수 없어 관료로서 성장할 수 없었던 서얼들은 신학문과 기독교에 심취했다. (황경문, 전게서, p. 247 참조)

한편 조선조 후기로 갈수록 신분제에 균열이 가기 시작했다. 매관매직과 함께 자연스레 양반 계급으로 둔갑하는 하부 계급이 늘어났다. 빈한貧寒한 양반집 족보를 사들여 신분 상승을 꾀했다. 이들은 전통적인 검소한 제사 상차림보다는 화려한 제사상으로 위세를 과시하기도 했다. 그것이 널리 퍼져 이후 갖가지 음식으로 가득 채운 제사 상차림이 관례처럼 되었다.

조선조에서 10%를 차지했던 사대부 계급은 조선조 말에는 40%에 육박했고 급기야 70%까지 늘어났다고 한다. 신분제의 효용성이 다하게 되자 1895년 갑오경장으로 이를 폐지했다. 그 전 해까지 시행되었던 과거제도가 폐지되고 새로운 인재 등용이 시행되었다. 그러나 과거제도 폐지로 공백이 된 수령 등 많은 벼슬자리가 생기자 이에 대한 매관매직이 더욱 극성을 부렸다.

여기에서 주목해야 할 것은 서북 출신 인사들의 조선 말기와 일본 강점기에서의 역할이다. 서북인들은 태조 이성계부터 지배계층에서 배제되기 시작해 조선왕조 내내 서울의 중심 양반들과 혼맥도 없어 고위 관직에 거의 중용되지 못했다. 그래서 그들 나름대로 자신들의 영향력을 확보하고자 했다. 19세기에 들어와 그 방법은 과거시험에 많이 합격하는 것이었다. 1800년부터 1863년까지 서북지역 출신의 과거 급제는 서울 출신의 40%에 이를 정도였다. 영남이나 호남 출신 합격자 수보다 많았다. 하지만 그들이 서울의 중요 직책인 당상관을 차지하는 것은 하늘의 별 따기였다.

그러나 기독교와 신학문을 빨리 받아들일 수 있는 지역 특성상 근대화에 있어서 선구적인 역할을 했다. 1910년 당시 서북지역(여기에는 조선왕조가 고려 왕조의 수도가 있던 개성을 중심으로 한 황해도 출신을 차별한 까닭에서 함경도, 평안도, 황해도를 포함한다) 신식 사립학교 수가 전국 60%를 차지할 정도로 다른 지역에 비해 월등히 많았던 것을 보아도 서북지역의 선진성을 엿볼 수 있다.

> 특히 서북지역 출신들의 면면만 보아도 알 수 있다. 민족주의 지도
> 자로서 이승만, 김구, 안창호, 조만식, 이동휘, 한글 표기법을 표준화
> 한 주시경, 탁월한 소설가 이광수, 시인 김소월 등 그 수를 헤아리기
> 어렵다. 이들 중 상당수는 나중에 대한민국이 설립할 때 가장 중추
> 적인 역할을 했다.
>
> — 황경문, 전게서, p. 330

조선에서 일제강점기로 바뀌면서 근대화의 선각자들은 조국의 근대화를, 일본을 통해서 이루어야 한다는 것과 그 일본이 자신들의 조국을 빼앗았다는 현실에서 갈등을 겪어야 했다. 이 둘 사이의 모순은 그 후 많은 사회적 갈등으로 나타났다.

일제는 조선인들의 한恨, 곧 사회적 지위 향상이라는 욕구를 최대한 활용했다. 일본의 중·고교에서는 최근까지도 한국인의 특성에 대해 "그들은 감투를 씌워주면 열심히 일하고, 잘한다고 추켜주면 더욱 열심히 일한다"라고 가르친다고 한다. 곧 일본인들은 이처럼 자연스레 형성된 향리, 서얼, 중인, 서북인, 무반 등 사회적 지위 향상과 사회적 인정에 목마른 사람들을 중용하는 조선 지배 정책을 시행했다.

여기서 특기할 만한 것은 무반 출신이다. 조선은 임진왜란과 병자호란을 겪고 난 후 무과 시험 합격자를 대폭 확대했다. 한때 무과 만과武科萬科라는 말이 나올 정도로 한 번에 10,000명씩 선발하기도 했다. 이러한 무과 급제자 확대는 양반 이외의 신분에서도 많은 합격자가 나올 수 있게 되었다. 이는 무반의 신분 하락을 의미했다. 그들에게 있어 일제의 강점은 또 하나의 기회이기도 했다. 일부는 의병으로서 조국의 광복을 위해 싸웠지만 상당수는 일제하에서 일본의 신민으로 등용되어 중책을 맡기도 했다.

― 황경문, 전게서, pp. 393-406

이렇게 1876년 조일 수호 통상조약 이후 1945년 일제강점기까지 70년간에 걸쳐 대한민국 한국 사회에는 지도층의 신분 혁명이 일어나고 있었다. 이 혁명의 주체는 앞서 말한 차상위 계급인 중인, 향리, 서얼, 무반, 서북인이었다. 이들은 신학문과 근대화 기풍으로 무장하고 새로운 지도부를 형성했으나 사회 전반적인 근대화 곧 민주적인 사회 체제를 만들기 위해 노력하기보다는 자신들의 입신 영달과 신분 상승, 곧 사회적 지위 향상을 꾀한 면이 크다. 또한 이들은 1884년 갑신정변, 1895년 고종 폐위 음모 사건 등으로 일본으로 피신하거나 일본에서 일본인 정치 지도자들과 가까워지거나 피신자들끼리 서로 동지애로 뭉친 사람들로서 모두 1905년 을사늑약 이후 조선에 들어와 일본의 조선 강점에 이바지한 바 크다. 그래서 해방 이후 친일파 논쟁의 주된 대상이 되었다.

— 황경문, 전게서, pp. 116-132

일제하에서 출세한 사람들은 대부분 경찰로 입문해 그곳에서 경력과 충성도를 쌓은 후 군수로 진출하는 과정을 밟았다. 그중에서도 탁월한 사람은 도지사가 되기도 했고 중추원 의원으로서 최고 지위를 누리기도 했다. 일제는 도지사의 경우 일본인보다 조선인을 내세워 조선을 강점했다는 비난을 최소화하고자 했다.

— 황경문, 전게서, pp. 132-140

일제가 조선의 산업 발달에 이바지한 부분은 그들의 대륙 침략에 대한 반사이익이었다. 일제는 1931년 만주사변을 일으킨 이후 조선을 대륙 침략의 병참 기지화했다. 철도 경부선과 경의선은 국가에서 만든 국도로서 전쟁 물자의 빠른 수송을 위해 직선화했다. 그러나 호남에 설치한 철도는 일본 상인들이 곡물 수출을 위해 컨소시엄으로 만든 철도였다. 그러다 보니 각 지역을 돌아다니며 쌀이나 벼를 한데 모아야 했기 때문에 직선 철도가 아니고 구불구불한 형태를 띠었다. 해방 이후 호남선 복선 공사가 늦어진 이유다. 우선 철도를 직선화 해야 했지만 그에 따른 토지 수용이 쉽지 않았기 때문이다.

일제하에서의 민생 수준은 조선조 말보다는 확실히 나아졌다. 우선 가렴주구가 없어졌고 위생 상태의 개선 등으로 평균 연령이 상승했다. 1910년 무렵 23세였던 조선인의 평균 연령이 1943년경에는 40세 이상이 되었다. 위생 개선의 한 방법으로서 우물에 담을 싸 오물이 우물로 들어가지 않게 한 것도 그중 하나다. 그 이전에는 홍수가 나면 우물에 더러운 물이 흘러넘쳤고 화장실과 가까운 우물은 언제든지 오염될 수 있었다. 그래서 오염된 우물이 전염병의 근원이 되기도 했으나 이를 개선함으로써 위생 상태가 월등히 나아진 것이다. 일제는 핍박받는 조선인을 구제하기 위해 한일합방을 했다고 선전했기 때문에 최소한도의 생계유지와 위생을 유지하고자 했다.

그리고 일제하에서 조선왕조가 하지 않았던 근대화가 진행되었다. 이것은 일제가 근대화된 법을 시행하고, 일제가 식민지에 도입한 근대화된 서구 문물이 생활의 편리함을 가져다주었기 때문에 자연스레 근대화 물결에 올라탄 것이다. 문익점이 목화를 재배한 후 무명옷이 10년 만에 전국에 퍼지고, 오늘날 핸드폰이 순식간에 미개발국까지 전 세계로 확산하듯이 근대화 문물도 그와 같았다. 의식주에 있어서 편리한 근대화가 자연스럽게 이루어졌다.

이 과정에서도 근대화를 거부하는 사례도 많이 나타났다. 기찻길이 한 마을 앞을 지나 개통되자 기차가 지네를 닮았다 해 지네의 천적인 닭을 집 앞에 내놓아 악귀를 쫓는다는 미신이 상당 기간 지속되기도 했다. 근대화에 대한 반발은 반일 감정과 함께 뒤섞여 나타났다. 근대 법제를 시행한 일제에 대한 반발은 그 법을 지키지 않는 형태로 표현되었다. 일본 법을 지키지 않는 것, 그것은 외세의 침략에 대한 저항의 하나였다. 일제는 순사(경찰)를 보낸 강제로 정책을 시행했다. 일제 경찰은 치안은 물론 교육, 수리, 산림경영 등 사회의 모든 공공부문에 관여했고, 그 지배 지역은 농촌 말단에까지 이르렀다.

신복룡 교수에 의하면 당시 조선인들은 제국대학을 나와 고등문관시험에 합격해 군수나 판사로 출세하고 타쿠시taxi를 타고 종로 화신백화점에서 쇼핑하는 사람을 부러워했다고 한다(신복룡, 「국치일 111주년과 한일관계」, 『중앙일보』, 2021. 8. 26., p. 23). 그만큼 근대화된 생활에 젖어 들었다는 것을 의미한다. 이렇게 몸은 일제가 도입한 근대화 문물에 젖으면서도 마음 한구석에는 그러한 일제에 저항해야 한다는 민족의식이 살아 있었다.

이 과정에서 일제는 독립운동가나 그 가족들을 탄압하고 회유하는 한편 이들을 신고하는 사람을 크게 포상함으로써 식민지인들을 이간질했다. 이렇게 개인적으로나 사회적으로 생각과 행동을 따로 해야 하는 모순이 남아 있었던 시기였다. 일부는 독립운동하고 일부는 일본에 협력하는 한편 마음속으로는 거부하면서도 일본의 법 규정을 지켜야 하는 내적 외적 갈등이 상당했다.

그러나 그것도 일본이 1차 세계대전, 만주사변, 중일전쟁을 승전으로 이끌고 태평양전쟁을 시작할 무렵에는 세계 강국을 모두 무찌르고 승자가 될 것이라는 전망이 지배적이었다. 물론 여기에는 철저한 일제의 교육과 선전에 의하기도 했지만, 현실적으로 다가오기도 했다. 싱가포르 점령 시에는 고무공을 전국의 학생들에게 나누어 주면서 승전의 결과물을 현실화 했다. 이에 일부 조선인들은 이미 중국과 러시아를 이긴 일본이 미국마저 이길 것이라는 예상과 기대에 따라 본격적인 친일 행위로 나아갔다. 이는 모두 나라 잃은 백성들의 어쩔 수 없는 행동이었지만 해방 후 커다란 논란의 요소가 되었다.

이렇게 일제 치하 35년간 조선인에게 강요된 이중적 행동 양식은 해방 이후에 부정적인 모습으로 나타나곤 했다. 대한민국 수립 후에도 법을 지키지 않는 풍토가 상당 기간 지속되었고, 대학 재학 중 태평양 전쟁의 징집 대상을 회피할 수 있었던 사람들의 용감한 행동은 고위층의 병역기피라는 왜곡된 모습으로 나타나기도 했으며, 최근에는 일부 정치인들의 내로남불의 파렴치한 행태로 표현되었다.

친일파 논쟁의 문제점

친일파 척결에 몰두하다 보면 왜 친일파가 생겼는지에 대한 보다 근본적이고 기본적인 담론이 없어져 버린다. 조선조 말 대부분의 백성이 조선왕조 패망을 기원할 정도로 국가의 역할을 하지 못한 사실과 그렇게 된 과정에 대한 역사적 교훈을 학습할 기회를 놓쳐버렸다. 물론 이웃 나라를 점령해 식민지로 삼은 일본에 대한 적개심을 잊어서는 안 되지만 그와 함께 우리가 외국의 침략 때문에 멸망하지 않기 위해서는 어떻게 국가를 운영해야 하는가를 보다 절실하게 생각하고 고민해야 한다.

문화의 유입과 수용과정을 친일, 친중, 친미로 단정할 수는 없다. 우리는 수천 년 동안 중국을 통해 선진 문물이나 제도 등을 받아들였다. 불교와 유교도 중국에서 유입되었고, 그것을 우리 것으로 만들었다. 미국의 그렉 브라진스키 조지 워싱턴대 교수는 "한국인들은 외국에서 전해진 관념이나 사상, 예컨대 불교나 유교 등을 받아들여 자신들의 전통적인 요소와 융합시키는 놀라운 재주를 선보였고, 그 과정에서 새로운 한국적인 것을 창출해 새로운 시대와 상황의 변화에 대처했다"고 분석 평가하고 있다(그렉 브라진스키, 전게서, p. 433).

그런데 이렇게 중국으로부터 새로운 사상이나 문물을 수용하면 모두 친중파가 되는가? 어느 누구도 거기에는 동의하지 않을 것이다. 1875년 조일수호조규(강화도 조약) 체결 이후 일본을 통해 근대화 문물이나 사상이 들어왔다. 그러나 조선 지도부는 한사코 이를 받아들이기를 거부했다. 이 문물이나 사상, 제도는 일본 고유의 것이 아니라 세계적인 근대화 물결의 산물이었다. 조선왕조는 멸망할 때까지 근대화 물결을 받아들이기를 꺼렸다. 오히려 입헌군주제가 아닌 전제군주제를 강화한 대한제국 수립으로 인해 일제의 강점을 쉽게 했을 뿐이다.

근대화 물결은 일제 강점기에 본격적으로 들어왔다. 이미 근대화된 일제는 자신의 제도와 방식에 따라 조선을 통치했고 그러다 보니 우리는 일제의 근대화된 제도에 따를 수밖에 없었다. 그러나 근대 문물은 봉건시대의 것보다 여러 면에서 편리하고 실용적이었기 때문에 많은 사람이 사용했다. 일제가 조선에 새로 도입한 도시화로 대부분 조선인은 좋든 싫든 근대화에 젖어 들었다. 다만 일제가 시행하는 법을 적극적으로 따르지 않고 소극적으로 이행하거나 순사의 감시가 없는 곳에서는 따르지 않거나 무시하는 데 그쳤을 뿐이다.

한편 일제하에서 그러한 근대화 과정을 거치면서 근대화에 대한 인식과 필요성을 절감했기 때문에 많은 지식인과 선각자들은 일본으로 건너가 유학하거나 생활하면서 이를 익혔던 것이 우리가 해방 후 근대화된 서구 문물을 빨리 받아들일 수 있는 바탕이 되었다. 특히 60년대 본격적인 근대화 작업을 시작할 때 원동력이 되었다. 우리보다 사실상 100년이나 앞서 근대화에 착수한 일본이 가까운 거리에 있었기 때문에 일본을 모방하기가 쉬웠다. 박정희 대통령이 다른 나라가 아닌 일본 방식의 경제개발모델을 본받아 고속 성장을 이룬 것은 어쩌면 당연한 과정이었다고 볼 수 있다.

해방 후에도 일본제 물건이 한국에서 불티나게 팔렸다. 코끼리 밥솥이나 시세이도 화장품은 일본을 다녀온 사람이면 당연히 사 오는 물품이 되었다. 그럼, 그 사람들이 친일파인가? 김인수 고려대 교수는 혁신 이론의 세계적인 명저『모방에서 혁신으로』에서 한국 제조 산업의 성공 요인을 처음에는 선진국 제품을 모방하다 역량을 축적해 점차 개량하고 돈 벌면 아낌없이 연구 개발에 투자해 기어이 스스로 혁신을 창출하게 되었다고 했다. 다른 산업 부분처럼 K팝도 일본을 적극적으로 벤치마킹한 것이다. 데뷔 17년을 맞은 멀티엔터테이너 그룹 수퍼주

니어의 모델은 일본의 SMAP에서 찾을 수 있고 원조 한류 스타 보아의 모델로는 아무로 나미에가 있다(박상욱, 「세계 휩쓰는 K팝, 한국 산업화 성공 공식을 따라왔다」, 『중앙일보』, 2023. 1. 16., p. 26). 이들도 친일파라고 볼 수 있는가?

그리고 더욱 큰 모순은 친일파 논쟁의 결과에서 나타난다. 특히 현재 일제하에서 친일했다는 사람들은 물론 일제강점기 때 살았던 사람들도 대부분 고인이 되었다. 그러면 그 자손에 대해서도 친일의 책임을 물어야 하는가? 대한민국 상해임시정부 파리위원부에서 김규식 위원장, 황기환 서기장 등과 함께 독립운동한 이관용 부위원장은 정미칠적의 한 사람인 이재곤의 셋째 아들이다. 친일파 이재곤의 자손들이라고 해서 모두 친일파가 아니다. 최근 민주당 대표를 지낸 분은 스스로 자기 조상이 친일파라고 밝혔다. 그를 친일파라고 매도할 수 있는가?

친일파 논쟁의 목적은 민족정기를 바로 세우기 위함이라고 하지만 민족정기를 세우기 전에 왜 친일파가 생겨났는가에 대한 연구가 선행되어야 한다는 생각이 든다. 이것은 결국 역사에 대한 객관적이고 사려 깊은 연구의 필요성으로 귀착된다. 조선이 망하게 된 이유를 아무 잘못이 없는 조선을 일제가 야욕에 의해서 강점했다는 이분법적이고 단선적인 논리를 구성하다 보니 이러한 자가당착에 빠지는 것이다.

지금에 와서 군이 친일파 논쟁을 한다면 부정부패로 망한 조선의 역사를 철저히 규명해 다시는 그와 같은 불행한 역사를 반복하지 않도록 국가 시스템을 개발하고 발전시키는 쪽으로 가야 한다고 가르쳐야 할 것이다. 만약 그렇지 않다면 이는 포퓰리즘에 불과한 것이다. 일본과의 관계 개선 정책을 역이용해 지지층을 결집하고 선거에서 이기기 위해 만들어 낸 당리당략적 구호에 불과하다는 것이다. 이 시대의 지식인을 자처하는 전 법무부 장관의 입에서 나올 것이라고 도저히 믿기지 않는 '토착 왜구'라는 표현은 아무래도 무엇이 잘못되어도 한참 잘못되었다는 느낌을 감출 수 없다.

이제는 우리가 이렇게 친일을 둘러싸고 나타난 사회 분란을 끝내야 할 시점이다. 중국이 혐한 분위기를 조성하고 북한이 핵 개발을 고도화하고 있는 마당에 일본과의 협조가 어느 때보다도 중요하기 때문이다. 이런 때 우리와 같은 가치와 제도를 가진 우방이 있다는 것은 우리에게 큰 힘이 된다. 나아가 외교에서 친일 반일, 친중 반중, 친미 반미 등 이분법적 접근이 얼마나 어리석고 위태로운 것인지 아는 사람은 다 알고 있다. 적도 친구가 될 수 있고 친구도 적이 될 수 있는 것이 외교 관계다. 더욱 냉정한 접근이 필요한 시점에 반일 문제로 국론을 양분하는 어리석음을 그만두어야 한다. 이것은 우리가 현재의 정치적 사회적 갈등을 해소하는 첫걸음이기도 하다.

일본 우익과 한국 좌익의 비교

일본인들은 19세기 메이지 유신에 이어 청일전쟁, 러일 전쟁, 제1차 세계대전을 겪으면서 엄청난 부를 축적할 수 있었다. 그래서 전쟁은 돈이라는 인식이 생겼다. 아울러 국가에 대한 크나큰 자긍심과 함께 국가가 국민에게 해를 끼치지 않고 오히려 이득을 가져준다는 생각을 갖게 되었다. 그래서 국가의 법이나 정부의 시책에 따르면 이득을 본다는 확신이 생긴 것이다.

이러한 국가에 대한 신뢰는 일본 제국이 만주사변, 중일전쟁, 태평양전쟁을 일으켰을 때 국가를 지키다가 죽는 것을 '옥쇄玉碎(명예나 충절을 위해 옥처럼 아름답게 죽는 것을 일컬음)'라며 자랑스럽게 여기는 발판이 되었다. 심지어 폭탄이 장착된 비행기를 몰고 자살 공격을 한 가미카제神風 특공대에도 주저함이 없이 자원했다. (가미카제는 원나라와 고려 연합군이 일본을 침공했을 때 이들 함대를 침몰시킨 태풍을 말한다.)

미군이 태평양 전선을 '푸른 지옥Green Hell'이라고 부를 정도로 일본군들은 유럽 서부전선에서와 달리 항복을 모르고 죽음을 두려워하지 않았다. 사이판섬에는 지금도 자살 절벽Suicide Cliff과 만세 절벽이 있다. 미군의 사이판 점령이 확실시되자 일본군들이 항복하지 않고 오히려 집단 자살을 택한 곳이 유적으로 남아 관광지가 되어 있다. 마치 백제의 궁녀들이 당나라와 신라 연합군에 짓밟히느니 차라리 죽음을 선택해 집단으로 떨어져 죽은 것과 유사하다. 그래서 미군은 태평양 전선에 배치되는 것을 두려워했다. 맥아더 사령관의 섬 건너뛰기Island Hopping, Leapfrogging 작전도 이러한 일본군과의 직접 대면을 피하기 위한 전략이었다.

그리고 일본 본토 공격을 앞두고 벌어진 이오지마 전투에서 수많은 병력을 잃은 미국은 일본 국민의 결사 항전에 따라 100만 명의 미군이 희생될 수 있다는 주장이 강하게 대두되었다. 그래서 소련군의 참전을 독려했고 급기야 원자탄을 사용하기에 이른 것이다. 항복하기 직전까지 천황제 유지를 항복 조건으로 내세웠고, 항복 선언 후 맥아더 장군이 일본 점령군 사령관으로서 일본 천황을 앞세우고 통치한 것도 이러한 일본인들의 국가 사랑 때문이었다.

이러한 전통은 일본 우익에게 그대로 이어져 지금까지도 그 세력이 유지되고 있다. 일본 정치인들에 대한 지지도는 낮아도 국가에 대한 지지도가 높은 이유다. 일본인들이 정부의 지시나 법을 잘 지키는 전통은 이렇게 오래된 것이다.

이에 반해 대한민국은 조선왕조 말의 끝없는 부정부패와 가렴주구, 외국 군대를 동원한 자국민 학살 등으로 국가에 대한 신뢰가 없어졌다. 조선왕조 전기와 중기에 걸치는 400여 년은 그야말로 민본정치民本政治를 해 동방예의지국東方禮儀之國으로까지 칭송받던 나라가 표변해 백성을 짓밟고 학살하는 지경에 이르자 국민은 국가를 나의 재산과 생명을 앗아가는 괴물로 인식하게 되었다. 조선조 말에는 지배계층이었던 양반까지도 수탈의 대상이 되자 지배 엘리트 계층마저 국가에 대한 충성심이 사라지고 있었다. 이런 상황에서 '이 나라 언제 망할 것인가'를 내뱉는 국민을 어찌 탓할 수 있겠는가?

외국인의 지배를 환영하고 수긍하는 백성은 거의 없었다. 그러나 일제하에서 가렴주구는 줄어들고 대신 근대화로 인한 신식 문물이 도입되면서 그에 대한 호기심과 편리함에 조금씩 젖어갔다. 자연스러운 흐름이었지만 지금의 눈으로 보면 친일로 비칠 수 있다. 그렇게 우리는 근대화해야 했지만 그 근대화가 우리의 나라를 **빼앗아** 간 일본으로부터 받아들여야 하는 이중적 현실에서 번민해야 했다. 그러나 이러한 일제 지배 과정에서 일본법을 지키지 않는 것이 애국이고 독립운동이라는 생각에서 일본 순사가 와서 독려해야만 법을 지키는 상황이 반복되었다. 그래서 일본인들은 한국인들이 법을 지키지 않는다는 인식을 갖게 되었다.

이렇게 국가에 대한 불신은 조선왕조와 조선의 엘리트들의 부도덕성에서 비롯된 것이다. 그러나 그 결과는 너무나 컸다. 지금까지도 법을 잘 지키지 않는다는 사례가 많이 지적되고 있다. 그뿐만 아니라 '내로남불(내가 하면 로맨스, 남이 하면 불륜)'처럼 이율배반적 행동을 하면서도 염치를 모르는 지경에 이른 정치인들이 눈에 띈다.

이렇게 조선조 말의 부정부패와 가렴주구는 온 백성을 만인에 대한 만인의 투쟁으로 몰아갔다. 처음에는 단결해 국가에 저항했지만, 외세를 동원한 국가의 폭력 앞에 속절없이 무너져 내렸다. 그러한 좌절은 결국 공동체에 대한 신뢰가 깨지고 결국 자신과 가족만 의존하는 사회로 변모시켰다. 훗날 개인주의가 들어와 이를 더욱 가속했다. 파렴치한 인간으로 전락한 군상들은 거짓말을 밥을 먹듯 하고 사기나 절도 범죄를 당연시하는 그야말로 무법천지無法天地의 조선을 만들었다. 그래서 도산 안창호는 무엇보다 우선 거짓말하지 말자고 주장하고 실천에 옮겼다.

한편 백성들은 지도자들의 위선을 비난하면서도 이를 배워갔다. 모진 시어머니 밑에서 더 모진 며느리가 생겨나는 법이다. 입으로는 공정과 정의를 내세우면서 그와 반대되는 행각을 남몰래 벌이고 들통이 나면 나만 그랬느냐는 식의 소위 내로남불로 나타났다. 부패를 싫어해 부패 척결 수사에 환호하면서도 본인은 공짜를 좋아하고 공짜로 혜택받는 것을 좋아하게 되었다. 이는 곧 부패의 길로 들어서는 첩경이다. 미증유의 미국원조가 이러한 공짜 근성을 부추긴 면이 있지만, 조선조 말의 엄청난 부정부패로 인한 폐해는 지금까지도 그 뿌리가 남아 있고 유전자처럼 우리를 괴롭히고 있다.

특히 국가에 대한 불신은 정부의 발표를 곧이곧대로 믿지 않고 그에 대해 의혹을 제기하는 것이 매우 잘하고 있는 것인 양 인식되는 풍조가 만들어졌다. 그 틈새에서 한국에 극좌나 극우 세력이 성장할 수 있는 온상이 마련된 것이다.

해방 후 한국전쟁 때까지 기승을 부렸던 공산주의도 농지개혁과 한국전쟁, 국가 주도의 경제 기적을 이루면서 수면 아래로 가라앉았으나 광주민주화운동을 계기로 다시 부활했다. 현 정부와 공무원들, 그리고 정치인들이 해야 할 최우선 과제는 국가의 신뢰를 깨뜨리는 어떠한 행위도 해서는 안 된다는 것이다. 오로지 국가 신뢰를 회복할 수 있는 길을 찾아야 한다.

5

대중국
갈등과
북한

중국의 혐한 정책

2001년 10월부터 2008년 3월까지 최장수 중국 대사를 역임한 김하중 전 대사는 지난 30년간의 한중 관계에 대해 다음과 같이 말한다.

지난 30년 한중 관계를 되돌아보면 1992년 8월 수교 이후 첫 10년인 1993년부터 2002년까지는 한국의 김영삼, 김대중 대통령과 중국의 장쩌민 주석을 비롯한 리펑, 주룽지 총리 등 3세대 지도자들이 신뢰를 구축했고 양국 관계는 급속하게 발전했다. 두 번째 10년인 2003년부터 2012년까지는 중국의 후진타오 주석과 원자바오 총리 등 4세대 지도자들이 김대중 정부의 대북 포용 정책을 견지한 노무현 정부와 좋은 관계를 유지했다. 하지만 2008년 이명박 정부가 출범한 다음 남북 관계가 악화하고 2009년 북한의 2차 핵실험에 따른 유엔의 대북 제재 결의안 채택으로 6자회담이 중단되는 등 남북 관계가 완전히 단절되자 이때부터 중국은 한·중 관계를 조정하기 위한 검토를 시작한 것으로 보인다.

세 번째 10년(2013년부터 2022년)이 시작된 2013년 출범한 시진핑 정부는 '중국의 꿈中國夢'을 전략 목표로 제시하고 미국에 '신형대국관계' 구축을 공식 제의하며 대국 행보를 시작했다. 미국이 중국의 제의에 별다른 호응을 하지 않는 상태에서 2016년 7월 박근혜 정부가 사드THAAD(고고도미사일방어체계) 배치를 결정하자 중국은 한국 국민이 이해하기 어려울 정도로 강하게 반발했다. 이에 따라 한국에서 중국에 대한 여론이 급속히 악화했고, 지금까지도 불편하고 긴장된 관계를 유지하고 있다.

중국과 수교 이후 인적 교류는 물론이고 폭발적인 통상 증대와 경제협력으로 IMF 위기를 극복했으니, 수교는 올바른 선택이었다. 만일 수교가 없었다면 1993년부터 시작된 북한 핵 위기 와중에 한반도 정세는 매우 불안정했을 것이다. 남북 간에 갈등이 있을 때마다 우리는 한반도 평화와 안정을 위한 중국의 건설적인 역할을 요청했고, 중국이 나름대로 역할을 해왔다. 한중이 단절됐던 과거 수십 년간 우리는 중국과 직접 접촉할 수 없어 미국, 유럽, 일본 등 제3국을 통해 소통해야 했기 때문에 말할 수 없는 어려움을 겪었다. 수교 덕분에 우리가 모든 일을 중국과 직접 접촉하고 협상한 사실 하나만으로도 수교는 중요하고 큰 의미가 있다.

지난 30년 양국 관계 흐름을 바꾼 결정적 사건은 박근혜 정부가 2016년 사드 배치를 결정하자 중국은 상당히 감정적 태도를 보였는데 1992년 수교 이후 중국이 한국에 대해 이렇게 감정적인 태도를 보인 것은 처음이었다. 이는 한국인들의 중국에 대한 인식을 악화시키는 결정적 계기가 되었고, 한국인들은 사드 사태에다 김치 종주권 논쟁 등을 통해 중국의 태도에 놀라고 실망했다. 이러한 중국의 태도는 수교 이후 한국에서 쌓아왔던 중국에 대한 긍정적 인식을 크게 퇴색시켰다.

한국인 대부분은 중국인과 쉽게 가까워질 수 있다고 생각하는 경향이 있다. 그러나 정치적으로나 사회적으로 볼 때 한국과 중국은 전혀 다른 나라다. 국가 정체성이나 가치 측면에서 중국은 사회주의 국가이며 궁극적으로 공산주의를 지향하는 나라이고, 한국은 완전한 자유를 누리는 민주주의 국가다. 그래서 앞으로 양국 민간 교류에 어떤 어려움이 나타날 것으로 보인다. 특히 1979년부터 한 자녀 정책 시행 이후 태어난 중국의 40대 이하는 이기적인 '소황제小皇帝 세대'로서 민족주의 정서가 더해졌을 때 국제사회에서 어떤 행동을 보일지 알 수 없다.

— 장세정 논설위원이 간다, 「한중 수교 30주년 산증인-김하중 전 주중대사」, 『중앙일보』 2022.8.23., p. 24

아시아 지역 국가들, 특히 타이완과 한국은 자유민주 국가로서 중국 공산당에게는 눈엣가시와 같은 존재들이다. 그동안 한국과 타이완은 중국이 지금처럼 경제적으로 크게 성장하는 데 그 동기부여와 영감을 주고 그 방식을 전수했으며 실질적 교류를 통해 엄청난 이득을 주었다. 그러나 어느 정도 경제가 성장하고 이제 독재 체제로 나아가게 된 마당에는 가급적 접촉을 차단해야 할 자유민주 국가인 것이다.

특히 한국은 끊임없이 시위가 발생하고 대통령을 탄핵해도 체제가 무너지기는커녕 중국보다 잘살고 있다. 이러한 사회, 정치 풍조는 중국 지도부의 처지에서 보면 위태롭기 그지없는 것이다. 이러한 '나쁜 풍조'가 중국 인민들을 오염시키기 때문이다. 그래서 그 원천을 근원적으로 봉쇄해야 할 이유가 있는 것이다.

타이완에 대해서는 '하나의 중국'이라는 명분을 내세워 무력시위를 서슴지 않고 있다. 한국에 대해서는 그러한 명분이 없자 과거 중국의 외번이었음을 강조하고 있다. 그러나 조선과 청의 관계는 아직도 학계에서 논란이 되고 있을 뿐만 아니라, 그보다도 중국인들은 중국 한족의 국가로 송과 명나라를, 이민족의 국가로 원과 청을 들고 있다. 이민족의 국가인 청을 무너뜨린 쑨원孫文의 신해혁명을 정통성의 근거로 삼고 있는 현 중화인민공화국이 청의 외번이었던 조선을 자신들의 외번인 양 주장하고 나오는 것은 어딘가 앞뒤가 맞지 않는 궁색한 변명으로 들린다. 더구나 이를 위해 동북공정이라는 역사 왜곡까지 서슴지 않고 있다.

한국 전쟁 때 국군은 1950년 10월 1일 북위 38도선을 넘었다. 그래서 국군의 날은 10월 1일로 정해졌다. 그리고 파죽지세로 압록강까지 나아갔다. 중공군은 그해 10월 1일 유엔군이 북위 38도선을 돌파하자 압록강을 넘어와 잠복해 있다가 10월 25일 당시 한국군 최정예 부대였던 육군 제6사단을 상대로 첫 승리를 거두었다. 그래서 그날을 항미원조 참전 일로 매년 기념하고 있다. 중국은 국내외 위기가 있을 때마다 항미원조 당시 인민지원군과 의연금을 전국적으로 모아 한국전쟁에 참전해 유엔군, 특히 미국과 싸운 과거를 영화나 각종 행사로 상기시켜 중국인들의 애국주의와 혐한 분위기를 부추기고 있다.

한중 수교 때 한국인들은 한국전쟁의 결정과 발발, 참전과 정전 과정에서 중국의 막대한 책임에 관해 묻지 않았음에도 중국인들은 아직도 한국전쟁을 한반도 내전이라고 왜곡하는 반면, 만약 내전이라면 자신들의 개전 연루와 직접 참전이 갖는 명백한 국제법적 불법성과 책임성에 대해서는 한 번도 반성도 사과도 하지 않고 있다. 한미동맹조차 중국의 책임이 큰 한국전쟁의 산물이다. 중국은 한미동맹 강화에 대한 우려에 앞서 역사적 책임에 대한 마음이 우선이어야 함에도, 그리고 지난 70여 년간 한국과 미국이 동맹관계에 있음을 잘 알고 있고 자신은 북한과 동맹관계에 있음에도, 한국과 미국, 일본 관계를 비난하고 나서는 것은 실제로는 한국을 멀리할 명분을 찾기 힘들기 때문으로 보인다.

한국의 K팝은 물론 기업인들이 중국에 들어오는 것을 그다지 좋아하지 않는다. 이들을 통해 자유의 물결이 들어오기 때문이다. 특히 시장경제의 근본인 사적 소유권 제도를 보장하지 않는 현 중국 체제에 대한 불만으로 중국의 부자들이 싱가포르 등으로 대거 이주하고 있는 것도 중국 당국의 고민이다. 그래서 혐한 감정을 더욱 부추기는 것이다. 한국에서 일어나는 일에 대해 사사건건 트집을 잡고 애국주의를 동원해 이를 공격하도록 유도하고 있다.

이러한 상황에서는 한국이 중국과 같은 독재 시스템을 받아들이지 않고 시장경제의 기반인 사유재산제를 포기하지 않는 한, 중국에 대해 아무리 저자세를 보이더라도 한국을 무시하고 멀리하려고 할 것이다. 미국과 가까이 지내는 베트남과는 친선 우호 관계를 유지하면서도 베트남이 같은 사회주의 국가임을 유난히 강조하는 것도 같은 맥락이다.

그 대표적인 예가 문재인 대통령이 친중을 표방하며 미국과의 관계를 소원하게 하면서까지 중국을 방문했지만, 대통령 혼자서 식사하도록 한 것이다. 이 또한 문 대통령이 박근혜 대통령 탄핵 결과 당선된 대통령이었으므로 그를 대대적으로 환영하면 탄핵과 같은 반란을 중국 인민들에게 조장할 수 있다고 우려했기 때문으로 보인다.

최근 이해찬 전 총리가 민주당 상임고문으로서 중국에 가, 왕이 공산당 중앙정치국 위원(현 중국 외교부장)과의 면담을 요청했으나 거절당했다. 이는 민주당 핵심 인사들이 중국을 잘못 이해하고 있다는 증거다. 민주당을 이끄는 386들은 자신들의 원류가 사회주의나 공산주의인 것에서 중국 정부와의 정서적 동질성을 들어, 대한민국 정부를 배제하고 중국 정부와 민주당 간의 상호교류와 협력이 쉽게 이루어질 것으로 판단한 듯하다.

하지만 중국 정부의 생각은 전혀 다르다. 중국 정부는 공산주의 이념과 체제를 더욱 공고히 해가는 과정에서 민주화운동을 한 한국의 386에 대해서 오히려 경계심을 가지고 있다. 그들이 집회와 시위, 파업 등을 동원한 사실을 너무나 잘 알고 있고, 집회와 시위에 골머리를 앓고 있는 중국 정부는 그들을 반갑게 맞이할 수 없기 때문이다. 오히려 이들이 진정한 민주투사라면 중국 정부에 민주화를 촉구하고 인권을 보장하도록 하는 등 민주화운동을 'K 민주화운동'으로 승화시켜 중국에 전파해야 할 책임과 의무가 있다고 보인다.

대중국 외교정책

중국은 한국인들에게 대국이었다. 그래서 중국인을 대국인, 곧 되놈이라고 비하해 불렀다. 수천 년 동안 가스라이팅 당한 것처럼 중국의 영향력은 너무나 컸다. 국가의 존속이 중국의 손에 달려 있었다. 중국이 변혁기를 겪을 때마다 침략을 당했고, 거기에 따라 수많은 백성이 공녀나 노예로 끌려갔다. 일부는 그들의 비위에 맞추어 조그마한 권력이라도 얻게 되면 왕은 물론 백성들을 무시하고 함부로 대했다.

백선엽 장군의 회고록에 따르면 한국전쟁 36개월 중 33개월을 중국 공산당 군대(중공군)와 싸웠다고 한다. 더구나 마오쩌둥이 펑더화이 중공군 총사령관에게 위군僞軍(괴뢰군)인 한국군을 집중적으로 공격하라고 지시했고, 한국군에게 그들은 저승사자와 같았다. 대륙의 군대에 대해 한 번도 제대로 저항하지 못했던 역사를 가진 한국군은 그저 그들의 밥이었다. 그러나 33개월 동안 싸우면서 한국군은 점차 전투와 전술 능력이 향상돼 갔고 그에 따라 사기와 담대함도 커져서 마지막 금성 돌출부 전투에서는 거의 대등한 수준의 전투를 벌일 수 있었다고 한다.

— 백선엽, 「6·25 전쟁, 1,128일의 기억, 중공군과의 대회전(274회)」
『중앙일보』 2011. 2. 23.

그러한 중국에 대한 두려움은 중국이 개혁 개방에 나서고 1992년 한중수교 후 10여 년간은 중국에 대해 경제는 물론 모든 면에서 앞서 "한민족 5,000년 역사에서 중국에 대해 이렇게 큰소리를 치던 때가 없었다"라고 자부하면서도, 내심으로는 "그게 얼마나 가겠느냐"는 자조가 섞여 있었다. 그러나 중국 경제가 한국을 앞지르기 시작하자 '안보는 미국, 경제는 중국'이라면서 중국에 대한 저자세 외교로 돌아섰다. 박근혜 대통령이 천안문 광장에서 벌어진 전승절 열병식에 가서 성루 위에서 손뼉을 치고, 문재인 대통령이 중국 방문 시 혼자 밥을 먹었을 때 극에 달했다. 시진핑 주석의 방한을 애타게 바라고 그의 방문을 위해 모든 굴욕을 감내하는 모습은 수천 년간 누적된 중국에 대한 두려움이 유전된 것처럼 보였다.

그러나 이상주의적 이념을 앞세운 공산주의는 소련 붕괴에서 보았듯이 이미 그 효용이 다했음에도, 중국은 다시 인공지능AI과 5G 등 첨단기술을 동원해 수요와 공급을 통제하는 소련식 공산주의로 돌아가고 있다. 이에 따라 최근 중국의 수출이 12.4% 감소하고 대미수출은 24% 하락했다. 더욱 우려스러운 것은 청년 실업률이 20%를 넘어섰다는 것이다. 외자 도입이 줄어들고 내수만으로는 지탱할 수 없음을 보여 준다. 이는 공산주의가 그 자체에 치명적인 약점을 가지고 있기 때문이다. 공산주의는 인간의 이기적인 본성과 정반대로 이상주의적인 이타심을 요구하고 있다. 그리고 아무리 인공지능이 발달한다 해도 15억 인구가 벌이는 엄청난 규모의 경제활동을 일일이 통제하고 감독한다는 것은 원천적으로 불가능한 일이다.

이는 레닌이 러시아 혁명 후 경제가 엉망이 되자 '신경제정책the New Economic Policy'을 도입한 데서 교훈을 얻을 수 있다. 공산주의에 자본주의적 요소를 도입해 소규모 거래와 사유 농장을 허용했다. 이 신경제정책의 도입으로 엉망이었던 소련 경제가 1년 만에 제자리를 찾는 것을 보고 레닌은 깜짝 놀랐다고 한다. 레닌은 골수 공산주의자들에게 "'최고 사령부The Commanding Heights'만 차지하고 있으면 자본주의라도 상관없다"라고 설득했다. 그러나 그가 죽은 후 스탈린은 이를 폐기하고 공산주의 방식인 국가 주도의 5개년 경제개발계획으로 돌아섰고, 그 결과 스스로 무너졌다.

이러한 사실을 중국 지도자들이 모를 리 없겠지만, 그들은 철저한 공산당 제1 주의자들로서 공산당이 그들의 존재 근거인 이상 이를 무너뜨리는 어떠한 체제나 시도도 용납할 수 없는 것이다. 덩샤오핑이나 장쩌민, 후진타오 주석은 그런 사정을 잘 알고 있음에도 자본주의식 개혁 개방으로 나아가 중국 경제를 발전시켰지만, 시진핑은 그러하지 않았다.

> 시진핑에게 있어 가장 큰 시련이자 인격 형성에 있어서 결정적인 경험은 13살 때 문화혁명에 대해 비판적인 말을 했다는 이유로 중앙당교에 감금된 사실이다. 춥고 배고픈 중앙당교 생활에 염증을 느낀 나머지 비가 억수같이 쏟아지던 날 탈출해 집으로 도망갔다. 반갑게 맞아줄 줄 알았던 어머니가 시진핑을 보고 갑자기 일어서더니 밖으로 나갔다. 아들을 신고하러 간 것이다. 이에 시진핑은 펑펑 울면서 누이가 차려주는 찬밥을 먹고 다시 중앙당교로 돌아가 7년을 있었다. 그는 그때의 생활이 농촌을 배울 좋은 기회였다고 했으나, 그 사건 이후 그는 아무도 믿지 않게 되었고 권력만이 자기를 지켜준다는 확신을 갖게 되었다고 한다.
>
> ─『중앙일보』 2023. 5. 2., p. 2

그 권력의 기반이 공산당이고 공산당을 지켜주는 것이 공산주의 이념이라고 생각하기 때문에 시대착오적인 공산주의 이념에 매달리는 것이다.

어쩌면 이것이 중국이 민주화되는 계기가 되어 미국의 의도대로 될 가능성을 높일지도 모른다. 중국은 한국이 민주화된 과정에서 겪은 여러 가지 난관과 역경을 극복하지 않으면 안 될 것이다. 그 과정에서 중국은 분열을 감수해야 할지 모른다. 중국이 분열되면 혼란은 필연적일 것이고, 그때 한국인에게는 더 큰 기회가 찾아올 것이다. 그리고 이를 기회로 삼아 우리 체제의 우월성을 우리 스스로 자각함으로써 우리 사회의 갈등을 치유하고, 나아가 국민 통합과 새로운 도약을 이룰 수 있을 것이다.

따라서 이에 대비하는 지혜와 용기가 필요하고, 지금이 중국과 북한에 접근해야 하는 이유이기도 하다. 수천 년간의 중국 공포증을 마치 유전인자처럼 이어온 중국 콤플렉스에서 벗어날 기회가 찾아온 것이다. 국민 스스로가 패배주의에 빠져서는 안 된다. 분열로 치닫고 있는 국론도 대의 아래 한데 모이도록 깃발을 들어야 할 때가 온 것이다.

이제 중국 콤플렉스를 극복할 수 있는 '케이K 외교'를 펼쳐야 할 때다. 한국은 외교로 만들어진 나라다. 일제하 독립 투쟁 방식에서 김구 선생은 무력 독립 방안을, 안창호 선생은 인격 수련 곧 교육으로, 조만식, 이승훈 선생은 산업 발전으로 독립을 쟁취하고자 했다. 이때 외교로 독립해야 한다고 믿고 실천에 옮긴 사람이 바로 이승만 대통령이다. 그는 임시정부 초대 대통령으로서 이러한 원칙에 따라 일본 식민 통치 대신 국제연맹의 보호 아래 들어가야 한다고 주장했다가 임시정부에서 탄핵당하기도 했다. 그러나 그는 자기의 의지를 굽히지 않고 세계의 흐름, 특히 2차 대전 후 미국의 의도를 간파하고 국제연합 감시에 의한 총선거를 치르는 방식으로 대한민국을 독립시켰다.

그 후에도 한국은 미국과 일본과의 외교로서 경제 부흥에 이르렀고 이제 선진국이 되었다. 그러나 최근 들어 외교 정책에서 국익에 대한 의견 일치가 되지 않아 정부가 바뀔 때마다 난맥상을 보인다. 이제는 노태우 대통령의 북방 정책처럼 한미일 결속을 기반으로 중국과 북한을 향해 신북방정책 곧 K 외교를 펼칠 때가 온 것이다. 캠프 데이비드 정상회의를 통해 다져진 한미일 결속을 세계만방에 과시하고 이를 기반으로 중국과 북한에 대해 우리가 먼저 적극적으로 대화와 접촉의 물꼬를 터야 한다. 그 과정은 수천 년간 지독하게 우리들을 옭아매었던 중국에 대한 대국 콤플렉스를 벗어나고 우리 역사에 큰 획을 긋는 시간이 될 것이다.

마오쩌둥이 중국 본토를 차지하게 된 것은 중국 공산군의 전술이 큰 역할을 했다. "적이 전진할 때 우리는 후퇴한다. 적이 정지할 때 우리는 괴롭힌다. 적이 전투를 피할 때 우리는 공격한다. 적이 후퇴할 때 우리는 전진한다"라는 전술 아래 공산당은 전투에서 서두르는 모습이 없었고, 불리하다고 생각할 때는 언제든지 철수하는 융통성으로 국민당과의 국공내전을 승리로 이끌었다. 우리의 대중국 외교 전략 수립에도 마오쩌둥 전술이 유효하다.

지금은 중국이 우리를 향해 방어적으로 나오고 있다. 외견상 우리를 공격하는 모양새지만 중국의 내부 사정을 들여다보면 방어적이라고 보아야 한다. '적이 전투를 피할 때 우리는 공격하고 적이 후퇴할 때 우리는 전진한다'라는 전술에 따라 중국에 대해 적극적으로 민관이 합심해 공세를 펼칠 때다. 중국이 우리와의 접촉면을 줄이려고 하면 할수록 우리는 더욱 적극적으로 교섭을 늘려가야 한다.

이것은 친중파들이 주장한 것과 외관은 같지만, 중국의 속내를 파악한 이상 그 방법이 크게 달라진다. 저자세로의 접근이 아니라 더욱 정교한 역사 인식과 상호교류의 중요성을 앞세워 보다 당당하게 나가야 한다. 아직 윤석열 정부는 중국과 본격적 교섭에 나서지 않고 있다. 그러나 일단 본격적으로 나설 때 그들을 설득할 명분과 무기를 가져야 한다. 우선 역사적으로 중국 공산당이 대한민국으로부터 혜택받은 것을 확실히 밝혀야 한다.

덩샤오핑은 1919년 5·4 운동이 중국 공산당이 만들어진 계기임을 강조했다. 5·4 운동은 3·1 운동에 크게 영향을 받아 일어났다. 3·1 운동으로 건립된 대한민국임시정부의 법통을 이어받은 것이 우리 대한민국이다. 또한 덩샤오핑은 2020년까지 4마리 용(한국, 타이완, 홍콩, 싱가포르)을 따라잡자고 독려하며 그들을 모방해 경제개혁에 나섰다. 그는 박정희 대통령의 개발독재 방식을 충실히 따랐고, 일본을 방문했을 때 신일본제철에 한국의 포항제철과 같은 제철소를 만들어달라고 요청했다. 쉽게 말하면 K 경제를 모방해 오늘의 중국 경제가 만들어진 것이다. 그리고 지금도 한국의 질 좋은 반도체를 저렴하게 수입해 많은 제품을 만들어 수출하고 있다. 이렇듯 중국 공산당은 한국으로부터 많은 영감과 도움을 받고 있음을 강조해야 한다.

한국의 자본주의와 시장경제, 자유민주주의가 중국에 유입되는 것을 두려워하는 중국 공산당 지도부에게 군이 우리의 제도를 강조하거나 우월성을 자랑할 필요는 없다. 우리는 우리 방식대로 의연하게 더 발전해서 나가면 되는 것이다. 현재의 자유민주 체제를 더욱 공고히 해 중국인들이 한국의 경제를 따라 배웠듯이 정치도 따라 배우게 하면 된다. 그러나 의도적으로 중국인들에게 자유민주주의를 채택하고 사유재산제를 도입하라고 권유할 필요도, 설득할 이유도 없다.

이러한 시스템은 구 월남에서 보았듯이 누가 시켜서 가능한 일이 아니고, 오히려 중국 정부의 경계심만 높게 할 뿐이다. 우리의 민주화도 엄청난 역경과 희생을 치르고 이루어졌고, 아직 어린young 민주주의 국가로서 이를 완수 하기 위한 험난한 과정에 있다. 아직도 민주주의의 진정한 의미를 알지 못하거나 어떤 제도를 어떻게 강화해야 민주주의를 지키는 것인지 제대로 알지 못하는 사람들이 있기 때문이다.

아울러 중국이 미국과의 갈등 국면에서 한국과의 관계 개선으로 돌파구를 마련할 수 있음을 설명해야 한다. 탄탄한 한미 관계를 바탕으로 가능한 일이다. 지난 캠프 데이비드 한미일 정상회의로 더욱 돈독해진 한미일 관계를 두려워하는 중국에 우리가 먼저 적극적으로 교류 확대를 추진해야 할 시점이다. 우리가 비록 미국이 제시하는 교역의 범위를 지키더라도 얼마든지 중국을 설득할 수 있을 것이다. 지금 중국 경제가 먹구름이 끼고 있는 시점이기 때문에 더욱 그렇다. 사드 이후 6년 만에 한미일에 단체 관광을 허용한 것도 내부 경제가 좋지 않기 때문이라고 보인다.

이러한 적극적인 자세는 결국 북한과의 접촉 창구를 여는 지렛대가 될 것이다. 일방 중국을 향해 적극적으로 정치, 경제, 문화 등 전방위적으로 접촉면을 넓혀 나가면서, 일방 북한에 대화 제의를 과감하게 해야 할 시점이다. 둘 다 한국에 대해 방어적으로 나오고 있으므로 마오쩌둥 전술처럼 이제 우리가 공격하고 전진할 시점이다.

윤석열 대통령이 강조한 자유는 중국이 공산주의 이념을 더욱 강화해 가는 추세에서 우리가 이에 대비하고 우리 민족이 항구적으로 번영해 나갈 수 있는 핵심 가치이자 주요한 무기이다. 이러한 자유를 위해 민주 정부를 더욱 다져 나가야 한다. 자유민주 정부는 항상 같은 모습이 아니다. 자유 자체가 의미하듯이 자유롭게 그 형태가 바뀔 수 있고 민주 정부도 그 모습이 다양하다.

그러나 선거의 자유, 사법권의 독립, 언론 출판 집회 결사의 자유라는 세 가지 기본 원칙을 고수해야 한다. 무릇 선거의 자유, 사법권 독립과 언론, 출판, 집회, 결사의 자유가 보장되어야 민주국가라고 할 수 있고 이 세 분야를 확실히 하면 민주국가가 되었다고 볼 수 있기 때문이다.

그리고 이를 위해서는 자유민주주의를 지켜주는 헌법상의 법치주의 확립에 더욱 노력하는 것이 이 시대를 살아가는 우리들의 의무이자 책임이다. 자유민주주의를 지키는 것은 비민주적인 헌법기관이라고 파리드 자카리아는 저서 『자유의 미래The Future of Freedom』에서 주장하고 있다. 군과 경찰, 검찰, 법원, 정당, 교회 등 그 구성원의 선출 과정이 비록 비민주적이지만 이 기구들이 자유민주주의를 지켜주고 있다는 것이다. 이는 자유민주주의가 법치주의와 동전의 양면임을 보여준다. 선출직 국회의원의 민주주의는 임명직 공무원들이 지켜주고 있다. 선출직이건 임명직 공무원이건 일단 공무원으로 임명되면 헌법상 그 처우나 권한, 책임이 모두 같은 이유다.

우리가 자유민주 국가로 더욱 발전해 갈수록 중국 정부는 시진핑이 집권하는 한, 한국과의 관계를 당분간은 밀고 당길지라도 궁극적으로는 모든 면에서의 접촉면을 줄여 갈 것이다. 한국이 과거 자신들이

했던 공산혁명의 수출국이 아닌 자유 혁명의 실질적인 수출국임을 알고 있고, 실질보다 이념을 무엇보다 중시하는 공산주의자들이기 때문이다.

결론적으로 중국에 대해서는 큰 자부심을 가져야 한다. 오늘과 미래의 중국을 만드는 것에 이바지한 나라가 바로 대한민국이다. 중국 공산당 탄생 계기가 된 1919년 5·4 운동도 우리의 3·1 운동에 자극받아 일어났고 덩샤오핑도 한국의 경제 모델을 거울삼아 개혁 개방으로 나섰다. 그는 2020년까지는 4마리 용(한국, 타이완, 홍콩, 싱가포르)을 따라 잡으라고 독려했다. 그러나 중국에 대해 노골적으로 자랑하지는 말자. 중국이 오늘날처럼 경제적으로 부유해지고 앞으로 자유민주주의 국가가 되는 것은 모두 중국인 자신들에게 달려 있기 때문이다. 스웨덴은 자기 자신을 특별하거나 지나치게 뛰어난 사람으로 여기지 않는 '얀테의 법칙'을 지켜 이웃 나라 사람들로부터 존경과 신뢰를 받고 있다. 제1, 2차 세계대전 때 모두 중립을 지켜 국가를 보전하고 세계적으로 가장 임금 불평등이 적은 나라로서 부유하게 살고 있다.

북한 문제

안보를 미국과 함께하겠다는 것은 여야가 같다. 야당도 북한 문제에 있어 북한의 핵무기와 미사일에 대항할 수 있는 미군의 철수는 바라지 않는다. 그러나 북한의 핵무기 실험과 미사일 발사가 대외적인 목적 이외에도 대내적인 이유 때문이라는 사실을 간과하거나 의도적으로 무시하고 있다.

김정은은 집권한 지 10년이 지났지만, 주민들의 생계는 크게 나아지지 않았고 오히려 나빠졌다. 그 원인은 경제 발전보다는 핵과 미사일에 올인한 결과 미국의 봉쇄 정책의 올가미가 씌워진 까닭이다. 김정은은 공산 국가들의 공통된 정책인 주민들이 편안하게 자신들만의 일상생활을 하도록 놓아두지 않고 계속 긴장 속에서 살게 해 시위나 반란을 일으키지 못하도록 각종 동원 정책을 시행하고 있다. 그와 함께 인민들의 불만을 잠재우고자 한다. 이를 위해 강성대국이라는 자부심을 심어주는 방안으로써 핵과 미사일만 한 것이 없으므로 이에 올인하고 있다.

남북 교류는 중국이 혐한 정책을 쓰는 것 이상으로 꺼리고 있다. 대한민국의 자유스러운 분위기와 체제 자체가 곧바로 북한 체제에 위협이 되기 때문이다. 그래서 남북 교류의 여지를 없애기 위해 남북연락사무소를 폭파하고 개성공단 가동을 중단한 것이다.

북한은 대한민국의 발전에 있어서 '메기 역할'을 해왔다. 박정희 대통령은 재임 18년간 한시도 북한 위협을 잊은 적이 없고 모든 정책은 북한의 도발이나 침략을 대비하기 위해 만들었다. 5·16 군부 쿠데타의 명분도 반공과 안보였다. 1972년 중화학공업 육성 방안도 북한을 따라잡기 위해서였다. 예술이나 체육도 북한과의 대결을 의식해 발전시켰다. 1972년 7·4 남북공동성명 당시 우리 측 대표로 북한을 방문했던 이후락 중앙정보부장으로부터 북한의 대형 건축물에 관한 설명을 들고 세종문화회관을 지었고, 월드컵에서 이름을 날린 북한 국가대표 축구팀을 본받아 중앙정보부 소속 양지팀이라는 국가대표축구팀을 육성했다. 그의 확고한 신념과 행동은 해당 분야 종사자들에게 사명감을 불러일으켰고 그들과 함께 밤낮 주야로 뛰어온 결과가 오늘의 대한민국이다.

북한은 남쪽에 대한 도발을 멈추지 않았다. 1968년 청와대 습격(김신조 사건)과 울진 삼척지구 공비 침투 사건을 자행했다. 이 때문에 향토예비군이 설치되어 우리의 국방력이 배가되었다. 1974년에는 문세광이 8·15 기념식장에서 박 대통령을 직접 겨냥했으나 육영수 여사가 사망했다. 5공화국 때는 1983년 미얀마 아웅산 묘소 폭발 사건, 1986년 아시안게임 직전 김포공항 폭발 사건, 1987년 대통령 선거 직전에는 KAL 858기 폭파 사건으로 대한민국을 끊임없이 괴롭혔다. 그때마다 대한민국은 한 단계씩 발전했으나 북한은 퇴보를 거듭했다.

북한은 1945년 해방 당시 아시아 제1의 흥남 질소비료 공장과 수풍 수력발전소를 가진 공업 국가로서 남한보다 훨씬 잘살았다.

북한은 1946년 북조선 임시인민위원회 수립 이후 사회주의 개조가 완료되는 1950년대 말까지 인민민주주의 시기에 남북 관계에서 줄곧 우위에 서 있었다. 북한은 항일운동 경력자들이 권력을 잡았다는 민족적 자주성과 토지개혁을 비롯한 제반 사회 경제 개혁 면에서 남한보다 앞섰다고 선전했다. 반제국주의 반봉건 민주개혁에서 우월함을 내세워 대한민국 정부의 정통성을 전혀 인정하지 않고 남한을 흡수 통일하기 위하여 무력을 동원했다. 이 전쟁에서 승리하지 못하자 대외적으로는 평화 공세를 취하고 대내적으로는 내부 단속과 경제건설에 박차를 가했다.

남쪽이 정치적 혼돈과 경제적 침체에서 벗어나지 못한 사이에 단계별 경제 개혁에 따라 3년이라는 이른 시일 안에 전후 경제 복구를 완수하고 자립 경제를 건설하여 사회주의 개조를 실현해 냈다. 1950년대 후반 재일조선인 귀국사업 실현으로 북의 우위를 대내외에 한껏 과시했다. 이 시기에 북한은 민족 자주성, 사회 경제적 개혁성, 체제의 안정성에서 모두 남한을 압도하는 모습을 보였다.

이는 북한이 대내적으로 사회혁명과 선전을 통해 밑으로부터 대중의 지지를 얻어내고 이를 체제 건설과 경제건설의 동력으로 끌어들이는 데 성공했기 때문이었다. 1946년의 토지개혁, 중요 산업 국유화, 남녀평등권 법령 공포 등을 통해 농민과 노동자 등 당시 인구 대다수를 차지하고 있는 대중의 지지를 창출해 냈다. 대중의 열정을 건설로 연결하는 방식은 전후 경제 복구 때 총동원의 양상을 띠었으며, 천리마 운동을 통해 북한식 집단 노동력 동원 방식으로 자리 잡았다.

아울러 자립경제 건설에 대해 소련이 기본적으로 동의했고, 소련 등 외국의 체계적인 원조를 받았으며, 소련의 경제계획 경험과 선진 과학기술 등이 경제건설에 큰 도움이 되었다. 또한 북한은 통일전선 형태를 유지하면서도 실제로는 노동당이 권력을 장악했다. 중앙으로부터 리 단위까지 침투할 수 있는 인민위원회 기구를 이른 시일 안에 정비했고, 당내 세력 갈등을 몇 차례 우여곡절 끝에 김일성 중심의 권력으로 귀결시켰다. 이러한 권력 집중은 계획 경제 집행에 효율적이었다. 이러한 것들이 북한이 1950년대 급속히 체제를 건설하고 경제 성장을 이룬 배경이다.

— 김성보, 전게서, pp. 246-248

한국전쟁 후 3년 만에 전전 상태를 복구하고 1957년부터 시행한 경제개발 5개년 계획도 1년 앞당겨 1960년에 끝낼 정도로 북한 주민들의 근로의욕이나 산업역량이 대한민국을 앞지르고 있었다. 그러나 1955년 박헌영을 미국 간첩으로 몰아 사형시키고 이후 반대파를 숙청하는 등 김일성 1인 독재 체제로 되면서 정치적 활력이 없어졌다.

1946년 3월 시행한 농지개혁으로 비록 소유권은 아니더라도 경작권이지만 무상 분배함으로써 주민들의 근로의욕을 높였으나, 전쟁 후 협동조합 시스템을 도입해 경작권마저 협동조합에 귀속시킨 이후 주민들의 노동 의욕이 급격하게 감퇴했다. 이를 타개하기 위한 천리마 운동도 이러한 정치 경제적 활력소의 상실을 회복시키지 못했다. 그 결과 1961년부터 시작한 경제계획은 모두 그 계획한 시한 내에 달성하지 못했고, 그러한 상태는 지금까지 계속되고 있다.

결국 북한을 다시 발전시킬 방안은 정치 경제적 활력을 불어넣을 수 있는 다당제 도입과 시장경제의 근간이 되는 사유재산권 인정이다. 그러나 이는 김정은 정권의 몰락과 같은 것이다. 그래서 김정은은 대한민국과의 교류나 협상을 극구 회피하는 것이다.

김정은의 신체적 건강은 물론이고 정신 상태도 우려스러운 부분이 나타나고 있다. 밤마다 술을 마시고 우는 나쁜 버릇이 있고 체중이 140kg을 넘어 각종 질병에 시달리고 있다고 한다. 더구나 이란과 아프가니스탄에서 드론 공격 때문에 요인이 암살된 후 미사일 전시나 발사 장소 등 공개석상에 나올 때는 10살 전후의 어린 딸을 손잡고 다니거나 단상 옆자리에 앉히고 있다. 어린이와 함께 있을 경우 세계적인 비난을 우려해 드론 공격을 하지 않는다는 견해에 따른 신변 보호 차원이 아닌지 모르겠다. 이렇듯 죽음에 대한 공포에 휩싸인 지도자가 어떤 행동을 보일지 자세히 관찰할 필요가 있다.

6

새로운
미래를
위해

공익적 사고의 진작

대한민국은 1948년 정부 수립 후 40년 만인 1988년을 기점으로 전혀 다른 나라가 되었다. 자유민주주의와 사유재산제를 기본으로 하는 자본주의 제도 시스템은 그 형식뿐만 아니라 실질에서도 제대로 작동하는 나라가 되었다. 1988년 이후에 탄생한 세대는 가난이라는 것을 모른다. 그들에게 대한민국은 그저 자유롭고 풍요로운 나라다. 세계 어느 곳이나 북한을 제외하고는 자유롭게 다닐 수 있고, 자기가 하고 싶은 일은 무엇이든 마음껏 할 수 있는 세상이 펼쳐져 있다. 인권과 복지의 사각지대도 관련 사회적 이슈가 생길 때마다 어떻게든 보완되었다. 그 밖의 다른 문제도 만족스럽지는 않지만, 그런대로 시정되는 나라다.

　이러한 자유와 풍요의 기초에는 수천 년 동안 지속되었던 신분제에서 벗어나 모든 국민이 주인인 민주주의 제도가 자리 잡고 있다. 사유재산제와 이에 기초한 자본주의도 민주주의와 뗄래야 뗄 수 없는 불가분의 관계에 있다. 민주주의는 치자治者(다스리는 자)와 피치자被治者의 동일성이 그 이념의 핵심이다. 과거 군주제에서의 치자는 국왕이었고 그를 둘러싼 소수집단이 지배계급이었다. 그러나 민주주의 제도 아래에서는 치자와 피치자의 구분이 없다. 누구든지 선거에 의해 치자가 될 수 있고 피치자는 항상 치자를 감시하고 여론에 의해 치자의 국정운영에 관여할 수 있다. 민주주의를 대표하는 영국에서는 대의민주주의제도를 만들어 이를 구체화했고, 19세기 이후 유럽의 모든 나라는 이를 받아들여 치자와 피치자의 동일성을 구현했다.

　과거 군주제하에서는 치자는 군주 한 사람이었지만, 이제 민주주의하에서는 모든 국민이 군주인 세상이 되었다. 그렇다면 모든 국민은 나름대로 지식과 경험을 갖추어 과거 군주와 같은 정도의 의식과 경륜을 갖추고 국가 경영에 직접 참여하거나 감시할 권리와 의무가 있다. 이런 소양을 갖춘 국민의 공통된 의견이 여론으로 수렴되어 국가가 운영될 때 가장 이상적인 민주주의 국가가 될 것이다. 여론 정치는 다수의 난폭한 폭민들이 이끌거나 군중심리를 이용한 선동가가 이끄는 중우정치를 막을 수 있다. 따라서 국민 누구나 국가적 결정 사항에 대한 식견과 안목을 가지고 있어야 한다.

　심리학자들은 오랜 연구 끝에 인간은 자신의 이익을 추구하는 이기심으로 가득 차 있어 자신에게 이익되는 방향으로 행동하고, 이타적인 행동마저도 자신이 속한 그룹 내에서만 이타적이라는 사실을 밝혀냈다. 이기적이기 때문에 인류가 생존할 수 있었다. 물론 오로지 이타적인 삶을 영위한 분들도 있다. 그들이 이러한 이기적인 인간들에게 끼친 영향력이 지대해 그들은 시대와 공간을 넘어 존경과 신뢰를 받고 있다. 그들이 보여준 이타적인 행동이 인류의 발전을 이끌었고 오늘의 문화를 창출해 낸 것이다.

서구의 선진국들은 이러한 이타적인 행동의 중요성을 깨닫고 공익 추구와 이를 위한 리더십 교육을 강화하고 있다. 리더십 교육은 결국 동서양의 주요 사건을 결정한 인물과 그들이 끼친 영향, 그 결정에 이르는 과정과 그 결정에 따른 행동과 결과에 대한 역사를 공부하는 것이다. 우리는 과거 선배나 선조들 또는 역사적 인물들이 어떤 상황에서 어떠한 결정을 하고 어떻게 행동했는지 그리고 그 결과는 어떠했는지를 보여주는 역사를 배워야 한다.

언제부터인가 치자 중심의 역사 기술은 지배계급의 역사로서 배척되어야 한다는 민중사관이 압도하는 분위기가 되었다. 그러나 치자와 피치자가 같다는 관점에서 보면 치자가 바로 우리 모두라는 사실을 깨닫게 되고, 그렇다면 치자의 권리와 의무를 배워야 한다는 당위성을 갖게 된다. 곧 국가통치자의 의무, 다시 말하면 공익 차원에서 문제를 해결해야 할 의무가 국민 모두에게 주어져 있는 것이다. 더욱 많은 사람이 혜택을 볼 수 있는 그러한 정책, 지금은 손해인 것 같지만 백년대계로서 반드시 시행해야 할 과제 등을 끊임없이 찾아내어 연구하고 그

해결책을 만들어야 하는 의무가 우리 모두에게 있는 것이다.

그러한 시각에서 보면 국민에게 무원칙하고 무한정의 복지를 시행함으로써 국민을 무능하고 게으른 인간으로 전락시키는 결과를 낳는 것이 과연 합당한 것인가라는 의문도 자연스럽게 제기될 것이다. 인권과 복지의 구현 방식에 대해서는 다양한 의견이 있을 수 있고 이를 시행하는 정부마다 다른 결론을 낼 수도 있다. 그러나 치자라면 이러한 논의 과정이 마땅히 보다 미래지향적이고 보다 어른스러운 입장에서 의견을 개진할 수 있어야 한다.

그러기 위해서는 우리 국민이 제일 잘하는 분야인 교육을 통해 우리의 역사는 물론 세계의 역사를 꿰뚫어 보는 지혜를 가져야 한다. 이러한 기반 위에서 학계는 물론 정치 현장에서 더욱 바람직한 정책안이 만들어질 때 우리는 진정한 치자와 피치자의 동일성이라는 민주주의 이념을 구현할 수 있을 것이다.

우리 민족은 수천 년 동안 수많은 전쟁과 역경을 겪으면서도 살아남을 수 있었던 것은 인간의 본성에 충실한, 이기적인 사고와 행동 때문이었다. 미국의 심리학자 조너선 하이트는 저서 『바른 마음The Righteous Mind』에서 자기가 속한 조직 내에서만 이타적인 경우도 이기심의 발로라고 설파한다. 국난을 당해 서로 힘을 합쳐 이를 극복하는 것도 이기적 행동의 하나로 보는 것이다.

자유민주주의와 자본주의가 독재와 공산주의를 이길 수 있는 이유는 인간의 이기적인 본성에 충실하기 때문이다. 특히 구한말 집권층의 가렴주구와 일제 강점기를 거치면서 각자도생하는 사고방식과 이기적인 행동이 일상화되다시피 한 상황에서 해방 후 도입된 자유민주주의와 자본주의는 이렇듯 이기적인 우리에게 날개를 달아 주었다.

이러한 분위기에서도 조국의 독립과 민족의 생존을 위해 자기 재산과 생명을 초개같이 버린 분들이 계셨기 때문에 독립된 자유 민주국가를 세우고 사유재산제를 기본으로 한 시장경제를 바탕으로 초고속 경제성장을 할 수 있었다. 이제 우리는 2차대전 후 탄생한 국가 중 원조받던 나라가 원조하는 세계 유일의 국가가 되었다.

식민지배와 전쟁을 겪으면서 우선 살아남아 남보다 더 잘살아 보겠다는 이기적인 사고와 행동으로 우리가 급속 고도성장을 이루어 냈지만, 이제 그러한 이기적인 사고와 행동 방식 때문에 우리가 더욱 발전하는 데 큰 걸림돌이 되고 있다. 선진국으로서 여러 나라들의 모범이 되기 위해서는 그 국민이 더 이타적이고 공익적인 사고를 갖지 않으면 안 된다.

국가의 미래를 위해 근본적인 것은 국민이 사익과 함께 공익을 함께 생각하는 것이다. 그 방안의 하나가 공익을 위해 희생한 분들에 대한 예우나 처우를 강화하는 것이다. 최근 국가보훈처를 장관급으로 승격시키고 대통령이 앞장서서 원호대상자를 챙기는 것은 이러한 견지에서 보면 아주 탁월한 정책이다. 이는 국가적 정체성의 확립에도 크게 보탬이 될 것이다.

국민 통합을 위한 노력

김대중 전 대통령은 IMF 극복을 위해서는 국민통합이 필요하다는 생각에서 자신을 사형수로 만들었던 전두환 전 대통령의 사면에 동의했다. 그리고 그를 대통령 취임식에 초청함은 물론 청와대의 만찬에 초대하거나 국제회의나 회담 결과를 보고했다. 그러한 국민통합 노력으로 미증유의 IMF 사태를 빠른 시간 내에 극복할 수 있었다. 그는 사후에도 여야를 불문하고 정치 보복을 하지 아니한 대통령으로 추앙받고 있다.

노무현 대통령은 법조인이었으므로 자신에 대한 수사가 어떻게 진행될 것인지 잘 알고 있었다. 검찰 수사가 끝난 후 자신이 기소되면 최소 매월 열리는 재판 때마다 서초동 법원 주변이 당시 민주당의 상징인 노란색으로 변할 것이고 국론 분열이 극에 달할 것임을 예상했을 것이다. 소외된 사람들을 보듬어 함께 잘살아 보고자 했던 그의 정치적 신념에 비추어 자신으로 인해 국론이 분열되고 갈등을 낳았다는 것은 도저히 견딜 수 없는 고통이었을 것이다. 그래서 그는 스스로 목숨을 끊음으로써 국가가 분열되는 사태를 막았다. 그가 묻혀 있는 봉화마을은 여야 정치인들이 국민 통합을 외칠 때마다 자주 찾는 곳이 되었다.

지난해 여름 노르웨이를 여행하면서 오슬로 시청사에 들렀다. 그곳은 매년 노벨평화상이 시상되는 곳이다. 게시판에는 넬슨 만델라의 수상 모습이 사진으로 게시되어 있다. 그해 가을에는 남아프리카공화국을 여행하면서 요하네스버그에 들렀다. 그곳 만델라 광장에는 만델라의 초대형 동상이 서 있다. 그는 종신형을 받고 27여 년간을 복역하면서 세계 인권운동의 상징적인 존재가 되었다. 아파르트헤이트Apart-heid(인종격리정책을 뜻하는 아프리칸스어)는 종식하면서도 자신의 조국인 남아프리카공화국은 유지되어야 한다는 신념하에 클레르크의 백인 정부, 줄루족 등 흑인 종족과의 협상을 거쳐 민주적인 선거를 관철해 국민통합을 이루었다.

그 공로로 1993년 클레르크와 함께 노벨평화상을 받았고 1994년 4월 27일 남아프리카 최초의 흑인 참여 자유 총선거에 의해 구성된 다인종(36개의 분파가 존재) 의회에서 대통령으로 선출되었다. 이로써 남아프리카공화국에는 아파르트헤이트가 종결되었고 350년간에 걸친 인종 분규를 종식해 국민통합을 이루었다.

김대중 대통령이 전두환 대통령과 함께 만찬하는 사진은 지난 대통령 선거 당시 민주당 대통령 후보가 광주 5·18 민주묘지 초입에 있는 전두환 비석을 올 때마다 밟고 간다고 하면서 찍은 사진과 대비된다. 김대중 대통령이 전두환 대통령을 용서한 것은 정치 보복을 하지 않겠다는 개인적인 정치적 신념일 뿐 광주시민과는 무관하다는 주장도 있지만, 위 민주당 후보의 행위가 광주시민 모두의 뜻이라고 보이지 않는다.

참을 수 없는 것과 용서할 수 없는 것을 참고 용서할 때 그 진정한 의미가 있다. 소외는 분노와 좌절을 낳고 그것은 혐오로 이어진다. 승자의 덕목은 용서와 아량이다. 이미 우리 사회의 주류가 되어 버린 광주시민들이 해야 할 일은 과거를 용서하고 화합된 미래로 나아가는 것이고, 그것이 광주민주화운동의 교훈일 것이다.

자유롭고 독립된 한국인 양성의 필요성

조선조 말과 일제강점기를 거치면서 남보다 잘 살 수 있고 남의 부러움을 사는 것은 오로지 출세하는 일이었다. 광복과 함께 모든 사람의 꿈은 출세였고 그중 누구나 선택할 방법이 대학 졸업이었다.

신분제가 실질적으로 폐지되고 누구나 출세가 가능한 새로운 시대를 맞이해 모든 이들의 꿈은 자신은 비록 대학에 가지 못했더라도 자식만은 기어이 대학에 보내는 것이 최고 꿈이었고 자신의 못 배운 한을 푸는 일이었다. 이러한 꿈을 실질적으로 이룰 수 있게 해 준 것이 대한민국 수립 직후 시행된 농지개혁이었다. 한 떼기 땅이라도 갖게 된 사람들은 이를 밑천으로 삼아 자식들을 대학에 보내고 도회지로 보내 학업을 계속하도록 했다.

농사짓는 데 필수적인 소까지 팔아 등록금을 마련한 이들도 많아 대학은 '우골탑牛骨塔'으로 불리었다. 농민들이 자식같이 생각하는 소의 뼈로 쌓은 탑이라는 뜻이다.

이러한 국민의 염원은 제1공화국 정부의 교육 장려 정책으로 더욱 힘을 얻었다. 서울에 있는 대학만이 대학이 아니었다. 지방에도 많은 대학이 생겨났고 수많은 대학 졸업자를 만들어 냈다. 전라남도의 경우 조선대학교가 대표적이다. 서울로 진학하거나 국립대인 전남대에 가지 못한 학생들, 가정 형편이 어려운 학생들에게 대학 진학의 기회를 부여해 호남지방의 학력 수준을 높였다.

최근 한국의 대학 진학률이 80%를 웃돈 것은 이렇게 우연한 일이 아니다. 대한민국 수립 이전의 신분에 의한 차별과 그것에서부터 벗어나고자 하는 몸부림이었다. 그 억눌림이 강할수록 자식들의 학업 성취로 이를 보상받고자 하는 욕망은 더욱 커졌다. 과거 핍박과 억압이 한국 사회를 인재양성소로 바꾸어 버린 것이다. 이러한 인재 양성이 1960년대 산업화의 초석이 되었음은 물론이다.

부모가 어렵게 자신을 대학에 보냈다는 사실을 잘 알고 있는 2세대들은 부모의 출세 욕망에 부응하고자 했다. 대학에 들어가 열심히 공부하고 졸업 후 원하는 직장에 취업해 열심히 근무했다. 특히 유능한 지도자 덕분에 경제가 급속히 발전함에 따라 자신이 하고자 하는 것은 무엇이든지 이룰 수 있었다. 부모들의 뜻과 자신을 꿈과 야망이 서로 일치했다. 부모에 대해 불만이 크지 않았다. 그리고 부모에게 그다지 구속되지도 않았다. 일부 계층을 제외하고는 부모들이 자식들보다 학력이나 경력, 재력 등이 우월하지 않았고 여러 면에서 자식들의 의견을 존중했다. 그들이 하는 대로 내버려 두었다.

2세대의 경우 부모 예속화는 한정적이었다. 우선 부모의 능력이 자식을 완전히 자기 의사대로 이끌기에는 학력이나 재력이 미치지 못했다. 일제강점기와 해방, 그리고 참혹한 6·25 전쟁을 겪으면서 고등교육을 받을 기회가 거의 없었고 지극히 빈곤한 나라에서 자신이 아무리 노력해도 부를 축적해 자식에게 물려줄 형편이 되지 못했다. 그래서 대학 입학까지는 어떻게 해서라도 시켜줄 수 있었지만, 대부분 자식이 아르바이트나 가정교사 등으로 사실상 고학하도록 하는 경우가 많았다.

2세대들에게 있어서 아르바이트나 가정교사로 학비나 생활비를 충당해 대학을 마치는 과정은 비록 힘들고 어려운 일이었지만 자신의 미래와 삶에 대한 의욕을 북돋는 효과를 냈다. 잘사는 집이나 권문세가에서 가정교사를 한 사람일수록 자신도 그렇게 잘살아 보겠다는 의욕과 절박함을 안겨주었다. 이러한 삶에 대한 절박함 때문에 결혼하지 않거나 출산을 거부하는 것은 있을 수 없었다. 하물며 자살을 생각할 여유가 없었고 그럴 이유도 없었다.

고학으로 어렵게 대학을 마치고 자신의 실력으로 사법시험이나 행정고시, 기술고시 등 각종 국가가 시행하는 시험에 합격해 공무원이 되거나 손꼽히는 기업에 취직해 승진을 거듭할 수 있었다. 더구나 아직 부동산이 크게 오르기 전이라 언제든지 마음먹고 저축하면 취업 후 결혼해 10년쯤 지나면 집도 장만할 수 있었다. 그리고 부부가 노력해 자식을 낳으면 자신들이 성장했듯이 3세대에게도 똑같은 길로 이끌었다.

3세대와 4세대에 이르면 이러한 관계는 더 이상 유지될 수 없었다. 잘난 부모인 2세대들은 3세대가 자신처럼 성장해 주기를 기대하면서 자식들이 자신들의 꿈과 희망에 따라 해 주기를 원했다. 자신이 대학을 졸업하고 출세했기 때문에 대학에 보내는 것은 당연하고, 남들보다 더 좋은 대학에 보내고자 총력을 다했다. 자식 교육에서도 남과의 경쟁에서 지지 않아야 했다.

좋은 대학에 보내기 위해서는 공교육보다는 사교육이 효율적이라는 사실을 감지하고 서울 강남구 대치동 학원가에 자식들을 보냈다. 지방의 부유한 가정에서는 대치동 부근에 아파트나 오피스텔을 마련해 자식들을 유학 보냈다. 서울이나 경기 지역에 거주하는 사람들도 대치동 부근 오피스텔이나 친지 집에 유숙시켜 어쨌든 스카이(SKY; 서울대, 고려대, 연세대 등 명문대학을 칭한다) 대학에 보내고자 했다.

자식들의 선호나 장래 희망은 아무래도 좋았다. 부모의 꿈과 욕망이 우선시 되었다. 자식들의 의사와 관계없이 자기 뜻을 관철하고자 하는 것은 자식들이 독립하지 못하고 노예화한다는 사실을 깨닫지 못했다. 미국에 대해 잘 안다고 하면서도 미국 부모들이 그 자녀가 18세가 되거나 고교 졸업 때까지만 데리고 있고, 그 후에는 사실상 부모의 책임이 아닌 자식들 당사자의 의사와 능력에 따라 대학에 가거나 취업하도록 하는 까닭을 알지 못했다. 어느 미국인의 경우 18세가 되는 날 어머니가 "성년이 된 것을 축하한다. 오늘부터는 방세를 내라"라고 했다고 한다. 미국의 경우 입양이 쉽게 이뤄지는 것은 18세까지만 양육 의무가 있고 그 이후에는 사실상 입양 의무가 없어지기 때문이다. 우리나라에서는 입양아의 일생을 책임져야 하므로 입양제도가 활성화되지 않고 있다.

2세대는 그 부모로부터 자유로웠지만 자식들에게는 그러한 자유를 주지 않았다. 아니 자식들을 자신의 아바타처럼 생각했다. 자신들은 부모가 고생해 자신을 대학까지 보내준 고마움을 잊지 않았고 국가도 가난했기 때문에 자신의 의지와 힘으로 어려움을 이겨내느라 자신도 모르게 자유롭고 독립된 사고를 키울 수 있었다. 또한 세상 살기가 힘들고 어렵다는 사실을 몸으로 익혔기 때문에 삶의 절박함도 뼈저리게 느끼며 살아왔다.

그래서 자식들에게는 더욱 좋은 환경에서 어려움 없이 자신의 길을 가도록 하고 싶었다. 그동안 국가도 세계 최빈국에서 벗어나 잘살게 되었다. 하지만 그들의 자녀들은 풍요롭고 자유로운 국가에서 태어났으나 가정에서는 부모의 뜻에 따라 행동하는 풍요로우나 자유롭지 못한 생활을 했다. 부모가 제공하는 풍족한 가정환경에서, 남과의 경쟁에서 이길 수 있는 과외수업에 자기 의사와 관계없이 내몰리느라 자신을 되돌아보고 생각할 시간과 여유가 주어지지 않았다.

슈퍼맨이나 원더우먼 같은 부모를 둔 아이들은 부모가 만들어 준 세상에 안주하거나 자신들은 자기 자식들에 대해 그렇게 해 줄 수 없다는 절망감에 빠진다. 우선 부모의 욕망에 타협하게 된다. 태어날 때부터 영어, 수학 유치원에 다니고, 마음껏 뛰고 놀아야 할 초등학교 시절부터 학교가 끝나자마자 부모들이 태워다 주는 자동차로 각종 사설학원을 전전한다. 그것이 대학 입학 때까지 반복된다. 그 사이에 자신의 의지대로 독립해 결정할 여지가 없다. 모든 게 이미 최고 수준에 이른 부모의 정보와 능력으로 만들어지는 환경에 몸을 맡기고 그저 부모 뜻대로 하도록 내버려 두는 것이다. 끊임없이 계속되는 각종 과외수업에 끌려다니다가 대학에 들어가게 되면 스스로 결정을 못 하는 결정

장애인이 되어버렸다. 어느 대학 총장께서 하신 말이다. 하루는 대학 구내식당에 갔더니 한 학생이 어머니에게 전화로 '무슨 음식을 먹어야 하는지'를 묻고 있더란다.

바람이 불면 날릴세라 조금만 몸이 아파도 병원으로 데리고 간다. 소아과 의사가 신경 쓰는 것은 어린 환자가 아니라 그 부모다. 환자 어머니에게 잘 보여야 자신의 고객이 되기 때문이다. 공교육도 대치동 고학력 학부모 때문에 실패했다는 말이 있다. 아이들이 학교 교육을 받는 것도, 학교 교육이 성공할 수 있는 것도 모두 부모보다 선생이 존경스러울 때다. 그런데 학교 선생보다 학력이나 경력이 좋은 대치동 학부모들이 학교 교육보다 과외 교육에 치중한 결과 공교육이 무너졌다는 것이다.

어쨌든 좋은 환경과 아빠, 엄마 찬스에 안주하는 세대가 만들어진 것이다. 이들은 자신만의 노력보다는 부모의 힘으로 좋은 학교, 좋은 직장에 가게 되므로 자기 삶의 미래에 대한 절박감이 없어져 버린다. 그러한 이들이 굳이 결혼해 처와 자식을 부양할 의무감이나 동기를 가질 이유가 없고, 남편과 시집을 봉양할 까닭이 없는 것이다. 또한 이들은 자신도 부모처럼 슈퍼맨이나 원더우먼이 되어 자기 자식들을 키우거나 가르치고 평생을 뒷바라지할 엄두를 내지 못한다. 자신의 미래에 대해 절망하는 순간 결혼을 하거나 자식을 낳아 기를 생각을 포기하는 것이다. 이 모든 것들이 대부분 엘리트에 속한 사람들의 이야기다. 그러나 모방 사회인 현대사회에서 엘리트의 현실은 남보다 지기 싫어하는 그보다 못한 계층에도 그대로 투영되고 있다. 그래서 전체적인 사회 분위기가 저출산으로 이어지는 것이다.

　남과의 경쟁으로 살아온 2세 부모들이 자기 자녀들이 경쟁에서 이기게 하려고 노력한 결과가 오히려 결정 장애자로 만들어 버린 것이다. 나라가 잘살게 되고 그 국민도 세계에서 몇 번째 안 가는 부를 누리게 되었지만, 이를 이루어 낸 2세대는 자신의 성공 신화를 자식들이 재현하도록 숨을 쉴 틈 없이 몰아붙인 결과가 자식들을 자유인이 아닌 정신적인 노예로 만들어 버린 것이다.

　이 노예들은 자신이 낳은 아이를 자신처럼 노예로 만들 의지도 자신감도 상실해 버렸다. 아니 슈퍼맨이나 원더우먼 같은 부모가 될 수 없다는 현실을 직시한 것이다. 자신의 힘만으로는 아무리 노력해도 일류대학이나 일류 기업 취업이 불가능하다. 아빠 찬스나 엄마 찬스를 이용해 좋은 대학, 좋은 직장, 심지어 배우자까지 얻게 되었지만, 이를 자기 자식들에게 해 줄 능력도, 의욕도 상실해 버렸다. 이들은 은연중 이러한 생활에 만족하고 이러한 상황에 대해 자신을 쉽게 합리화시켜 버린다.

　너무 힘들었던 시절에 오로지 출세만을 지상목표로 삼아 노력한 결과 세계 최빈국에서 세계가 부러워하는 멋진 나라를 만들었으나 그에 대한 반작용으로 이제 세계 최저의 출산율과 세계 최고의 자살률로 나라의 지속가능성마저 걱정하는 처지가 되어버렸다. 우리의 발전이 빨랐던 만큼 그에 대한 승리감에 취해 자신의 발전이 무엇 때문에 이뤄진 것인지에 대한 성찰이 부족했다.

　자신을 키워준 것이 사실은 자기 능력을 마음껏 발휘하게 해 준 그들 부모의 한정된 지원이었다는 사실을 놓친 것이다. 부모로서 자식에게 한정된 지원을 확실히 하는 미국의 사례를 보고 자랐음에도 거기에 숨어 있는 깊은 뜻은 읽어내지 못한 것이다. 그저 남보다 잘 살아야겠다는 출세욕, 타인으로부터 인정받아야겠다는 일념은 위대한 지도자의 영도 아래 개발독재 시대에는 국가적으로나 개인적으로나 크게 성장할 수 있었다. 그러나 우리의 이러한 성공 방식이 우리 사회에 커다란 문제점을 만들어 버렸다.

우리나라는 사람이 자원이다. 기름 한 방을 나지 않지만, 수입한 유류를 가공해 수출하는 산유국이 된 것도 유능한 인재를 키워낸 덕분이다. 그리고 그 인재가 더 자유롭고 독립적인 사고로, 더욱 자유롭고 독립적으로 행동하면서 무한한 가능성을 보여주었다. 그러나 우리는 예속적이고 의존적인 생각을 하고 예속적이고 의존적으로 행동하는 사람을 만들어 내고 있다. 지금 어느 정도 이름을 알리고 있는 가수나 축구 선수도 더 자유롭고 독립적인 사고를 하지 못하면 일정 수준까지는 성장하지만, 그 이상 크게 발전할 수 없는 것이다.

3세대가 바라보는 제2세대는 도저히 넘지 못할 벽이다. 그들에게 부모는 슈퍼맨이나 원더우먼이다. 우리의 슈퍼맨이나 원더우먼은 그의 자식들도 슈퍼맨이나 원더우먼이 되기를 희망하며 모든 방법을 강구하고 있다. 그 결과 자유롭고 독립된 삶을 살 기회가 주어지지 않는 3세대가 택할 수 있는 길은 결혼하지 않고 부모 밑에서 안주하며 살거나 결혼하더라도 출산하지 않으려 한다. 자신의 미래에 대한 자기 나름의 희망이 없어서 심지어는 극단적인 선택을 하기도 한다. 우리 사회가 저출산율과 높은 자살률로 몸살을 앓는 이유 중 하나다.

　이제 갈수록 출산율이 줄어들어 4세대의 숫자는 줄어들고 있다. 그럴수록 이들을 예속하는 일도 많아지고 있다. 친가와 외가가 귀한 자식을 보았다면서 과도한 관심과 지원을 함으로써 3세대가 행한 어리석음을 반복하고 있다. 이들이 그 부모 세대인 3세대보다 더 큰 자살률과 최저출산율을 갱신할까 두렵다.

진취적이고 개방된 사회의 구축

　저출산 해결을 위해서는 젊은이들을 해외로 내보내 배우고 돌아오도록 해야 한다. 대한민국이 오늘날 이렇게 발전한 것은 건국 때부터 지도자들이 모두 해외 경험이 풍부해 이 나라를 개방 국가로 이끌었기 때문이다.

　건국 초기 이승만, 김구, 김규식, 김성수 등 지도자들이 모두 해외 유학을 했거나 해외에서 생활하면서 넓은 세상을 경험했고, 외부에서 한반도의 처지를 바라보면서 나라의 미래를 걱정했던 분들이다. 박정희 대통령도 만주군관학교와 미군 포병학교에 유학했다. 그래서 이들은 이 국가를 개방으로 이끌었고, 해외로 나간 국민은 선진 문물을 배워 우리 국가 발전에 이바지했다.

　최근 코로나 이후 일본 여행객이 크게 늘어 걱정하는 목소리가 있다. 그러나 이는 국가가 장려하지는 못할망정 내심 바라던 바가 되어야 한다. 언제부터인가 우리나라 고속도로 휴게소는 물론이고 모든 공중화장실이 깨끗해졌다. 이는 한국인의 일본 여행 때문이라고 보인다. 일본에 지기 싫어하는 오기가 바로 이러한 선순환을 낳은 것이다.

출산율이 세계적으로 가장 낮은 국가라면서 국가 소멸을 우려하는 목소리가 높다. 우리는 국가 발전을 위해 산업화를 택했고 그 결과 농촌 인구를 산업의 역군으로 흡수해야 했다. 그러나 그것만으로 60년대 무렵, 매년 100만 명에 달하는 출산 인구를 먹여 살릴 수 없었다. 그래서 산아 제한을 국가 시책으로 시행했다. 출산을 제한하는 각종 정책이 개발되었다. '아들딸 구별 말고 둘만 낳아 잘 기르자'란 표어가 국가적 목표가 되었다. 이를 위해 공중화장실마다 자동 콘돔 판매기를 설치하고 정관 시술을 받으면 예비군 훈련을 면제시켰다. 세 번째 아이 출산 때는 의료보험 혜택도 없앴다. 지금의 60대 이상은 이런 정책 때문에 아이를 적게 낳는 것이 당연한 미덕으로 생각하게 되었다.

여기에 여성들의 사회 진출이 많아지면서 일과 가정을 양립할 수 없게 되었다. 지금처럼 맞벌이가 당연시되는 사회에서 여성의 목소리가 커지면서 아이를 갖는 것도 주부의 결정에 따르게 되었다. 자연스럽게 여성 해방이 이루어진 것이다. 하나만 낳겠다거나 아이를 갖지 않겠다는 주부의 의견에 남편이 맞설 수 없게 되었다. 일부 여성은 굳이 결혼해서 시댁 부부들과 함께 생활하는 것이 버겁고 남편 없이도 얼마든지 독자적인 생활을 할 수 있다는 자신감과 사회 여건 때문에 결혼 자체를 하지 않는 풍조가 만들어졌다.

물론 여기에는 육아에 엄청난 비용이 드는 것도 크게 작용했다.

그동안 국가가 수조 원을 투입해 출산을 장려했지만, 출산율은 높아지지 않았다. 아이러니하게도 우리는 세계에서 산아 제한에 가장 성공한 국가가 되었다.

이를 타개하기 위해서는 사회 분위기 자체를 바꾸어야 한다. 60대 이상의 할아버지 할머니 세대부터 그 사고와 생활방식이 바뀌어야 하지만 이제 그들이 그 생각과 태도를 바꾸기에는 너무 늦었다. 우리가 기대할 것은 젊은 세대다. 이들에게 한국에만 있지 말고 해외로 나가서 그 나라의 문화, 특히 가정의 소중함과 보존에 대한 인식과 태도를 배우고 돌아오도록 유도해야 한다. 유학을 가면 새로운 학문을 배우는 것 외에 결혼해서 살면서 아이도 낳고 기른 후 돌아오도록 해야 한다. 인간은 자신이 현재 살고 있는 사회의 분위기에 따르기 마련이기 때문이다.

이민청을 만들어 외국 우수자원을 대거 데려오는 것도 현재로서 시급한 방법이지만, 외국인에 대해 지극히 배타적인 한국의 국민성이 다문화 가정을 대폭 수용하기에는 많은 시간과 어려움이 따를 것이다. 장기적인 안목에서는 한국으로의 이민 확대와 함께 선진국으로의 이민을 장려해야 할 때다.

해외에서, 특히 선진국에서 우리가 배울 만한 사고와 생활방식을 익히고 돌아와 국가 발전에 이바지하도록 하는 것이 우리의 미래를 밝게 할 것이다. 네덜란드인들이 세계 곳곳에서 활약하고 있는 점을 놓쳐서는 안 된다. 월드컵에서 대한민국 축구를 세계 4강에 올려놓은 히딩크 감독의 나라다. 최근 캐나다와 워킹홀리데이 인원을 12,000명까지 확대하는 등 23개국과 이 협정을 체결한 것은 이러한 점에서 보면 아주 바람직하다고 할 수 있다.

일본의 잃어버린 30년에 대해서는 그 원인을 1985년 플라자 합의 때문이라고 말한다. 그러나 그 이면에는 일본 젊은이들의 해외 유학이나 해외 근무 기피도 그 원인이라고 생각한다. 일본은 한때 중동 건설업의 선두 주자였다. 그러나 지금은 중동 건설에 나서지 않는다. 그들에게 자본이나 기술이 없어서가 아니다. 젊은 직원들이 해외 근무를 꺼리기 때문이다. 일본의 경제가 크게 발전하고 내수산업이 진작되자 일본인들 특히 젊은이들이 해외로 나가는 것을 기피하고 있다. 일본보다 편하고 살기 좋은 곳이 없다는 생각에서다.

사실 일본은 물가도 싸고 외국인들의 일본 내 취업을 극히 제한하고 있어 일본인들이 살기에는 천국과 같다. 그러나 이것이 오히려 일본을 지난 30여 년간 경제 침체로 이끈 원인이 되었다. 미국 유학도 가지 않는다. 일본 대학교수들이 자기 밑에서 수업한 제자들만 후계자로 양성하기 때문이기도 하지만, 이러한 분위기 때문에 해외 유학도 원하지 않는다. 미국에서 시민권을 얻는 것도 바라지 않고 기껏해야 영주권에 만족한다. 일본계 미국 의원들이 없는 이유다.

우리나라도 이런 분위기가 감지된다. 언제부턴가 한국보다 좋은 곳이 없다는 이야기가 나온다. 특히 코로나를 겪으면서 의료체계나 서비스가 세계 제일이라는 자부심과 함께 모든 것이 신속 배달이나 신속 서비스로 해결되는 사회라고 자랑한다. 과거 배고픈 시절을 기억하는 사람은 이제 거의 없다. 지금까지는 해외여행이나 유학을 가는 분위기가 지속되고 있으나 얼마 후에는 일본을 따라갈 것 같다.

한편 한·중·일 3국은 모두 저출산 타개책으로 이민정책을 강조하고 있다. 이민정책 수립 때 언어의 중요성을 놓쳐서는 안 된다. 다른 나라에서 우수자원이 한국, 중국, 일본 중 어느 나라로 이민할 것이냐를 결정할 때 그들의 최종 목적지가 반드시 위 세 나라라고 볼 수 없다. 그들 중 상당수는 미국이나 유럽으로 가는 발판으로 삼을 가능성이 크다. 영어를 거부감없이 받아들일 수 있는 나라는 위 세 나라 중 한국이다. 영어 인프라를 구축하는 것도 싱가포르의 경우를 참조할 만하다.

품격 있는 민주주의는 가능한 것인가

우리의 60년대, 급속한 근대화 시기에 대해 진보 지식인들은 천민자본주의라고 비판했다. 그저 돈밖에 모르고 사회적 약자에 대한 배려가 없다고 질타한 것이다. 그러나 사회적 약자를 물질적으로 도와주는 것도 중요하지만 그와 함께 사회적 약자가 홀로 설 수 있게 하는 물심양면의 지원도 그 못지않게 중요하다. 그러나 하향 민주화는 사회적 약자에 대한 물적 지원에만 치중한 나머지 그들이 계속 사회적 약자로서 살아갈 수밖에 없는 환경을 조성한다. 곧 자립 의지와 자긍심을 갖지 못한 인간으로 전락시키는 것이다. 조선왕조가 500년 이상 지속하고, 나라가 외침을 당했을 때 의병들이 목숨을 걸고 국가를 지켜낸 것은 그들이 물질적으로 풍요해서가 아니다. 그 사회 나름의 도덕적 기준이 확립되어 있고 그 기준을 지키려는 세력이 중추 세력으로서 그 역할을 다했기 때문이다.

사리사욕뿐인 인간은 사회적 인정을 받지 못한다. 마찬가지로 한 사회가 공동의 선을 추구하는 모습을 보여주지 않으면 그 구성원들은 그 사회의 존속을 위해 헌신할 동기를 상실해 버린다. 왜냐하면 자신들이 인정받을 수 없는 사회이기 때문이다.

인간은 혼자 살지 못한다. 함께 살아야 인간이다. 함께 살아왔기 때문에 다른 모든 생명체와 겨루어 이들을 물리치고 만물의 영장이 된 것이다. 함께 산다는 것은 서로 상대방을 인정해 주고 인정받아야 한다. 한국인 중 이렇게 인정받지 못한 계층이 조선왕조까지 수천 년 동안 너무 많았다. 그래서 이 인정받지 못한 것이 한恨이 되었다. 한 많은 한국인, 그것은 사회적으로 인정받지 못한 한국인이었다. 그래서 한국인에게 있어 출세는 바로 사회적으로 인정받는 것이었다.

이 방법이 조선시대에는 과거제도였다. 과거에 급제해야 사회적으로 인정을 받았다. 그래서 과거 급제, 출세, 사회적 인정은 같은 의미였다. 조선시대 서얼은 응시 자체가 불가능했다. 부계사회에서 모계를 기준으로 신분을 차별화한 것이다. 또한 과거시험은 한문漢文으로 치러졌다. 따라서 한문을 모르는 사람들은 과거에 응시조차 할 수도 없었다. 그리고 혼인 관계로 양반 계급의 방파제와 입신출세를 위한 튼튼한 동아줄을 만들었다. 이러한 혼인 관계는 양반들 사이에서만 있었던 것이 아니고 중인 간에도 있었다. 이 과정에서 나타난 차별은 모두 한국인들의 한이 되었다.

한문을 모르면 시험에 응시조차 못 했던 한恨은 한글 전용으로 모든 사람이 어떤 시험이든 볼 수 있게 됨으로써 일단 해소되었다. 오늘날 한글날을 기념하는 또 다른 이유가 여기에 있는 것이다. 한글 전용은 한국의 민주화를 가속했고 그걸 지속 가능하게 만든 것이 한글의 대중화였다. 갑오경장으로 신분제가 폐지되자 과거 역관이나 법률을 담당했던 일부 중인 계급이 전문가로서 양반으로 진출하게 되었다. 일제 치하를 거치면서 고위 관직에 임명된 상당수 조선인이 사실상의 양반 계급이 되었으며 해방 후 고시제도는 여전히 과거제도처럼 출세의 등용문이 되었다.

특히 3공화국 이후 근대화에 필요한 인재를 등용할 목적으로 재정비된 사법시험과 행정고시는 수많은 인재를 발굴해 내 국가 발전에 크게 이바지할 수 있었다. 이들의 근대화 과정에서의 역할은 많은 국민의 부러움의 대상이 되었고, 한편으로는 그들의 전횡에 대한 두려움과 혐오감을 낳았다. 많은 사람이 이 시험에 합격하기 위해 몇 년씩 청춘을 불살랐으나 그 목적을 이루지 못한 경우도 많았다.

합격한 사람들의 자긍심은 상대적으로 너무나 컸다. 더구나 우리 산업화는 관료들의 도움 없이는 불가능했기 때문에 조선시대의 관존민비官尊民卑적 사고가 자연스럽게 되살아났다. 기업인들은 관료들 앞에서 고양이 앞의 쥐와 같았다. 그러한 까닭에 기업인 중 상당수는 자기 자제를 관료로 내보내거나 관료를 사위로 삼고자 했다. 조선식 혼인 관계가 부활한 것이다.

이러한 단선적인 출세 과정은 우리 사회가 다양화되고 자본주의 국가로 크게 성장하면서 경제력이 우세한, 곧 돈 많은 사람이 큰 소리를 내기 시작했다. 단기간 내에 급성장하기 위해서는 자본의 집중이 필요했다. 여기에 정권과의 유착이 나타난 것이다. 제1공화국에서는 일제 패망 후 일본인들이 남기고 간 일본인 소유 재산, 곧 귀속재산인 공장이나 기업을 불하받고자 했다. 제3공화국에서는 도입된 외자를 배정받는 일이었다. 이 모두 그 기업의 능력에 따라 배정되었겠지만, 상당수는 정권과의 유착 관계를 벗어날 수 없었다. 이러한 자산들이 밑천이 되어 오늘날 재벌이 된 회사가 상당수에 이르다 보니 여기에서 소외된 사람들의 불만은 컸다. 정부가 바뀔 때마다 특혜 의혹이 불거졌다.

그 과정에서 80년대 이후 아버지 세대가 이루어 놓은 대한민국 만들기에 대해 부정하는 분위기는 386이 앞장섰다. 그들은 북한의 민족해방인민민주주의NLPDR 이론에 따라 합법, 비非합법(불법을 불법이 아닌 양 용어 혼란 전술에 따라 비합법으로 썼다), 반半합법(합법과 불법이 반씩 섞였다는 것으로 사실상 불법이다) 등 모든 수단을 동원해 대한민국의 정통성과 역사를 부정했다. 상징적인 예가 정원식 국무총리에 대한 밀가루 세례였다. 당시 정 총리가 전교조와 사학비리에 단호하게 대처했기 때문이라지만 대학에서 강연을 마치고 나오는 총리에게 그와 같은 행태를 자행한 것은 많은 국민의 공분을 사기에 충분했다. 이후 이를 계기로 한총련이 해체되었다.

민주화는 많은 사람이 양반이 될 수 있는 길, 곧 신분 상승의 길을 열어 주었지만 동시에 많은 경쟁자와 경쟁해야만 했다. 누구나 남들로부터 대접받을 수 있는 자리를 차지하고자 하는 바람에 수단과 방법이 졸렬해지기 시작했다. 이미 기득권을 가진 사람들은 자신들의 기득권을 지키기 위해 수단과 방법을 가리지 않았고, 기득권을 갖지 못한 진보 세력들은 기득권을 빼앗기 위해 갖은 수단을 동원했다. 그 방법이 포퓰리즘이었다. 운동권들이 신분 상승을 위해서 택한 길은 정치권에서 국회의원이 되어 행정부의 정무직으로 진출하는 길이었다.

운동권이라는 말 자체가 기성 정치권과 거리를 두고 사회를 변화시키고자 하는 순수한 사람들이라고 본다면 정권을 쟁취하거나 정치권 진출은 그 자체가 운동권의 타락을 의미한다. 정치권에서 어떻게든 출세하기 위해서는 돈과 인맥이 있어야겠지만 이들에게는 이것이 없었다. 그래서 운동권에서 배운 선전 선동 방식과 조직을 결성하는 방식으로 돈과 인맥을 만들었다. 특히 퍼주기식 공약을 남발하고 이성보다는 감정에 호소했다.

여기에 기존 정치인들의 부패와 권위 의식에 식상을 느낀 많은 유권자가 이들의 선전 선동을 참신하게 생각했다. 노회하고 부패한 기성 정치인보다는 젊고 자신을 희생할 줄 아는 젊은 세대에 희망을 걸었다. 이런 분위기가 노무현을 대통령에 당선시켰다. 그러나 선전 선동에 쉽게 좌지우지되지 않는 6·25를 겪은 세대들에게 이들의 정치 실험은 매우 위태롭게 보였다. 노무현은 중도 좌파 중에서도 우파적 사고가 강한 대통령이었다. 그래서 그는 특권과 반칙이 없는 사회라는 공약을 지키기 위해 큰 노력을 기울였다. 그러나 그 생각을 뒷받침해 줄

정책을 수립하고 시행할 만한 능력을 갖춘 인물을 찾기 힘들었다. 출세에 급급한 지극히 이기적인 사람 중에서 이를 찾기란 쉬운 일이 아니었다. 결국 국가적으로 가장 큰 업적인 한미 FTA를 제외하고는 모든 게 실험에 그치고 말았다. 그리고 이를 따르던 386들의 무능함을 모든 국민이 알게 되었고, 그 후 386은 무능함과 동일시되었다.

대반전은 노무현이 퇴임 후 검찰 수사를 받던 중 스스로 생을 마감해 버린 것이다. 노무현의 참모습을 알게 된 국민이 제2의 노무현이라고 믿은 문재인을 대통령으로 선출한 것이다. 그러나 그 과정에서 386도 이제는 자신들이 그토록 비난했던 기득권층 정치인들을 닮아갔다. 모진 시어머니 밑에서 고된 시집살이를 한 며느리가 더 모진 시어머니가 되듯이 그들은 신분 상승을 위해서는 무슨 짓이든지 했다. 국민에게는 순수하고 열정적으로 국민을 위한다는 과거 운동권 시절의 이미지를 내세우는 한편 퍼주기 정책으로 환심을 샀다. 소득주도성장, 비정규직의 정규직화, 공무원 증원, 원전 폐기와 태양광 등 재생에너지 개발 등 구호만 보면 그럴듯하지만, 실은 국고만 낭비하는 실효성 없는 정책들이 대부분이었다. 그러면서 그 재정 수입원인 기업에 대해서는 각종 규제와 처벌로 핍박했다.

돈을 벌 줄 몰랐기 때문에 어디에 어떻게 효율적으로 돈을 써야 할지도 몰랐다. 그러면서 그 돈을 표를 얻는 데만 썼다. 신분 상승을 하고 출세를 위한 국회의원 당선을 위해서였다. 그런데도 기존의 정치인들의 행태에 염증을 느낀 사람들은 이들을 지지했다.

특히 이들 중에는 극렬한 생각에 치우친 불만을 가진 사람이 많았다. 이들은 마침 일상화된 SNS를 이용해 여론을 조작했다. 극단적일수록 많은 팔로워를 가지게 되었고 이것은 그대로 여론조사에 반영되었다. 상업적 성향의 여론조사는 갈수록 기승을 부렸다. 원래 민심은 아침 다르고 저녁 다르다고 했다. 사사건건, 시시각각 변하는 여론조사를 뒤쫓느라 출세에 눈이 먼 사람들은 이제 공익에 대해서는 생각할 겨를이 없게 되었다. 당론이라는 것도 극단주의자들의 의사를 반영하는 것이 대부분이었다. 사소한 것도 국민의 감성을 건드리는 쪽으로 유도해 침소봉대하기도 했다.

한편 이렇게 출세한 사람들은 과거 양반들이 누리던 특권이나 호사를 자신들도 누리고자 했다. 그들이 처음부터 바라던 것이었기 때문이다. 겉으로는 국민을 위하는 체하면서 자신의 높아진 신분에 맞게 그 권한을 이용해 특권과 편법을 쓰는 데 주저함이 없었다. 노무현의 특권과 편법 없는 사회에 대한 꿈은 사라진 지 오래였다. 386의 총아라고 불리는 조국 전 법무부 장관이 그 모습을 적나라하게 보여주었다.

조국 전 장관이 자기 처와 함께 저지른 행태에 부끄러움이나 죄책감을 보이지 않은 것은 "그게 어디 나만 했느냐"는 식의 표현이다. 그가 만난 사람들에게 만연되어 있다는 것을 나타낸다. 이는 조국을 지키겠다고 거리에 나와 각종 집회와 시위를 주도하거나 참가하고 SNS에 도배질하는 수많은 지지자가 이를 증명하고 있다.

대한민국을 발전시킨 것도 출세욕이었고 이제 대한민국을 어렵게 만드는 것도 출세욕이다. 인간이 혼자 살 수 없다는 것은 서로가 양보하고 협력하는 공적 정신이 있어야 함을 의미한다. 공적 정신이 없는 사회에 사느니 혼자 사는 게 나을지도 모른다. 공적 정신이 없는 국가는 존속할 수 없다. 대한민국이 하루빨리 공적 의식을 회복하는 것이 이 사회의 어렵고 얽힌 문제를 해결하는 출발점이다.

양반은 되고 싶으면서, 곧 양반처럼 대접은 받고 싶으면서 행동은 그에 미치지 못하는 사람들이 많아질수록, 특히 지도자급에 있는 사람들이 그럴수록 더욱 정치 불신에 빠지게 되고 사회통합은 어려워진다. 뜻있는 사람들은 사회문제에서 벗어나 자신만의 즐거움에 빠질 것이고, 사회적 문제로 고통을 겪는 수많은, 소위 출세하지 못한 사람들은 더욱 분노와 좌절을 느낄 것이다. 모든 사람이 인간답게 살 수 있는 제도로서 민주주의가 도입되었지만, 투표권이 모든 사람에게 한 장씩 부여되었다는 것 말고 실질적으로 동등한 인간으로 대접받고 있는 현실이 아니다.

조너선 하이트는 그의 저서 『바른 마음The Righteous Mind』에서 모든 사람은 90%의 이기심과 10%의 이타심으로 구성되어 있다고 말한다. 90%의 이기심이 생존을 가능하게 하고 10%의 이타심이 타인과 공존해 그 생존의 가능성을 배가시킨다는 것이다. 이러한 인간으로 구성된 사회도 역시 10%의 이타적인 사람들이 이 사회를 이끌며 발전시킨다고 한다(조너선 하이트, 『바른 마음』, 왕수민 옮김, 웅진지식하우스, 2014). 우리 사회도 아마 10%의 이타적인 사람들이 사회 곳곳에서 희생하고 봉사하기 때문에 유지되고 있다고 보아야 한다. 나머지 90%의 이기적인 사람들은 모두 정상적인 사람들이고, 하루하루를 자신과 가족의 생존을 위해 살아가는 평범한 사람들이다. 그들이 믿고 의지하는 것은 10%의 이타적인 사람들일 것이다.

이들이 보다 품위 있고 격조 있는 삶의 방식을 보여줄 때 이 사회는 더욱 함께 살아갈 만한 가치가 있게 되는 것이다. 우리는 이 10%의 이타적인 사람들을 끊임없이 양성할 책임이 있다. 그러한 사람들이 만들어질 수 있는 사회 분위기와 제도를 만들어 가야 한다. 일종의 도덕률을 새로 만들어야 한다. 이러한 일을 가장 잘한 것이 조선왕조였고 그래서 518년이나 지속할 수 있었다. 조선왕조가 망한 지 113년이 지난 지금도 많은 사람이 양반 되기를 원하는 것을 보면 그 영향력이 어떠한지 짐작이 갈 것이다.

변호사 출신 정치인의 자세

우선 미국 변호사들의 공적 역할에 대하여 파리드 자카리아는 다음과 같이 설명하고 있다.

세계 처음으로 군주제가 아닌 공화국으로 출발한 미국을 바라보는 유럽의 시각은 미국에는 노블레스 오블리주noblesse oblige(사회지도층 고위 인사에게 요구되는 도덕적 의무)를 실행할 수 있는 귀족이 없으므로 존속 가능성이 없다고 보았다. 속된 표현으로 말하면 자신의 이익밖에 모르는 상놈들의 나라가 얼마나 가겠느냐며 곧 망할 것이라고 예상했다.

그러나 1831년 프랑스 정치학자 알렉시스 드 토크빌이 미국 징계 감옥연구단의 일원으로 미국을 방문하고서 "미국의 귀족은 법정이나 변호사한테서 발견된다"고 할 정도로 변호사들이 미국 사회의 노블레스 오블리주를 실행했고, 그들이 미국의 존속 가능성을 의심한 유럽인들의 우려를 불식하고 오늘의 미국을 만들어 냈다. 당시 토크빌이 미국에 대해 걱정한 것은 다수에 의한 독재였고, 미국에 유럽과 같은 사회 안전판으로서의 귀족이 없음을 우려했다. 귀족 계급이 국가가 선동과 대중영합주의자populism와 같은 비자유주의적 그룹의 먹잇감이 되는 것을 방지해 주기 때문이다.

영국계 미국인WASP 사회의 독특한 요소 중 하나는 사적 엘리트와 단체들이 항상 공적 임무를 수행했다는 점이다. 이러한 전통은 자신이 살고 있는 소재지와 그곳을 넘어서 국가 기능을 수행한 영국 신사계급(젠트리)의 등장과 함께 발전했다. 이것이 미국 식민지와 그 후 미국에 전파되어 자산가들이 자기 경력에 대한 대가를 바라지 않고 무보수로 정치와 정부에 참여했다. 조지 워싱턴이 두 번의 대통령 임기를 마친 후 자신의 농장에 돌아간 것은 그러한 계급 본능에 따른 것이었다. 버지니아의 땅 많은 엘리트 출신인 그와 같은 부류의 사람들은 댓가 없이 무보수로 교구위원, 치안판사, 지역 민병대장, 주 하원의원 등을 수행하는 것을 당연히 여겼다. 이 전통이 누구보다도 토머스 제퍼슨, 제임스 매디슨, 제임스 먼로, 윌리엄 헨리 해리슨, 존 타일러, 벤저민 해리슨, 시어도어 루스벨트와 프랭클린 루스벨트 등으로 이어졌다.

더욱 중요한 것은 유명한 인물들의 이면을 들여다보면 미국 귀족 전체가 자신들의 생활 대부분을 연방과 지방 정부에서의 공적 서비스로 채웠다는 것이다. 이들 중 약간은 부자였지만 대부분이 변호사나 은행가였다. 이에 반해 유럽 대륙에서는 정부가 고위직에 직업공무원을 채용함으로써 정부 자체가 전문직이 되었다. 예컨대 프랑스에서는 유명한 관료가 민간 부분으로 이동하는 것은 상례이지만 사업가가 정부 관료로 채용되는 예는 없었다.

미국 전문직들은 항상 특별한 지위를 가졌다. 알렉산더 해밀턴은 건국 당시 이를 예견하고 『연방주의자 신문Federalist Papers』에 "목사, 변호사, 교수들은 중립적이어서 다양한 기업과 당파 사이에서 최고의 결정권자가 될 것"이라고 설명했다. 그들만이 사회의 공공 이익을 증진할 수 있었다. (그러나 오늘날 전문직들은 과거의 명성과 달리 이제는 그렇지 않다. 그들은 한편으로는 경쟁이 심해지는 시장과 또 한편으로는 전문직과 개인 기업의 많은 기능을 수행하고자 하는 정부 사이에서 부스러지고 있다.) 막스 베버는 1905년 『프로테스탄트 윤리와 자본주의 정신』에서 "젠트리가 대륙 국가의 운명인 관료화로부터 영국을 구했다"라고 기술하고 있다.

변호사는 아마도 미국 역사상 공적 기능을 가진 민간 전문직으로서의 최고의 사례가 될 것이다. 오늘날까지도 변호사는 '법원 소속 공무원'이라고 여겨지고 있다. 이는 변호사가 법체계를 유지하는 의무와 책임을 지고 있다는 사실을 정확히 묘사한 것이다. 정부는 변호사가 면허 대가로 특정 전문 수준을 유지하고 특정 임무 수행을 할 것을 요구한다. 그래서 전문직 단체는 그 소속 전문가들에게 법과 윤리 준수를 요구함으로써 훨씬 많은 조건과 부담을 부여하고 있다. 전문직의 행동강령은 미국 변호사회와 같은 조직에 의해 집행되는데, 변호사들이 사기꾼이 아닌 존경과 신뢰를 받는 전문직이 되기 위해서는 내부의 규칙을 준수하도록 하고 있다.

역사적으로 미국 변호사들은 그들의 고객이 장기적인 이익을 지킬 수 있도록 하는, 거의 고위 자문역 또는 상담사 역할을 해왔다. 이는 변호사의 수입에 도움이 되지 않을지라도 고객이 시간이 많이 소요되는 소송이나 법적 술책을 하지 않도록 충고하는 것을 말한다. 뉴욕 변호사의 리더인 엘리후 루트Elihu Root는 국무장관, 전쟁부 장관, 뉴욕주 출신 상원을 역임했는데 "품위 있는 변호사의 업무 중 절반은 그 고객에게 지독한 멍청이라면서 당장 그 소송을 그만두라고 말하는 것으로 구성되어 있다"라고 말하고 있다.

루트의 변호사 후배인 헨리 스팀슨Henry Stimson은 태프트 대통령과 프랭클린 루즈벨트 대통령의 전쟁부 장관, 후버 대통령의 국무장관으로 근무했는데, 그 회고록에 "미국 변호사들은 자신을 잠재적 공무원으로 여겨야 한다. 이러한 전통이 희미해지고 변호사들이 단순히 기업의 종사자가 되면 자유의 미래는 정말 암울해질 수 있다"라고 언급하고 있다.

토크빌의 "미국의 귀족은 법정이나 변호사들한테서 발견된다"라는 위 말은 미국에서 변호사가 미국 내 조직의 최상층부라는 의미

이상이다. 그는 변호사들이 위 해밀턴의 말처럼 다른 사람의 신세를 지지 않고 있어 공공의 선을 지킬 수 있다고 믿었기 때문에, 변호사들이 타고난 귀족이라고 생각했다. 그는 변호사들이 "제약받지 않는 악을 허용하지 않으면서 민주주의의 축복을 보전하는 데 도움을 주는 공적 책임의 한 형태"라고 치하했다.

— Fareed Zakaria, 전게서, pp. 221-224

지금 우리 사회는 이와 반대되는 모습을 보여주고 있다. 변호사들이 오히려 선동과 대중영합주의자로서 비자유주의적 행태를 보이는 것이다. 이를 극복하기 위한 노력이 절실히 필요한 때다.

무릇 민주화는 하향을 의미한다. 이는 다수 사람의 의사를 존중하는 것을 말하는 것이지 천박해지는 것을 뜻하지 않는다. 그럼에도 일부 정치인들의 천박한 언행은 정치 불신을 낳고 종국적으로는 민주주의 자체를 망가뜨린다. 우리가 어렵게 만든 87체제 민주화도 35년이 넘었다. 그보다 앞선 독재 시기와 비슷한 기간이 되었다. 이제는 민주화의 방향이 보다 상향되어야 한다. 민주화 축소가 아니라 더욱 성숙해져야 함을 말하는 것이다. 무엇보다 자기만 국회의원에 당선되면 무슨 일이든 하겠다는 천박한 이기심과 각자도생 방식에서 벗어나 공익과 국익을 앞세우고 그에 걸맞은 행동을 보여줄 때가 되었다. 국민도 그러한 사람을 가려내어 인기에만 영합하는 정치인을 퇴출하는 용기와 지혜를 가져야 한다.

대한민국의 발전 동력

대부분 한민족의 한은 수천 년간의 신분제에 의한 억눌림 속에서 살아왔기 때문으로 생각한다. 그러나 지금 우리를 잘 살게 만든 한민족의 한은 19세기 세도 정치 이후 시작된 위정자들의 가렴주구苛斂誅求에 의한 도저히 참기 어려운 굴욕감과 패배감에서 시작되었다고 보인다. 일제에 패망하기까지 조선의 마지막 백여 년 동안에 벌어졌던 도저히 견딜 수 없는 위정자들의 부도덕한 행위와 국민에 대한 가렴주구는 수천 년간 신분제에 의한 구속을 운명처럼 받아들이고 살아왔던 한민족에게는 커다란 충격이었고 시련이었다.

조선조 말 세도 정치에 의한 매관매직의 성행, 이를 위한 백성들에 대한 가렴주구, 이에 반발하는 백성들을 탄압하기 위해 외국 군대를 불러들여 학살을 감행한 국가는 더 이상 믿을 수 없는 존재가 되었다. 가난만이 수탈을 벗어날 수 있었고 각자도생各自圖生만이 유일한 생존 방안이 되어버렸다. 그 사이에 향리, 서얼, 중인 등이 개화기를 틈타 신분을 상승시킬 수 있었으나, 이들은 그 아래 계층과 함께 사회를 변혁할 능력이나 의사가 없었고 오히려 양반 계층으로 흡수되는 데만 전력을 기울였다. 특히 이들은 조선왕조의 정통성에 대해 충성심이 없었기 때문에 일제 하에서도 오로지 자신의 신분 상승을 위해 노력했을 뿐이다.

1801년부터 1945년까지의 한반도는 이러한 엄청난 시련 속에서 많은 사람이 오로지 살아남기 위해서는 수단 방법을 가리지 않고 각자도생하는 사고와 생활방식을 깊게 심어주었다. 조선왕조의 양반들이 학문적으로 출세하고 일제하에서 대학에 가고 유학을 통해, 신분을 상승시키고 사회적 인정을 받아 가는 모습을 바라본 수많은 국민은 오로지 대학에 가는 것이 꿈과 희망이 되었다.

골이 깊으면 산이 높다고 했다. 백여 년간의 참을 수 없는 고통을 신분 상승과 사회적 인정으로 해결하고자 한 대한민국 국민에게 자유민주주의 체제와 사유재산제를 근간으로 하는 자본주의 체제의 도입은 이러한 꿈과 희망을 현실화시킬 수 있는 절호의 기회가 되었다. 더구나 교육입국을 주장한 이승만 대통령의 정책으로 모든 사람이 대학 진학을 위해 달려갔다. 농지개혁은 이러한 과정에서 물적 뒷받침이 되었고 한국전쟁은 모든 사람이 조선시대의 신분제에서 실질적으로 벗어나 마음껏 자신의 역량을 발휘할 수 있게 해 주었다.

박정희 대통령의 업적은 경부고속도로와 포항제철로 대표되는 고속 경제 발전을 이루어 5천 년 만에 가난에서 벗어나게 한 것에 그치지 않는다. 그의 위대함은 이렇게 자신의 성취를 위해 갈망하는 국민에게 '할 수 있다'라는 자신감과 동기부여를 하고 실제로 그것을 이루어 냈다는 점이다. 그러나 박정희 대통령이 유신체제로 중화학공업을 육성해 대한민국이 고도 경제성장을 할 수 있는 기틀을 마련했지만, 그의 독재는 결국 국민의 활력을 떨어뜨릴 수밖에 없었다.

이러한 때 김영삼과 김대중이라는 걸출한 인물이 나타나 박정희 독재에 맞서 싸움으로써 우리 사회가 더 이상 부패하지 않고 국가의 도덕성을 상실하지 않도록 하는 역할을 충실히 해냈다. 그래서 우리에게 민주화는 산업화와 사실상 동전의 양면이다. 대한민국이 역동적이고 흥이 넘치는 이유는 우리의 지난 과거의 응어리가 풀어지는 과정이었기 때문이다.

세상의 모든 일은 새옹지마塞翁之馬거나 섞인 축복mixed blessing이다. 과거 우리 선조들이 겪은 불행한 과거가 오늘의 축복으로 나타난 것이다. 그 과정에서 기적 같은 일들이 우리를 도왔음은 물론이다. 지금 우리는 정치만 삼류이고 나머지는 일류라고 이야기한다. 그렇다고 정치를 일당 독재로 끌고 갈 수는 없다. 그러면 쉽게 북한이나 중국처럼 되어 버릴 것이다. 정치인들이 삼류라고 해도 그들이 여야로 나뉘어 싸워 주는 것은 우리에게 축복이다. 그들이 설사 말도 안 되는 일로 서로 싸울지라도 그 사이에서 우리 사회의 문제점이 드러나고 문제점이 드러나기 때문에 해결할 수 있는 것이다.

모든 생물은 부패하기 마련이다. 따라서 인간 사회도 부패하게 되어 있다. 다만 그 부패를 미리 방지하거나 부패가 발견되었을 때 즉시 처리할 수 있는 시스템과 능력을 갖추고 있으면 위기를 극복하고 지속 성장할 수 있다. 양극화가 없던 시대도 없었고 그러한 국가도 없었다. 결국 이것도 양극화를 해결할 수 있는 국민의 생각과 태도 및 역량에 달려 있다. 보다 많이 배운 사람, 더욱 많이 가진 사람, 더욱 많은 능력이 있는 사람이 그보다 못한 사람을 배려하는 사회를 만들어야 한다. 바로 조선이 500년간 지속할 수 있었던 것도 이를 실행한 양반 계급이 있었기 때문이다. 어느 사회든지 엘리트로 불리는 사람들의 책임과 의무가 강조되고 있다. 모든 힘에는 책임이 따르기 때문이다. 그렇지 않으면 동물의 세계와 다를 바 없다.

어쨌든 우리가 민주국가로서 지속 발전하기 위해서는 선거의 자유, 사법권 독립, 언론의 자유 보장이 필수적이다. 그리고 이러한 민주주의를 지켜주는 것은 군, 경찰, 검찰, 법원, 교회, 정당 등 비민주적 기구라는 사실도 잊지 말아야 한다.

대한민국을 만든 기적

광복 75년을 돌이켜보면 기적의 연속으로 느껴진다. 첫째 일본 제국이 제1차 세계대전에서와 마찬가지로 제2차 세계대전에서 승전국인 연합국에 소속되었더라면 우리의 광복은 더욱 요원했을 것이다. 제2차 세계대전 당시 연합국 치하 식민지들이 대개 1960년대에 이르러 식민지 상태에서 벗어난 것을 보면, 그리고 일제가 항복선언 직전까지 한반도를 천황의 땅, 곧 황토라고 하면서 식민지로 유지하려고 하는 등 그 치밀함과 악랄함을 보면 그 이후까지도 일본 치하에 있었을 것이다.

둘째 농지개혁 없이 한국전쟁을 치렀을 경우 김일성이 기대했던 남한 인민 봉기가 일어날 수 있었을 것이다. 이승만 대통령은 1949년 농지개혁법에 따라 농지를 농민에게 분배하기 시작했다. 물론 경자유전의 농지 문제는 지금까지도 논란이 되고 있지만, 사실상의 신분제인 봉건적 소작제도를 폐지함으로써 근대화에 크게 이바지했다. 그 결과 6·25 참전 병사들이 끝까지 목숨 바쳐 조국을 수호할 확실한 동기를 부여했다는 점을 높이 살 만하다. 노무현 대통령이 재임 때 남미를 순방하면서 남미 각국의 빈부 차와 사회 혼란의 원인으로 우리와 같은 농지개혁이 없었음을 지적한 것만 보아도 농지개혁이 한국 사회 발전에 한 획을 그은 것만은 부정할 수 없다.

셋째 이승만 대통령의 휴전 협상 반대로 얻은 한미 군사동맹이다. 사실 미국인이 주축이 된 유엔군의 역할은 한국전쟁 개전 전의 현상 유지에 그치는 것이었다. 1950년 10월 1일(나중에 국군의 날로 지정되었다) 38도선을 넘어 북한 지역으로 진군했을 때 큰 우려를 낳았다. 영국도 북진은 찬성하지만, 북한 수복지역은 비무장지대로 두자는 주장을 했다. 이로 인한 중공군의 개입은 수많은 전쟁 피해자를 낳았다. 그러나 소련의 확장과 세계대전으로의 확산을 우려한 미국이 휴전하고자 할 때 이 대통령이 휴전협정을 극구 반대함으로써 한미군사동맹, 60만 대군 양성, 군사 원조 등을 확보하게 된 것은 우리로서는 크나큰 축복이었다. 이로써 전쟁으로 폐허가 된 국가를 재건할 수 있는, 안보와 경제라는 두 마리 토끼를 잡을 수 있게 된 것이다. 미국이라는 세계 최강국의 보호 아래, 그리고 그들의 엄청난 인적 물적 지원을 바탕으로 우리는 다시 일어설 수 있었다.

넷째 우리 국민의 역동성이다. 박정희 대통령이 지극히 이기적인 한국인들에게 '우리도 한번 잘살아 보세'라는 국민적 공감대를 끌어내고 탁월한 지도력으로 극빈국에서 탈출할 수 있게 했고, 5,000년 동안 각종 내우외환으로 시달려 온 국민의 끈질긴 생명력이 전쟁의 폐허를 단기간에 극복하고 선진국의 대열에 합류하게 한 것이다.

억누르면 억누를수록 다시 일어서는 불굴의 의지와 용기는 한민족의 특성인 듯싶다. 우리 민족을 말살하고자 내선일체라는 구호로 이름과 정체성을 없애고자 가장 악랄한 정책을 폈던 일본 제국도, 광복 75년 중 상당 기간 지속된 독재 정치도 이러한 국민성을 꺾지 못했다.

생명력을 잃지 않는 은근과 끈기는 서독 광부와 간호사로서, 월남전에 파병되어 목숨을 걸고 사투를 벌인 국군 용사로서, 섭씨 50도를 넘나드는 사우디 건설 현장의 근로자로서 어떠한 극한 상황도 극복하고 경제 발전을 이루어 낸 결과 오늘의 우리가 있는 것이다.

다섯째 이승만 대통령은 4·19 혁명 후 미국 하와이로 정치적 망명을 했다. 그러나 전두환 대통령은 2년여 백담사 유배와 1995년 12월 3일부터 1997년 12월 22일까지 2년여 구속되어 갇혀 있었지만, 정치적 망명이나 해외로 피신하지 않았다. 아울러 단임 약속을 지키고 물러났다. 전 대통령은 5·18 유혈사태 책임과 부정부패 등 역사상 많은 오점을 남겼지만, 우리가 남미 같은 정치적 혼란을 겪지 않은 것은 위 두 가지가 큰 영향을 주었다. 단임 약속을 어기고 또 군사 반란이나 쿠데타를 했다거나 정치적 망명이나 해외 피신 등의 역사가 반복되었다면, 대한민국 정치 발전에 엄청난 굴곡과 장애가 되었을 것이다. 어느 전직 대통령도 조국을 버리지 않는 전통이 수립되었다.

그 밖에도 역대 대통령들의 많은 역사적인 행동들이 오늘날 우리가 세계의 부러움 속에서 살아가는 원동력이다. 우리 국민의 힘과 에너지를 불러내어 한 곳에 응축시켜 폭발시킬 수 있는 지도력이 바로 대통령의 능력이다. 우리는 다행히 기적적으로 그러한 대통령들과 함께 할 수 있었다.

"어느 대통령이던 잘못하고자 하는 대통령은 없을 것이다. 다만 우리가 사전에 알 수 없었던 대통령의 성격이 무엇보다 중요하다"는 것이다. 미국의 유명한 역사학자 데이비드 맥컬러가 한 말이다(David McCullough, 『The American Spirit』, 2017, p. 76). 작금의 여야 대립, 좌우 대립을 대통령의 책임으로 돌리는 사람들이 많다. 맥컬러의 견해가 일응 타당하게 여겨진다. 대통령이 되기 전까지는 그의 성향이나 성격을 몰랐다.

그러나 이러한 대립은 상당 부분이 광복 75년 동안 쌓여온 다양한 갈등의 실존적 표출이라고 할 수 있다. 이러한 갈등이 수면 아래만 있고 외부로 드러나지 못하는 사회가 더 위험하다고 보인다. 지금 우리 사회는 우리 국민의 역동성이 제대로 발휘되고 있다. 사회적 모순을 해결하기 위해서 서로 간의 자유로운 의견 표현으로 그 에너지를 발산하고 있다. 그리해 몇 사람의 의견이나 주장에 의해서 휘둘리는 독재적, 독단적 결정이 아닌 다수의 공감대를 끌어내는 방향으로 그 에너지가 모이고 있는 것이다. 예나 지금이나 독재적이고 독단적인 정책수행은 오히려 우리 국민성의 반발과 역동성을 자극했다. 끊임없는 역동성은 삶의 자양분이고 국가 발전의 원동력이다. 코로나 이후 온 세계가 어려움을 겪고 있는 가운데 절대 다수당의 전횡적 정책집행은 오히려 우리 국민의 역동성을 자극해 국가 발전의 계기가 될 수 있을 것이다.

광복 75년 동안 우리 사회는 끊임없는 갈등과 문제 해결이 있어왔다. 인간의 세포가 완전히 바뀌는 데 100일이 걸린다고 한다. 매일 100분의 1의 세포가 없어지고 새로 생겨나는 것이다. 이런 인간에 의해 만들어진 가정, 사회, 그리고 국가도 매일 변화할 수밖에 없다. 변하지 않는 개인이 죽은 사람인 것과 마찬가지로 변하지 않는 국가는 이미 망한 것이나 다름없다. 지난 75년 동안 그러했듯이 치자와 피치자가 같다는 사실을 염두에 두고 이러한 변화와 갈등을 더욱 대범하게 받아들이고 슬기롭게 대처해 나가야 한다.

갈등을 넘어
화합으로

1판 1쇄 발행 2024년 3월 15일
1판 2쇄 발행 2024년 4월 29일

지은이 문성우
펴낸이 김영곤
펴낸곳 (주)북이십일 21세기북스

TF팀 이사 신승철
TF팀 이종배
출판마케팅영업본부장 한충희
마케팅1팀 남정한 한경화 김신우 강효원
출판영업팀 최명열 김다운 권채영 김도연
제작팀 이영민 권경민
진행·디자인 다함미디어 | 함성주 유예지

출판등록 2000년 5월 6일 제406-2003-061호
주소 (10881) 경기도 파주시 회동길 201(문발동)
대표전화 031-955-2100 **팩스** 031-955-2151 **이메일** book21@book21.co.kr

ISBN 979-11-7117-470-6 03910

(주)북이십일 경계를 허무는 콘텐츠 리더

21세기북스 채널에서 도서 정보와 다양한 영상자료, 이벤트를 만나세요!
페이스북 facebook.com/jiinpill21 포스트 post.naver.com/21c_editors
인스타그램 instagram.com/jiinpill21 홈페이지 www.book21.com
유튜브 youtube.com/book21pub